神話が考える

ネットワーク社会の文化論

福嶋亮大

青土社

神話が考える　＊目次

第二章　神話の神話

神話が考える

ネットワーク社会の文化論

はじめに

情報処理の方程式

本書の目的は、社会における「神話」の機能を、もっぱら日本のサブカルチャーやネットカルチャーを素材にしつつ、場合によっては英語圏の一部の古典的な文学まで織り交ぜて示すことにある。とはいえむろん、唐突に「神話」などと言われても、多くの読者は戸惑いを禁じ得ないだろう。今、神話がテーマとして出てくる理由は、どのあたりにあるのだろうか。

今日の世界は、大筋では、リベラルな民主主義社会を是として動いている。非常に簡単に言うと、リベラルな民主主義というのは、ひとびとが伝統に囚われず、あくまで個々人の体験に立脚しながら、自由に自己を完成させていってかまわないとする社会のことを指す。ただその際、まったく何の手がかりもないまま世界に放り出されてしまっては、ひとびとは途方に暮れるばかりだろう。したがって、私たちの抽象的な生を肉づけしてくれる何らかの社会的な制度が、たえず必要となってくる。

むろん、その制度の内実というのは、決して一枚岩ではない。ただ、大きな方向性を見出すことは十分に可能だろう。特に、今日の社会的制度ということでは、何と言っても、情報のネットワークあるいはアーカイブの力がますます欠かせなくなっていることが見逃せない。日々の商取引から他人との日常的なコミュニケーションに到るまで、すべてが情報の交換や媒介を通じて行われ、そのなかからひとびとにとって共有可能なリアリティが結晶化していく、それが今日の社会の風景を構成している。文化的な創造もまた、その例外ではない。

このように書くと「そんなことはずっと以前から言われていた常識にすぎない」と言われるだろう。確かにその通りだ。ただ、だからと言って、情報化やネットワーク化の深甚なインパクトを受けた文化理論が出てきたかと言えばそんなこともなく、結局いくつかの例外を除いて、昔ながらの美学的なジャンル批評や、あるいは人生論的な批評がやはり今なお優勢である。それでも、別にかまわないと言えばかまわない。しかし、リベラル民主主義以外の政治的イデオロギーが（一部の原理主義を除いて）ほとんど蒸発してしまった今、次なる課題として、ネットワーク上のローカルな情報処理が重大な問題になってくるのはほとんど不可避ではなかっただろうか。そして、私たちには、こうした現状に見合った評論が要求されているのではないだろうか。

というわけで、ここでやろうとしているのは、文化的な営みをすべて情報処理のプロセスとして見立てると、いったいどういう世界が浮かび上がってくるのかという一種の実験である。かつての「神話」は、おおむね何らかの政治的イデオロギーと、つまり社会を根底から革新しようとする運動と結びつけられていた。しかし、本書で言う神話というのは、そうした古い意味とは関係がなく、むしろもっと単純に情報処理の方程式（アルゴリズム）のことを指している。神話は、私たちを取り巻く情報ネットワークの複雑性をときに縮減し、またときにネットワークそのものを拡張したりもする運動性を備えている。その運動性の分析に際して、サブカルチャー作品やネットカルチャーの現象が多めに扱われるのは、多数の情報を適切に処理＝縮減しなければならないという要請が、やはり大衆的なエンターテインメント産業においてより切実に現れてくるためだ。

とはいえ、本書では現代のサブカルチャーに限らず、特に第三章以降、かなり伝統的な文学作品も扱っていく。言うまでもなく、ネットワークそのものはいつの時代にもあったし、またそれぞれの時代環境に応じて、ネットワークの処理技術も蓄積されていた。そのなかで、ある種の古典作品というのはきわめて複雑な技法を駆使しており、今日改めて見直しておく価値があるように思われる。

このことはいわば、本格的な情報化やネットワーク化の体験によって育まれてきた「視座」を通じて、過去の遺産を再構成するような試みでもある。文化というのは、必ずしも年表的に、線的に整理できるものではない。むしろ、ある特殊な体験が煮詰められていくなかで、過去の作品がいわば飛び石的に新たな価値を獲得していくというのも決して珍しいことではないだろう。むろん、柳田國男からルイス・キャロルまでを並置する本書の記述はいささかイレギュラーで乱暴なものにも映るだろうが、それは多少荒々しくても、過去の作品を現代の視点から読み直すことが必要であり、またそれは十分に可能であるとも思われたからだ。

さらに言えば、ここには、もう少し切実な理由もある。「すべてを自由な自己完成に任せる」というリベラル民主主義社会の体質は、ごく小さなサイクルで、コミュニケーションが閉鎖されていく危険性を高めるものでもある。特に、日本はたえずその危険に曝されていると言うべきだろう。後でも述べるが、アメリカの思想家であれば、たとえば文学について、不安定な民主主義社会を補完する利器であるという議論を立てることができる。しかし、日本では文学が社会とどう関わるかということは、ほとんど実質的なコミュニケーションとして成立していない。「文学がリベラルな社会でいかなる役割を果たすか」などということは、まず問いとして存在しない。だがそれでは、文学や、あるいは文化の自己認識はますます縮退していくばかりだろう。

そのような欠落を補うためにも、現代の文化のどこが優れていて、何が欠けているのか、またいかにすれば新たな可能性を発掘できるのかを、解析していく必要がある。神話というコンセプトは、その足場を提供するものだ。むろん、本書の作業はまだまだ不十分で、粗いデッサンに留まっているところも多々ある。ただそれでも、およそ以上を前提にすると、本書の企図はだいたいいつかんでいただけるのではないかと思う。

居合わせること

さて、もう少しテクニカルなところで、最初にいくつかの前提を確認しておくのがいいだろう。繰り返せば、本書では、神話という概念を「文化における情報処理の様式」として定義する。具体的には（1）神話はコミュニケーションを通じて「理解可能性」や「意味」、あるいは「リアリティ」といったものを提供するシステムだということ。次に（2）神話は変換、変形、圧縮、置換といった操作を内蔵したシステムだということ。この二点である。その上で、（3）本書では「時間」にまつわる処理を本質的なものと見なしている。[*01]

もっとも、こう書くと「今日では、むしろ「空間」の価値がせり上がっているのではないか」と考える読者が多いかもしれない。たとえば、現代が一種の「部族社会」に近づいているということは、しばしば指摘される。揺るぎない世界を失った現代人は、自分たちにとっての安全の場（仲間意識が通用する世界）を維持しなければならず、そのことは結果として、社会が無数の部族的なまとまりに分散していくことに繋がる。その点で、今日の最も支配的な主張の一つが、「地域主義」であることに疑いを入れる余地はない。実際、私たちの生活の実情に即して、最低限の相互理解あるいは相互扶助の空間を確保しなければ、社会は立ち行かないだろう。それゆえ、現代においては、グローバル化やユビキタス化が進む一方で、だからこそ空間の価値が上昇しているようにも見える。

とはいえ、そこで選択されているのが、本当に空間的価値なのかどうかは吟味される必要があるだろう。たとえば、遊び相手を探してケータイのアドレス帳を漁るとき、あるいはインターネットのＳＮＳ（ソーシャル・ネットワーキング・サービス）で友達とコミュニケーションをするとき、そこで重視されるのは、空間的というよりも時間的なマッチングではないだろうか。もしくは地方在住者が、わざわざ車に乗って、遠方のホームセンターやショッピングモールにまで出かけるのはなぜか。それは地元の商店を探し回るよりも、遠方の量販店のほうがニーズに合致する確率が高いからではないだろうか。多少の空間的な隔たりがあったとしても、時間的な無駄や労力を「省略」できるのであれば、そこに大きなメリットが発生する。平たく言えば、時間短縮が、時代のイデオロギーとなるのだ。

ＳＮＳによる繋がりにせよ、ケータイのメールによる繋がりにせよ、これらの新しいテクノロジーは、一つの捉え方としては「安定マッチング」のための装置と見なすことができるだろう。だからこそ、一期一会の関係性を欲する都市の人間も、既存の友達づきあいを維持したい地方の人間も、等しくＳＮＳを利用することができる。それは、地理的な近接性に基づく古典的な共同体からは、一度切れている。端的に言えば、そこで選好されているのは、タイミング良く居合わせるという価値、つまり「ジャスト・イン・タイム」の価値である。空間的な近接性は、それが時間的な一致に繋がらないのであれば、意味が薄れてしまう。

思想的に言えば、ここには「人間を空間的存在と考えるか（たとえばカール・シュミット）、それとも時間的存在と考えるか（たとえばハイデッガー）」という大きな問題にも繋がる要素が含まれている。[*02] 仮に人間を空間的存在とするならば、それは、縄張り争いをする動物との連続性で捉えられるだろう。一言で言えば、他人と自分の境界線をくっきりさせることによって、自己の輪郭を保つ。それが、空間的〈政治的〉存在としての人間である。

しかし、もし一見して空間に定位しているローカルな共同体ですら、その底面では、無数の時間的なマッチングの可能性が探査されており、しかもその探査の束が共同性の実質を支えているのだとしたらどうだろうか？　その場合、たんに空間的に「こちら」と「あちら」を分けるだけでは、もはや人間や共同体の存在を確証するのには十分ではない。むしろ、お互いの持ち合わせている時間がうまく調和しなければ、ローカルな共同体の潜在力は生かし切ることはできないだろう。さらに言えば、今日では、何気ない発言一つとっても「時宜を得る」ことの重要性は増している。たとえば、インターネット上で爆発的に流行しているツイッターを見れば、タイミング良く居合わせることの重要性が、サービスの仕様のレベルでもますますはっきりしてきていることがわかるだろう。ツイッター上のユーザーは、日頃はたんに、誰へともなく呟いているにすぎない。しかし、その呟きが別の呟きとときどき時間的に交差することによって、ある種の擬似的な共同性が発生する。こうしたサービスをはじめ、社会の諸々の場で、時間的なマッチングを達成する上で必要なコストは、今着々と減らされているように見える。

なぜ文化論なのか？

社会の複雑性が高まったとき、私たちは空間を囲い込んで安定するのか、それとも時間的なすり合わせによって安定するのか。仮に後者が優勢なのだとしたら、それは私たちが真に情報化されたということの証であろう。イギリスのジャーナリストであるジェイムス・ハーキンは、現代人が物事への反応回路を鍛えられたネットワーク上のノード（結節点）であるがゆえに、かえって局所的なサイバービア（サイバー郊外）に取り込まれるということを指摘している。*03 ここで選択されているのも、いわば「打てば響く」ような時間性である。現代人は、余計なことで有限の時間を奪われたくない。したがって、あるタイプの住人が発する、あるタイプの刺激には即座に反応できるように自ら進んで訓練される。ただ、当然のことながら、このような訓練は、閉じたフィードバック・ループとしてのサイバービアを大量に発生させる結果となり、オープンな状態からは程遠くなる。常識的に見れば、これは決して望ましい状態ではない。しかし、構造的には避けられない問題である。*04

このような状況に対して、文化はいかに応答するのか。この場合、文化、特にサブカルチャー的な表現に着眼することには、およそ二つのメリットがある。すなわち、大衆的な文化は（1）メディアや市場を通じた「脱領域的な特性」を持っており、かつ（2）法や道徳ではなくひとびとの欲望を足場にしているという意味で、不確実性の発生や吸収に適している、この二点である。市場の脱領域的な広がりはときに、ひとびとの趣味や世代、国籍などのコミュニティを大きく超えることがあり得る。また、欲望に基づくサブカルチャーはときに、当初の意図や設計を超える何かを生み出すことがあり得る（むろん、サイバービアの糧を提供するということも多々ある）。平たく言えば、サブカルチャーの力というのは、「不確定な状況をプラスに転化する能力」にあるのだ。

作品を変える神話と場を変える神話

では、具体的に、サイバービア化の回避ないし相対化のために、どういう神話の方法論があり得るのだろうか。ここで大きく「作品を変える神話」と「場を変える神話」を区別することができるだろう。

「作品を変える神話」というのは、ここでは主に、インターネット上で消費者の側が生成する文化的コンテンツのことを念頭に置いている。消費者は、決してゼロから作品をつくるわけではない。彼らは、いわゆる「二次創作」的な変形・変換を通じて、自分たちの欲望に沿ったかたちに作品を分解する。特に、有名な「サブカルチャー神話」(宮台真司)であればあるほど、それは遠からず、消費の欲望によって解体されていくことが避けられない。そうやって解体された資源は、まさにサイバービア的な「打てば響く」回路に供給されていくだろう。

それに対して、「場を変える神話」は、作品をあまりに短時間で「分解」してしまうかわりに、ある作品を別の場所に移植し、寿命を長引かせることを狙う。このタイプの神話は、作品の分解のスピードを変えることによって、作品をひとびとの「手元性」や「近接性」から引き抜くアプリケーションである。一言で言えば、作品の固有性や記憶をあくまで保持しつつ、別のリズムあるいは別のテンポに作品を置き直すこと、そこに「場を変える神話」の働きがあると言える。それは、サイバービア的な「打てば響く」回路の存在を前提にしつつ、その回路をさらに「再設計」するような神話だと言ってもよい。

むろん、あらゆる文化的な作品は、いずれにしても朽ちていく。ただ、作品というのは古びるにしても、たんに古びるわけではない。作品はいわば、先行する時代に片足を突っ込みつつ古びていくのだ。しかし、「作品を変える神話」の隆盛は、そのつどの欲望や流行が強くなり、片足を残すまもなく分解されていってしまうことを意味している。確かに、それでもいいと言えばいい。だが、「場を変える」タイプの神話は、あくまで場と場の連続性を保つことによって、その「片足を突っ込んだ」状態を保守するだろう。私たちは、そういう連続的な作品によって、過去と未来を橋渡す手がかりを得ることができる。先ほど言ったように、存在の基準が空間から時間へと移っているのであれば、なおさらそのような時間操作の有効性が増すはずだ。本書では、もっぱら第二章でこの問題を扱っている。

ともあれ、私たちは、集団の欲望とそこから日々生み出される情報を前提にして、何らかの神話を練り上げている。つまり、神話というのは、しくじりや錯覚の多い私たちの主観的な知覚にではなく、あくまで「環境情報」に依拠してつくられるのである。『神話が考える』という本書のタイトルは、そういう客体の優位性を示すものとして付けられている。多少踏み込んで言えば、今日の人間は、ある局面においては、神話が考えるように考えるのだ。その特殊な思考様式の一端を示すことができれば、本書の企図はひとまず達成されたことになる。

＊

以下、概要を記しておこう。

第一章では、具体的な作品論に入る前に、今日の神話の基礎としての「ハイパーリアリティ」という概念を説明する。さらに、インターネット上のサービス、具体的にはニコニコ動画を例に出して、消費の新たなモードとしての「リゾーム化したデータベース」に触れる。そして、そのデータベースを念頭に置きつつ、哲学者リチャード・ローティの議論を借りて、神話と「公私」の区別の関係を論じる。

第二章では、社会にすでに広く浸透した神話について、それをどう再デザイン化し得るのかということを問題にする。かつてサブカルチャーがユースカルチャーであり、主に若者向けの表現媒体だった時代に比べれば、今は漫画であれアニメであれゲームであれ、すでに相応の年期を経て社会に馴染んでいる。その成熟期を迎えつつあるようにも見えるサブカルチャー、特にアニメーションにおいて神話がいかに再生されるかを「想像力」という語を手がかりにして考える。

第三章は、第二章の補完として、複数の場を貫いていく「象徴的なもの」の力を考える。章の後半では、柳田國男の『遠野物語』を一つの手がかりにしているが、この章はほとんど作品論とは関係がない。ここではむしろ、象徴的なものの位相を抽象的なやり方で位置づけることによって、神話論をできる限り一般化することを試みている。

第四章のテーマは小説である。具体的には、ケータイ小説やライトノベルのような新種のパルプ・フィクションの台頭を取り上げつつ、その先駆者としての村上春樹の神話を論じる。さらに、消費社会の主体性のモデルとして、レイモンド・チャンドラーに代表されるアメリカのハードボイルド小説を参照する。

第五章では、ゲームから例を出す。ゲームは「内的な整合性」を備えた擬似客観的な世界であり、それゆえにポストモダンの神話として最も重宝されている。とはいえ、本章ではゲームの王道的作品というよりも、ゲームの時間性をちょうどアイロニカルに裏返した風変わりな、そして美学的な作品に着眼する。さらにその延長線上で、ルイス・キャロルの小説――周知のように、キャロルはゲームの愛好者であった――について論じる。

最終章では、以上の神話的思考の諸パターンを踏まえつつも、もう一度第一章のテーマに戻り、近代的（政治的）公私とポストモダン的（神話的）公私、合計四つの領域の特性を大づかみに取り出す。つまり、本書全体の内容を、より上位の視点から俯瞰してみるような章になっている。

全体として、基本的には作品論が主眼になっているとはいえ、随所に抽象的な議論が組み込まれ、視点が頻繁に移動するような構成になっている。それを負担に感じられる読者のために、巻末にはキーワード解説を付しておいた。まずそれにざっと目を通し、その上で本文を読まれることをおすすめしておきたい。

では、早速始めよう。

第一章　ポストモダンの公私

今日の世界においては、当初の偶然の出発点が、環境世界とのフィードバックを通じて自己準拠的に〈現実〉（ハイパーリアリティ）にまで高められていく。本章で示すのは、その〈現実〉が、純粋にデータ的な計算を通じて整えられることもあれば、「人間」という特別な参照先を通じて決定されることもある、という多元的な状況だ。浮遊する現実を〈現実〉にまで加圧していく圧力釜としての「神話」は、ネットワーク化と情報化の進展を経て、かなり多彩な様相を呈するに到っている。

情報処理の技術が高められるなか、文学もまた独特の神話化の手法を磨いている。若いミステリ作家の西尾維新は、暴力や死に満ちた世界を描くに際して、まず言葉や人名を瓦礫のような無意味な対象に変えてしまう。これは、世界を壊すかわりに、言葉や文字を壊す（＝メッセージにバグを仕込む）アイロニカルな転位の戦略だ。その戦略を、ここでは「神話の私的使用」と呼ぶ。

I　今日のハイパーリアリティ

リアリティの濃縮

神話が「客体の優位性」に根ざすというと、いささか人間疎外的な感じを与えるかもしれない。とはいえ、私たちが無数のモノの織りなす市場の生態系に棲息しており、そこから社会性の糧を手に入れているという現状は、おそらく誰も否定できないだろう。問題は、その社会性がいかに編成されているかということにある。

その編成を支えるものをあえて一言で言い表すとすれば、それは「シミュレーションの技術的向上」に尽きるだろう。一九七〇年代に、消費社会における神話を問題にしたフランスの社会学者ジャン・ボードリヤールは、まさに「あらゆる組み合わせ自在な数値的操作に身を捧げる」シミュレーションの力に注目した。[*01] ボードリヤールが取り上げたディズニーランドやホログラム、あるいはP・K・ディックやJ・G・バラードのSF小説はいずれも、記号やパターンを数値的に操作し、任意の現実が創発されるような事態を先駆的に予告していた。古典的な考え方では、確固たる現実と荒唐無稽な虚構、あるいは偽りの現世と真なる超越世界が対立させられる。しかし、一九七〇年代以降は、そのような対立は徐々に後退していき、別のテーマに取って代わられるようになる。先に結論から言えば、現実のモノであれ虚構のモノであれ、高精度のシミュレーションを通じて、リアリティを濃縮し収束させることが新しい課題となってくるのだ。

その背景には、社会状況の変化がある。よく言われるように、現代は、社会の全体的なコンセンサス（大きな物語）の消失によって特徴づけられる「ポストモダン」の時代であり、つまりひとびとの多数的な利害や意志を無視できなくなった時代である。そのため、企業や、あるいは文化におけるエンターテインメント産業一般は、あくまで顧客や消費者の支持を得られるように――つまり市場のサイクルやカテゴリーに沿うように――、販売戦略を立てることがますます強く求められるようになった。そこでは、消費者の動向の把握がそのまま、次にどんな作品をつくるか、あるいはどんな商品を開発するかというシミュレーションの材料にフィードバックしていく。言い換えれば、消費というのは、たんに与えられたモノやサービスを使い尽くすことではない。それはむしろ、次の段階での生産に指針を与えるような行為であり、多少踏み込んで言えば、市場をつくる創造行為の一環なのだ。ともあれ、この種のフィードバックが社会のあちこちで見られることは、特に説明の必要もないだろう。

大きなコンセンサスが存在しない以上、私たちにとっての物事の出発点は、つねに不確定さを伴っている。しかし、だからこそ今日の社会は、フィードバックの蓄積から、何らかの秩序を自己包摂的に（自己自身に立脚して）創発していく技術を発達させている。実際、狭義の消費行動の外にも、無数のシミュレーションが生活の要所に仕込まれている。具体的には、物理演算を使用した3DCG、CAD（コンピュータ支援設計）による製品設計や建築設計、車間距離・道幅・気候条件をはじめ多くの変数を組み込んだ渋滞シミュレーション、コンビニやスーパーマーケットへの商品配送を管理する精緻なロジスティクス……、その他いくらでもシミュレーションの例を挙げることができるだろう。コンピュータにアシストされた強力な計算力によって、社会平面上に散らばったひとびとの行動や趣味嗜好が計量可能なものとなり、同時にコンピュータの容量の爆発的増大が、高度なデータマイニング（データ解析によって有用な情報を発見すること）を実現する。

たんなる現実や、たんなる虚構は、それだけではもはやリアリティを生まず、いずれ飛散してしまうだろう。それに対して、高精度のシミュレーションは、リアリティを濃縮する確率を高めてくれる、一つの有力な手段なのである。ここでのポイントは（1）出発点はさしあたり偶然的でも（2）その粗い出発点を修復し、一つのまとまり＝単位にまとめ上げていく客体的で自己修正的なメカニズムが、たえず社会に圧力をかけているということにある。「神話」というのは、まさにその圧力釜のような情報処理メカニズムのことだと考えてもらいたい。以下、本書では、神話的情報処理にいかなるパターンがあるのか（あり得るのか）を考察していく。

ハイパーリアルな神話

出発点は多少粗かろうと、神話＝シミュレーションを通じたプロセシング（加工処理）によって、相対的に堅固な作品や商品をつくりあげていくこと。こうした傾向は、コミュニケーション観の変容も招き寄せずにはいられない。

たとえば、生態学的な着想を引き継いだ社会システム論は、コミュニケーションを「冗長性の拡大」として捉えた。後の章でまた説明するが、この考え方でいけば、コミュニケーションとは、ランダム以上の確率で発生するパターン＝冗長性を世界に埋め込むこととして理解できる。たとえば、英語のアルファベットにせよ、日本語の仮名にせよ、どの文字も同じ頻度で使われることはなく、必ず頻出傾向に違いが生じている。多少時や場所が移動したぐらいでは、その法則性はさしあたり変化しない（であるがゆえに、頻度分析を通じた暗号解読が成り立つ）。ここには冗長性が成立していると見なされる。こういう具合に、コミュニケーションを通じて社会のさまざまな局面でパターン＝冗長性が生じ、予測可能性が高まることで、私たちの意思疎通を可能にする共有資産が形成されていく。こうした見方を採用することによって、コミュニケーションをリアリティの濃縮プロセスとして捉える道が開かれるだろう。いずれにせよ、社会システムというのは徹頭徹尾コミュニケーションの産物なのである。

ここでは、その濃縮プロセスの大まかな傾向として、一つの概念的枠組みを提示しておくことができる。先ほどいくつかのシミュレーションの例を列挙したが、これらはすべて、ボードリヤールであれば「ハイパーリアル」と呼ぶものの延長線上に位置している。ハイパーリアルとは、物理的現実の構成要素を抽出し、それを適宜編集してより効率的な「モデル」を導き出した上で、さらにそれを現実の生産にフィードバックし、時に応じて当初のモデルにも微修正を加えていく、その結果生まれた新しい現実のことを指している。ボードリヤールは、こうした循環運動が、現代人にとってのリアリティの糧となっていることを洞察していた。非現実ならぬハイパーリアル（超現実）という概念は、現実のシミュレーションが、次の段階では現実そのものを構成するというこの循環をよく示している。

その際、人間の記憶力を遥かに凌駕する、データの容量の拡大は、社会運営上も甚大な影響を及ぼすだろう。その一つのわかりやすい例は、やはりデータマイニングである。法律家・経済学者のイアン・エアーズは、膨大な情報を持つデータベースを駆使した回帰分析によって、専門家も顔負けの正確な数値を割り出せる例をいくつも挙げている。エアーズによれば、ワインの品質予測から医療の現場に到るまで、過去のデータの堆積によって、専門家のバイアスのかからない、より中立的な解答を導き出すことができるという。領域によっては、専門家以上にデータが正しい答えを知っているという事実は、私たちの意思決定にも大きな影響を及ぼし得る。むろん、それにしたところで完全無欠というわけではないが、データの弾き出す解答を頭ごなしに無視することは、もはや得策ではない。

と同時に、エアーズは、インターネットの台頭を通じて、「無作為抽出」が非常にやりやすくなっていることに注意を促す。たんに大量のデータが利用できるというだけではなく、必要に応じて、無作為に選んだユーザーから鮮度の高いデータを取得することができる、というのがインターネットの特色なのだ。消費者の趣味嗜好はたえず変わるので、それを先例にこだわらずにキャッチするには、ランダムに抽出したひとびとから新たなデータを提供してもらうのが最も効果的である。それ以前に、そもそも必要なデータそのものが存在しないことも多く、戦略の立案に支障を来たすこともある。こういうときに、無作為抽出が威力を発揮する。それは一種の創造行為に近い。「〔…〕相当数の意志決定では、人間行動の源泉についての強力な新情報は、いますぐにでも創り出されるのを待っているのだ*02」。これまでは、その「強力な新情報」のもとになる大きな母集団を用意するにもコストがかかったが、インターネットはその困難を大幅に減らしてくれるだろう。かくして、データの蓄積による精度の高い計算、および新規データの獲得の省力化、それがデータベース化やネットワーク化の進んだ帰結ということになる。

連立方程式としての神話

今日のデータマイニングは、現実＝自然に何もダメージを与えず、むしろ現実＝自然の豊かさをそっくりそのまま計算に利用してしまう。これまでであれば雲散霧消してしまっていたはずの隠れたパターンが、高度な計算力によって拾い上げられ、私たちの生活へと還流される。ここでは、いわゆる自然と人工の区別が、いささかあいまいになっていることがわかるだろう。自然を犠牲にして人工のシステムをつくるというのではなく、むしろ自然そのものを糧として人工のシステムを豊かにすること。つまりは、自然の孕む複雑性をそのまま神話のリアリティとして享受できるようにすること。私たちは、こうした状況を相応に評価しなければならない。

このことは、別の観点から言えば、物理的なものと仮想的なもののあいだの区別のあいまいさにも繋がる。この点に関わって、いくつもの変数（パラメータ）を噛み合わせ、調整し、ちょうど「連立方程式」を解くようにして一つの神話を生成するという様式を挙げておこう。*03

たとえば、自動車の製造で言えば、クレイモデル（粘土でつくった車の模型）からCADデータを生成し、そこから実物の製造に繋げる工程について考えてみてもいいだろう。作業者は、クレイモデルを動かしてデータを取得し、それをディスプレイ上に落とし込んで操作した上で、設計図を組み立てる。しかし、細かい質感を出すには、たんにCADだけを操作するよりも、実物大のクレイモデルに職人が随時手を加え、それを改めてデータ化するほうが結果として手間が省けることも少なくない。ここではもはやモノとデータ、物理と仮想は、必ずしも対立するわけではない。偶然性や繊細さ、あるいは自然さを孕んだクレイモデルの「計算」と、ディジタル化されたディスプレイ上の「計算」は、いつでも融合することができるのだから。

さらに、身近な例では、商品の「世代」を考えてもよい。たとえば、iPodやケータイ機種の「世代」というのは、前世代の機種の諸機能を変更してつくられる。前世代の名前は残しつつ、しかしその中身は、そのつどの消費者のニーズや技術的進化、経済状況など諸々の変数に応じて、周期的に改良されていく。商品の設計思想は継続されていても、その現れは、毎回の状況に応じていくらでも変わってくることになるだろう。したがって、たとえば数世代後のiPodの形状は、もはや誰も予測し得ない。その意味で、現代社会では、時間的要素に対して、かつてよりも遥かに敏感なセンサーを働かせた神話的商品が現れているように見受けられる。

いささか入り組んだ言い方をすれば、今日の設計思想は、設計を超えるもの（自然）と設計の産物（人工）を和解させつつあると評することもできる。どんな優れた商品でも、時代が経てば新しい技術やモードによって浸食されるし、あるいは市場の成熟の度合いが変わって、イノベーションが必要となる。したがって、完全な設計は最初からあり得ず、むしろいざというときの変わり身の可能性を含んだ設計、設計を超えたものを逐次再設計する設計が良き設計ということになるだろう。こうしたいわば自然的人工という性質を含んだ「連立方程式としての神話」は、かつてボードリヤールがハイパーリアルの例として挙げたディズニーランド以上に、文字通りのハイパーリアルを体現している。

慈愛の原理

とはいえ、たとえどれだけ計算力が高く、自然と人工のあいだを融通無碍に行き来するようなメカニズムが存在しているとしても、その計算力を用立てる方向性については、それほどのバリエーションはない――というか、そこで参照されるのは主に「人間」ということになるだろう。そこで、ここまで見た「自然の利用」の向こう側に「人間の利用」を置いてみよう。たとえば、引き続き自動車の例で言えば、日本の大手自動車メーカーは、自社製品のプロモーションの一環としてプレイステーション用のゲームソフトである『グランツーリスモ』を利用するに到っているが、これはゲームが人間に対して発揮する現前性や志向性が、ただ流れているだけのマスメディアの情報よりも、遥かに強力だからである。本気で見られているかわからないTVで広告をうつよりも、本物さながらに精巧につくられたゲームの自動車を運転してもらうほうが、プロモーションとしては確かにいい。

こういう具合に、商品が人間に近づき、結果としてエンターテインメント化するということは、一つの徴候として重要である。そもそも、仮にネットワークが原理的に無限のシミュレーション能力を持っていたとしても、それは、何らかのやり方で縮減されなければ理解可能なものにはならない。そして、商品のエンターテインメント化はもっぱら、個体としての人間（の楽しみ）を焦点にしてコミュニケーションを進化させ、リアリティを濃縮することになる。*04 この場合、人間が情報の選択圧（生存率を変える力）を決める一つの参照点となっている。一方で、今日の神話システムは、高精度のシミュレーションを通じて自然をいっさい犠牲にすることなく、ハイパーリアリティを構築する。しかし、それはまた同時に、人間に対する適合性をベースにして、リアリティの安定化を企てるのだ。自然の小さな可能性もかなりの程度現実性に引き上げることができるとして、問題はなぜ他ならぬその可能性が引き上げられるのかという「必然性」なのであり、人間はその必然性の領域を占めるようになる。

人間に焦点を合わせたリアリティの濃縮ということで言えば、非常に手っ取り早いのは、おそらく既存の親密圏にただ乗りすることだろう。たとえば、「バズ・マーケティング」（口コミ）に対する昨今の関心の高まりを挙げてみてもよい。バズ・マーケティングの原理を解説して、アメリカでベストセラーとなったマルコム・グラッドウェルの著書は、ある閾値（ティッピング・ポイント）を超えると、爆発的に商品の感染が広まる事例を紹介している。グラッドウェルはその法則をいくつか挙げているが、特に重要なのは、ネットワーク上の情報を他人に媒介する人間の存在である。

グラッドウェルは、高度な情報収集能力があり、しかもそれを他者へと伝達しようとする意欲も持った「メイヴン」（通）に、多くの人間関係を有する「コネクター」が接続することによってブームが起こるという事例について説明している。情報のクオリティや貴重さを見抜く人間（通）と、それを多方面へと感染させる人間とは別であってもかまわない。ここでグラッドウェルが注意しているのは、メイヴンやコネクターが往々にして「他者に教えたがっている」という心理を持つことである。*05 情報をただがめているだけでは、何も起こらない。そこに他者に働きかけようとする感情が加わることによって、はじめて何らかの現象が引き起こされる。特に、感情的な伝染や模倣は、その作用を受けた当人にも意識できないことが多く、この意識せざる「同調性」が、感染力の高いコミュニケーションを引き起こす。*06

かつてはマスメディアが特権的なメイヴンであり、また特権的なコネクターでもあった。しかし、TVや新聞の情報は、とりあえず流れているだけである。それに対して、バズ・マーケティングがもてはやされるのは、それがたえず他者との近接性を利用しているからだ。一般的に言って、コミュニケーションの成功のためには「慈愛の原理」が欠かせない。*07 つまり、相手に対して親愛の情を持っているというサインをそれとなく送り込んでおくことが、コミュニケーションの安定性の鍵を握る。たとえば、何の前提もなく、いきなり意中の相手に無償の贈り物をしたところで、それは時として極度な警戒を招き寄せるだけだろう（薬が同時に毒でもあるという哲学上の教訓を思い出そう）。送り手はまず、それが親密な間柄を結ぶための贈り物であるというメタメッセージを、それとなく示しておかなければならない。さもなければ、単純に相手との関係を悪くするだけの結果に終わりかねない。

口コミベースのコミュニケーションは、マスメディアの発信する情報に比べて、相手を親密なコミュニケーションの対象に見立てる「慈愛の原理」を発動させやすい。中性的な情報（データ）がただ流れているだけではなく、それが他ならぬ「あなた」にとって重要だというサインを発していること、現代のコミュニケーションの一つのポイントはそこにある。もし各個体が社会平面上に均等に、また同等の能力で散らばっているのであれば、表象の感染速度も予測可能かもしれない。しかし、実際のネットワークでは、親しい他者のささやきだったり、情報を結集させている人間の発言だったりが挟まってくるために、思いもよらない広域かつ高速の感染が生まれる。リアリティの濃縮プロセスは、こうしたネットワークの不均等な偏りによっても実現される。ノード（結節点）としての人間、他者への伝達能力を備えた人間が介在することによって、神話はしばしばより強固なものとして仕立てられる。ただし、この種の感染性《ヴァイラル》のコミュニケーションは、いったんは濃縮された単位が、次の瞬間あえなくほどけていくような危険性とも隣り合わせている。では、その不安定さを回避して、別種のより継続的な時間性を埋め込むにはどうすればいいのか。この問題については、しかし、第二章で改めて展開することにしよう。

人間の位置

いずれにせよ、こうして見ていくと、シミュレーションの技術的進化によって、神話論そのものも更新されなければならないことがわかる。データの世界というのは、私たちと隔絶したものではなく、むしろ流体的で柔軟性に富んだものとして、私たちの生に関与してくる。事実（自然）を尊重し、他者との近さ（慈愛）を尊重するなかで、ハイパーリアリティを生成するコミュニケーション。今さしあたりそれを「事実性と近接性ベースのコミュニケーション」と呼んでおこう。

このコミュニケーション様式においては、人間はときに情報の縮減装置ないし参照先として機能する。ここで注意しておきたいのは、このとき人間が「社会に対する超越的性格」（ノルベル

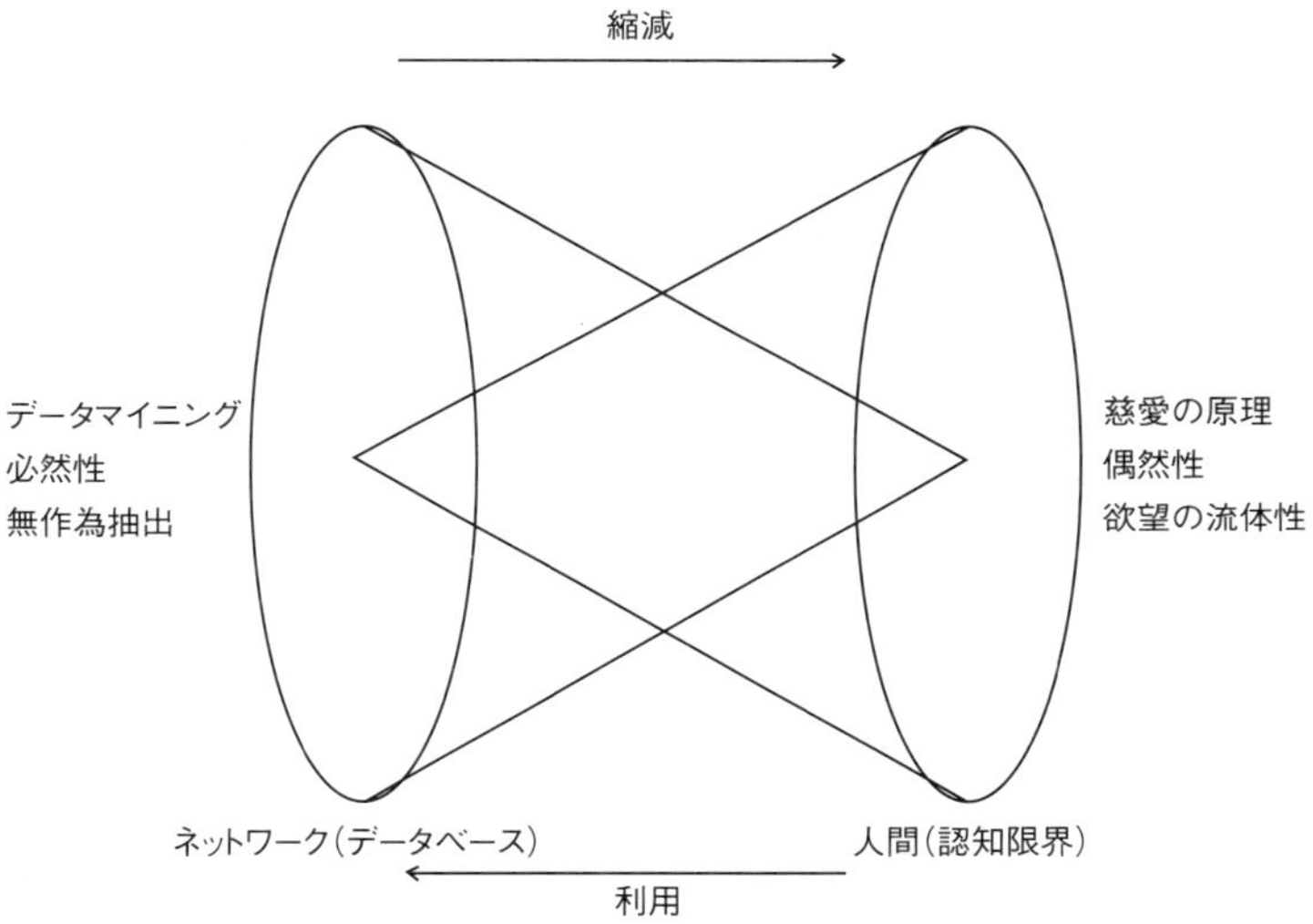

図1：ネットワークと人間の相互浸透

ト・ボルツ）を持ちつつあるように思われることである。人間がネットワーク上のデータを利用するだけではなく、ネットワークもまた人間の振る舞いに適合するようにして神話を構築する。ネットワーク上の情報の淘汰は、しばしば人間の間尺に合わせて行われる（なお、なぜ人間かと言えば、ネットワークが継続して参照することのできる統一体が人間くらいしかないからだ）。この相互依存的な関係を、ごく大雑把に示すならば、図1のような図式を描くことができる。

さらに、この種のコミュニケーション環境の変化は、時代の美意識も変えることがある。たとえば、アンブラでインテリア（ゴミ箱）のデザインを手がけ、三宅一生とも仕事を共にした工業デザイナーのカリム・ラシッドは、まさにそうしたコミュニケーション環境に相応しいエンブレムを提供していると言えるだろう。九・

一一のテロを通じてひとびとは「何も安全ではないことを悟り」、それにより「マテリアルな商品についてよりいっそう抜け目がなくなってきた」と見なすラシッドは、美しい流線型のデザインを持つセンシュアルで多機能的な製品を発表し続けているが、そこにはモノの形態以上にモノから得られる「経験」こそが重要だとする彼のデザイン観が反映されている。「形態は機能に従う」ならぬ「形態は流体に従う〔Form follows fluid.〕」というラシッドの信条ゆえに、余分な装飾は取り払われ、環境との柔らかい接合面と多機能性が際立ってくるのだ。[*08] かつての機能主義が一つの使用条件に対する一つの機能を研ぎ澄ますものだったとすれば、今日の機能主義は、むしろ環境の変化を折り込んだ多機能性によって特徴づけられる。こうした新しい機能性を追求するラシッドは、ハイパーリアルの今日的作動をよく示していると言ってよい。

モノの占めるスペースはダウンサイズし、なるべく経済的に。そして、モノの果たす機能はできるだけ柔軟で多様に——こういう具合に、連立方程式としての神話が精密化していくと、出来合いの秩序をただ押しつけるような物語は衰退する。ハイパーリアルな神話は、むしろ随時ランダム性（無作為性）や慈愛の原理を巻き取っていき、いわば「ゆるんだ」状態を保ったままで、自らの輪郭を定めることになるだろう。かつて「神話」と言えば、皆が信じ込まされている物語という程度の意味合いにすぎなかったが（たとえば「安全神話の崩壊」という具合に）、私たちは今やそれとは別のレベルで育つ新しい制御システムとしての神話に着眼しなければならない。[*09]

神話の感情処理

ところで、ここまで挙げた例は、数値的な操作が人間の感情とも背馳しないことを示すものでもあるだろう。この射程は、歴史的に見ても存外に広い。なぜなら、感情や欲望、意志というのは長らく、数値的な算術を超過すると考えられてきたからだ。

たとえば、カール・シュミットは一九二〇年代の著書『現代議会主義の精神史的地位』でこう記している。

人民の意志は半世紀以来極めて綿密に作り上げられた統計的な装置によってよりも喝采(acclamatio)によって、すなわち反論の余地を許さない自明のものによる方が、むしろいっそうよく民主主義的に表現され得るのである。民主主義的な感情の力が強ければ強いほど、民主主義は秘密投票の計算組織とは違った何ものかである、という認識がますます深くなって行くのである。*10

シュミットは議会制に対して最も強力な批判を加えた思想家だが、この一節は、すでに綻びていた議会制の代替となり得るものとして提示されたものである。ここでシュミットは、統計(秘密投票)の原理と感情(拍手喝采)の原理を――彼の用語系では「自由主義」と「民主主義」を――分けている。その上でシュミットは、前者を批判し、後者においてこそ真の政治が顕現すると見なしている。

ここで「人民の意志」と言われるのは、それほど古い主題ではなく、政治学的には一八世紀のルソー以降に本格化した新しい領域である。それはさしあたり、不定型で揺らぎに満ちた大衆的欲望を指している。シュミットはこの新しい「意志」（欲望）というパラメータの処理方法としては、統計よりも感情が相応しいと考えた。柄谷行人が言ったように、このシュミットの論法は、まさに「拍手喝采」に基づくヒットラーの感情の政治そのものである。[*11]

その前提の上で、シュミットは「拍手喝采」の領域を最もよく体現するものとして「神話的なイメージ」を挙げている。「神話の理論は、議会主義的思想の相対的な合理主義が自明性を失ったということを示す最も力強い表現である。無政府主義的な著作家たちが、権威と統一に対する敵意から神話的なものの意義を発見したとすれば、彼らは無意識のうちに、新たな権威の基礎づけ、したがって秩序、規律および階層制に対する新たな感情の基礎づけに協力していたのである」[*12]。シュミットにとって、議会制は、民族固有の精神を無力化する悪しき制度である。それゆえ、多数の民族の多元的な精神は、議会制を信頼しないアナーキストが発動した暴力（ゼネスト）という「神話」によってはじめて、世界に顕現する。神話は数字で数えられるもの——すなわち「秘密投票の計算組織」——を超えているがゆえに、民主主義的政治に実質を取り戻すことができる。

しかし、ここで注意しておきたいのは、一九七〇年代以降のハイパーリアルの上昇が、このシュミット的な発想を大きく書き換えていることである。一九二〇年代のシュミットは、統計的算術を破壊する領域に神話が宿ると考えた。当時のドイツでは、統計の洗練は、ひとびとを動員できるだけの力を持たなかった。だからこそシュミットは、大衆の意志（欲望）を最も明瞭に発揮する暴力＝神話に、強い関心を示していた。そして、実際にそのシュミットの指摘を受けるように、ナチズムは、多くの階層から支持を受け、拍手喝采を通じて社会全体に強い意志（欲望）をみなぎらせた。多種多様な欲望を喝采を通じて一息に、また空間的に揃えなければ、社会の運営は難しいというのが、当時の一つの精神だったのである。

それに対して、一九七〇年代のボードリヤールは、むしろ統計によって支えられたハイパーリアルな経済的領域に神話が発現していると見なす。シミュレーションの発達は、欲望の分散処理をますます精密化した。ハイパーリアルな世界において、神話は統計上の存在であり、かつ感情的な部分とも必ずしも矛盾しない上に、偶然性も織り込んでいる。シュミットは、議会制による媒介と討議の政治よりも、有無を言わせず現前する感情＝喝采を評価したが、今日では数値的＝統計的に創発されたハイパーリアルな神話もまた、流体的でありつつも、しかしそれゆえにこそ有無を言わせぬ力を持っている。

数字と感情というのは、近代における重要なカテゴリーである。民主主義の骨組みをつくってきたのは、たとえば一人一票という「算術」（物の数え方）であり、またときには、シュミットの言う感情の爆発的な出現であった。そして、この二つのカテゴリーを組み合わせているハイパーリアルな神話は、おそらく近代的な議論の常道を組み替えている。そこに、社会性の布置の大きな変容を見てとったとしてもあながち誤解ではあるまい。

Ⅱ　リゾーム化するサブカルチャー

リゾーム化したデータベース

さて、活発なフィードバックによって成り立つ神話の台頭は、必ずしもビジネスの領域だけには限られない。現代において、神話的情報処理を過激なやり方で実行しているのは、おそらくサブカルチャーだと言えるだろう。サブカルチャーは、数字と感情を搭載したハイパーリアルな神話が、最も強力に展開されている領域の一つである。批評家の東浩紀は二〇〇一年の『動物化するポストモダン』で、まさにボードリヤールの議論を批判的に受け継ぎながら、オタクの構築する「データベース」に着眼し、彼らが表層のイメージだけではなく、深層のデータベースに蓄えられたコードを動物的に消費していることを説得的に論じた。*13 東の議論では、オタクはまさに数字（データ）と感情を両立させる存在として描かれている。

このオタク的＝動物的な消費行動は、さらにそのフェーズを変えつつある。その最大の特徴は、ネットワーク化によって、ひとびとが消費と創造に参加するのがきわめて容易になったことである。消費の状況に少し注目しておこう。たとえば、今インターネットやコミケで爆発的に流行している作品、具体的には同人シューティングゲームの連作「東方Project」(二〇〇二年~)やボーカロイド(音声を合成するソフトウェア)「初音ミク」(二〇〇七年発売)などでは、原作の段階でのキャラクター設定はごく貧しいのに、ひとびとの消費のプロセスのなかで、二次的にさまざまな設定が付け加えられ、いつしか巨大なムーブメントになっていくという現象がしばしば起こっている。要するに、あまりにも多くの消費者がインターネット経由で参入してきたために、もはや当初のキャラクターの内実が溶け出して、きわめて流動的なものになってくるのだ。

キャラクターの大まかな輪郭だけは共通していて、後はそこに、個々の参加者の欲望が勝手に投影されていくこと。キャラクターにはほとんど実体がなく、そこにはただ諸々の差異しかないということ。今、ネットワーク上のひとびとの前には、ときにこういう特殊な性質を帯びた記号が現れている。「東方Project」にせよ、「初音ミク」にせよ、そのキャラクターや作品に対するひとびとの欲望はバラバラと言わざるを得ないのだが、にもかかわらず、多くのひとびとはその必要最低限の輪郭を手がかりに、キャラクターをベースにしたコミュニケーションを展開することができる。

構造主義の術語を借りるならば、このタイプの記号には「神話素」(mytheme)という名を割り振っておくことができるだろう。神話素とは、一定の事前拘束を受けつつ、たえず差異化されていく記号のことである。それはさしあたり「料理の素材のようなもの」と言うとわかりやすい。

たとえば、ニンジンやタマネギは、レシピに応じて、さまざまな用途に調理できる（差異化）。むろん、素材の限界ゆえに、どんな形態にも変化し得るわけではないにせよ（事前拘束）。あるいは先ほどの例で言えば、ネットワークの計算力はさまざまな対象をシミュレーションすることができるだろうが（差異化）、その幅は、さしあたり人間の間尺に合わせて縮減されなければならない（事前拘束）。そして、今言ったキャラクターは、とりあえず大まかな姿形は共通認識されているものの（事前拘束）、後はそのつどの流行や欲望によって中身は自由に書き換えられる（差異化）。この場合キャラクターというのは、差異化の要求にすぐに応じてくれる、非常に感度の良い神話素だと言える。

神話素が満ちる世界では、いわゆる「ネットワーク外部性」（電話のように加入者の多さが便益に繋がること）の原理そのままに、ネットワークへの参加者の量がそっくり質へと転換する。誰かに知られたい、あるいは自分の作品を流通させたいと思うひとびとにとって、神話素の広範な流通ネットワークがすでにできあがっているというのは魅力的である。なぜなら、一度そのネットワークに食い込むことができれば、それだけ多くの人間の目に半ば自動的に触れることになるのだから。かくして、神話のネットワークの参加者がある閾値を超えれば、後は「人気があるから人気がある」というトートロジー（同語反復）ですべてが回り始める。作品そのものに惹かれるという以上に、その作品から既成事実として産出されているネットワークに、この場合価値が宿るのだ。

神話素は、空虚な容器でしかないが、それがなければひとびとは広大無辺のネットワークでさまよい歩くしかない。そして、神話素はたかだか空虚な容器でしかないがゆえに、周囲から伸びてきた欲望の触手によって、任意の内容を充填されていく。思想の用語を使って言えば、神話素は、東浩紀の言う「データベース」のモデルとあわせて「リゾーム（根茎）」のモデルで捉えておくのが適切だろう。*14 ネットワーク化したサブカルチャーにおいては、神話素は知覚可能なデータとして、ひとびとの振る舞いを最低限、事前拘束する（データベース）。後は、その一定の拘束のなかで、キャラクターを逐次差異化していけばよい（リゾーム）。こうした「リゾーム化したデータベース」の二重性を踏まえておかないと、ネットワーク上の文化の動態を把捉し損なうことになる。

ネットワーク社会の弱点

むろん、こうしたサブカルチャー的な現象には、一般性が欠けているように思われるかもしれない。とはいえ、神話素を通じた情報処理は、あくまで多数の参加者の欲望を捌くための技法を示すものだ。したがって、以上はたんなる趣味人の特殊事例には還元されない。このことはむしろ、社会や文化のネットワーク化＝民主化が徹底して進んだとき、私たちが一般にどういう情報処理を選択しがちなのかという問題に連なっている。

たとえば、文学の領域で言えば、近年の芸人小説も類似の事例に数えられるだろう。優れた作品によって作家が有名になるのではなく、有名人（＝すでにネットワークを持っている者）の上に作品が乗りかかるということが、そこではあからさまになっている。このような逆転現象はすでに一九八〇年代くらいからあったが、昨今ではますますこの傾向がはっきりしてきているように思われる。ここには、いわば「純化された作家主義」とでも呼べる傾向が露呈している。しかし、この種のネットワークの事実性が物を言う状況が、果たして望ましいかどうかはわからない。ひとびとの欲望は多様化しているが、それゆえに欲望の通過するゲート（神話素）はときに偏ってくるのだから。

ネットワーク社会は、上からの縛りを減らし、ひとびとの横断的な自由を増すと考えられてきた。しかし現実には、ある特定の神話素（固有名）が「既成事実」としてネットワーク上に君臨することが、大なり小なり避けられない。このことを否定しても始まらないが、しかしそれが、ネットワーク社会の潜在性や富を活かしきっているかどうかという検討は別途必要だろう。

さしあたっては「ネットワークの複雑性をあまりに偏ったやり方で縮減してしまっては、多様性が損なわれる」ということは言える。システム論的な術語を使えば、ここでは「変異／選択／再安定化」という三つのステップがきちんと踏まれているかどうかが、一つの判断基準となるだろう。[*15] ネットワークの変異性が高まってくると、それを何らかのゲートによって縮減しなければ、まともな選択も覚束ない。しかし、その「選択」の対象があまりに偏っていると、今度はシステム全体から安定性が失われかねず、結果として変異性のリソースも乏しくなってくるという悪循環の危険性がある。つまり、「変異／選択／再安定化」という三つのステップは、それぞれに助け合っており、どれが欠けてもうまくいかない。

実際、歴史を振り返れば、文化はときに、ネットワーク上の縮減様式をあえて壊すような試みをやっている。今、文学から一つだけ例を出せば、一八世紀から一九世紀のドイツに生きた詩人ヘルダーリンの試みが挙げられるだろう。ヘルダーリンは、古代ギリシア文学のドイツ語翻訳に取り組み、その経験を実作にも反映させた。ただ、その際にヘルダーリンは、たとえば明らかにゼウスに相当する描写を、わざとゼウスという固有名を使わずにやるという類のことを繰り返していた。[*16] ヘルダーリンはソフォクレスを徹底して逐語的に翻訳するとともに、（むろん、翻訳とはネットワーク上の情報転送に関わる仕事である）、固有名のレベルでの情報集約や選択のやり方を変えて、読者に作品を送り込む。それはしばしば、ゲーテらによって冗長で退屈なやり方として批判を受けたが、そこには相応の批評的企てがあったと言ってよい。

近代のとば口にいたヘルダーリンは、それまでの古典的な文学的様式が機能しなくなる時代に生きていた。そこで、「ゼウス」という近接的な固有名によって作品を紡ぐかわりに、ヘルダーリンは、固有名「ゼウス」から引き抜いた情報だけを移植する。そこでは、従来の「事実性と近接性ベースのコミュニケーション」が一度無名性のネットワークの海に投げ返され、改めて新しい神話が立ち上げられることになる。情報が通過するゲートを破壊すること、ここには、文学の持つ情報操作の機能がよく示されていると言えるだろう。

ニコニコ動画の神話性

私たちは、どのみちネットワークに巻き取られている。問題は、そこからの情報の転送をどう適切に処理するかということにある。このことは、インターネットやサブカルチャー、あるいはビジネスに限った問題ではなく、自由と平等を万人にとっての権利とする近代の民主化の一つの帰結である。

繰り返せば、「大きな物語」の失効ゆえに、それまでの関係の蓄積に基づいた「事実性と近接性ベースのコミュニケーション」への信頼は、今後否が応にも増していくだろう。したがって、メイヴンやコネクターによる近接的な「ささやき」や、既成事実としての「ネットワーク外部性」の占める比重が大きくなりがちになる。ただ、ここでさらに注意しておきたいのは、この種のコミュニケーション様式をほとんど暴走させてしまった神話システムの例が存在することである。それは二〇〇七年以降、注目を浴びているインターネット上の動画サービス・ニコニコ動画である。

ニコニコ動画というのは、インターネットに公開された動画上にユーザー側が直接コメントを書き込み、それを皆で見て楽しむというサービスであり、そのユニークな仕様がよく話題となっている。そのデザインの特色については、すでに情報社会学者の濱野智史による優れた分析があるので、それを参照しよう。濱野の議論の軸は、大きく分けて二つある。すなわち（1）メカニズムの問題として、ニコニコ動画では動画を分類する「タグ」（メタデータ）が独自の進化を遂げていること、そして（2）視聴者と動画の関係の問題として、ニコニコ動画では「擬似同期性」が発生していること、この二点である。

タグは本来、動画の分類に用立てられるメタデータのことである。しかし、ニコニコ動画ではそのタグが奇形化し、増殖し、何か異様な空間をつくりだしている。そこでは、タグはある動画の特徴をつかむためだけではなく、むしろ動画そのものを面白く観賞するための「見所」を周知させるようなものになっている。ひとびとは、タグによってある動画から別の動画へと移動することができ、しかも自由奔放なタグづけによって、動画の面白さを共有することができる。

濱野が注目するのは、一つの動画につけられるタグが、仕様上その上限を定められており、それゆえに人気のある動画だと、次から次へとタグが入れ替わっていくという類の現象である。詳しくは論文にあたってもらいたいが、濱野はそれを淘汰圧の強い生態系のようなものに喩えている。「従来型のタグのフォークソノミーが「累積」型の仕組みだったのに対し、ニコニコ動画のタグは「淘汰」型であると表現することができる*17」。濱野によれば、タグは分類装置であると同時に、一種の「触媒」でもある。したがって、そのタグが次々と入れ替わることは、動画そのものの変異性を高めることになる。

総じて言えば、ニコニコ動画は、淘汰圧を人為的に高めることによって、次々と真新しい作品（動画）が創発するような仕組みを備えている。名を持った「作者」が必ずしも存在しないにもかかわらず、サービスのデザインによって多様性が増していくこと。濱野は、そうした仕様に独自の「生成力」を見出す。

ニコニコ動画のタグは、もはや単なる動画の「分類」という役割を越えて、多様なコンテンツの「コモンズ」を媒介する、「触媒」としての機能を持つに至っている。人々はタグを通じて次々と他の作品に接触し、その作品の「別様のあり方」を〔…〕享受する。むしろそこでは、諸作品の「別様のあり方」を切り拓く進化的運動をドライブしているのは、「作者」よりも「メタデータ」の側に他ならないのである。*18

先ほど私は、リゾーム的な流体性をいかに「縮減」（事前拘束）するかということに、神話の力を見た。しかし、ニコニコ動画は、ある意味ではより過激である。ニコニコ動画は、リゾーム的な混乱をまとめるよりは、むしろどんどんリゾーム化を加速しては中身を更新し続けることによって、いわば「行く度にアトラクションが変わる遊園地」のような世界を築き上げている。実際、メタデータ（物の見方）が増殖するということは、マッチングの機会が増えるということでもある。つまり、ほんの些細な物事であっても、すぐにそれと合うパターンが見つかり、続く動画を生成しやすくなるというわけだ。かくして、一度有力なテーマさえ与えられれば、ほとんど自動的かつ即時的に、そこから別の動画が創発されていく。

コミュニケーション工学の語を使えば、一般的な神話が（そして本書で扱っている神話が）もっぱら「縮退的（degenerative）」なものだとすれば、ニコニコ動画の神話システムは「増殖的（regenerative）」だと評してもかまわない。*19 ふつうは、あまりにも変異性が高くなると、どこかでそれを「縮退」させ自己修正しなければシステムは壊れてしまう。しかし、ニコニコ動画は、むしろ増殖に次ぐ増殖によって――つまり無数の動画をぐるぐると回転させ続けるその事実性によって――、自らの安定性を得ている。早い話が、変化自体を自身の「再安定化」の根拠にするという、きわめてアクロバティックな秩序原理（無根拠の根拠）が、そこでは示されているのだ。

共通知識の生成

と同時に、濱野が強調するのは、ニコニコ動画で流れていくコメントが、視聴者のあいだに、かりそめの同期性（＝擬似同期性）を成立させていることである。ニコニコ動画では、動画にじかに貼りつけられた無数のコメントが、あたかも皆でわいわいとその動画を楽しんでいるような臨場感を醸し出している。むろん、現実的には、コメントを書き込んでいる時間はひとによってまちまちなのだが、視聴者は特にその齟齬を問題にすることもなく、コメントの擬似リアルタイム性を楽しんでいる。もともとインターネットの動画と言えば、個人が好きな時間にストリーミングできるところに本領があると思われていたが、ニコニコ動画はむしろ「本当は一人で動画を見ているのに、あたかも複数人で見ているかのように錯覚させる」擬似的な同期にも可能性があることを示した。[20] 実際、ニコニコ動画は最近ではユーザー発信の「生放送」にも力を入れており、同期性を一つの特色としてアピールしている。

では、同期性がなぜ重要なのか。その一つの理由は、コメントのようなメタデータ（対象がどう見られているかという情報）が大々的に可視化されることによって、「共通知識」の生成が容易くなり、情報処理のコストが大きく変わるためである。共通知識とは何か。たとえば、歩行者は青信号のときに道を横断する。それは、自動車のほうが赤信号のとき（歩行者にとっては青信号のとき）には停車するという暗黙の了解があるからだ。歩行者とドライバー双方に通じるこの暗黙の了解のことを、共通知識と呼ぶ。この類の共通知識がなければ、ひとびとは一つ一つの行動を前にして膨大な不確定性に直面し、立ち往生してしまうだろう。

しかし、歩行者とドライバーが本当に共通知識を有している保証は、当然のことながら、実はどこにもない。実際、あのドライバーが本当に信号をちゃんと見て理解しているか、それを疑い出せばきりがないだろう。社会的信頼の機能というのは、その「どこにもない」はずの保証を成立させるところにあるが、社会の複雑性や不透明性の増大は、その保証が不成立に終わる機会を増している。それゆえ、近代社会はひとびとをまとめて出会わせる装置を要所に埋め込んでいる。たとえば、スタジアムやコンサートホールのような大規模建築は、その成立しにくい共通知識（皆が楽しんでいる・ことを皆が知っている）を効率的に生成する近代的装置であり、かつシュミット的な拍手喝采を実現するものだ。しかし、その装置を働かせるにはあくまで空間的かつ物理的にひとびとを集める必要があり、あまりにもコストがかかりすぎた。

その点で、ニコニコ動画のように、不特定多数が集い、しかも彼らの反応が逐一書き留められていくメカニズムは重要である。ニコニコ動画のコメントを打ち込んでいる人間は、文字通り不特定な「誰か」であり、明示的なアイデンティティを持っていない。それはまさにあたかも「無作為抽出」されたひとびとのようであり、そのランダム性が、「不特定多数から抽出された何人かはこのように動画を見ている」という共通知識を発生させる。本来ならば入手しにくい共通知識が、一瞬にして、疑問の余地なく取得されるのだ。

偶然と必然

以上のように、膨れ上がった情報を処理するための神話的思考は、今かなり多様なものになっている。それによって、世界に対するひとびとの感覚も微妙に変化していくだろう。たとえば、リゾーム化したデータベースは、一面からすれば偶然に満ちており、他面からすれば法則性（拘束性）に支配されている。ニコニコ動画で次に何が流行するかは、誰にも予測できない。けれども、ネットワーク全体で見れば、たえず何かが流行っている必要がある。つまり、ひとびとが何に関心を注ぐかは偶然的だが、流行が起こることそのものは必然的なのである。インターネットではその反復の力学は「祭り」と呼ばれており、何か対象を選び出してはまた別の対象に移るという循環型＝感染型の世界に生きていることが、その当事者自身によっても半ば自覚されている。

こうした偶然性と必然性の重ね合わせは、私たちがいささか特殊な世界に足を踏み入れていることの、一つの傍証となるかもしれない。[*21] 今日のような複雑化・不透明化をきわめた社会では、世界をどう切り分けるかも、そのつどの恣意に依存しがちになる。その意味では、すべては偶然にすぎない。けれども、その恣意的な切り分けのうちのいくらかが、リアリティを持ったものとして濃縮され、この世界で一つの単位＝まとまりとして複製されていく。[*22] それはおそらく、事後的には必然的なものとして捉えられる。こうした状況下では、偶然性と必然性は、いわば薄い皮膜を介して繋がっていくように思われる。ドイツのシステム論者ノルベルト・ボルツが言うように「いまや世界は仮想現実であり、いわば観察と情報処理が行われることを待っている」。[*23] 観察するたびにそのつどリアリティが結晶化したりしなかったりするような、ある種の量子論的な世界像、それがシステム論の描き出すイメージに他ならない。ニコニコ動画のようなリゾーム化したデータベースは、そういう世界の条件を拡大して示しているのだ。

Ⅲ　ポストモダンの公私

リゾーム化したデータベースは、近代の民主化のプロセスがある種行き着くところまで行き着いたことを示す装置である。ひとびとは、神話素のネットワークに依存することによって、必要最低限の拘束だけで、自由に作品を発信することができる。そこでは、タブーや限界が大幅に抑制されている。

ただ、文化の機能というのは、別にそのような幅広い民主的参加を形式的に可能にするばかりではない。文化の仕事はあくまで、そうしたネットワークの条件を浮き上がらせたり、あるいは変更したりすることにある。このことが忘れられると、文化の可能性は著しく狭められてしまうだろう。

では、このハイパーリアルな神話に満ちた流体的な世界において、作品はいかなる具体的応答を示し得るのか。また、文化批評の側はいかなる評価基準を立てられるのか。ここでは一例として、まさにその流体的な世界にじかに身をさらしているエンターテインメント作家を参照してみよう。結論から言えば、私がここで立てたい評価基準というのは、フィードバックによって強化された「現実」をいかに作品が転位させて<ruby>いるかということなのである。

西尾維新の言語行為

たとえば、西尾維新という有名な若い作家がいる。西尾の作風は、一言で言えば、ミステリ的な謎解きを主な形式として採用しながら、漫画やアニメの論理に近い外連味の強いファンタジーを描くということにあった。倫理の欠落した癖の強いキャラクターが、徹底して薄っぺらなノリの会話を展開するなかで、突如として猟奇的な事件に巻き込まれる。あるいは、物語やミステリに対する自己言及的な語りがそこかしこにちりばめられつつ、しかしそれはすべてくだらない「戯言」にすぎないと自ら梯子を外してしまう。西尾の作品は、およそこんな具合に、アイロニーの成分を多く含んでいる。

さしあたり、西尾の読者は、その外連味の強さや自己言及癖、漫画やアニメの文法を巧みにトレースしていく擬態のうまさ、さらにはその特徴的な文体などに惹かれていると思われる。さらに前世代と比較すると、そこには一種の視点の変化もある。一九九〇年代に人気を得たミステリ作家（森博嗣や京極夏彦）が、探偵の超人的な活躍を助手の視点から描くという古典的（シャーロック・ホームズ的）なスタイルを採用していたとすると、西尾をはじめ二〇〇〇年代の若いミステリ作家はしばしば、探偵の一人称で書くスタイルを好んで採用した（第四章でも触れるが、これはかつてのハードボイルド型の探偵と一致する）。その一人称主体に否応なく降り注ぐ災厄と、それを受け流すアイロニーが、西尾の持ち味となっている。

西尾のスタイルは、特に若い読者には、非常に大きな共感をもって迎えられた。作品のアニメ化も成功し、今となっては「二〇〇〇年代を代表するライトノベル作家」とでも呼ぶのが最もふさわしいようにも思われる。とはいえ、ここで注意しておきたいのは、メディアミックスの成否ではなく、あくまで西尾の小説の文体的な問題である。たとえば、『きみとぼくの壊れた世界』（二〇〇三年）には、次のような一節がある。

結局今時のティーンエイジャーに限らず、誰だって若い内は現実主義の現実感に現実を感じられない現実主義者だからな。荒唐無稽ってのが大好きなんだろうさ。だから虚構にしか現実を感じられないいんだろ。

殺す奴は何をやっても殺すし、殺さない奴は何をやっても殺さないいんだ。一人殺したからって、殺さない奴はやっぱり殺さないし、一人も殺してなかったからって、殺す奴はやっぱり殺すだろう。人を殺す奴も、人を殺さない奴も、変わらないいんだよ。殺すのも殺さないのも一緒みたいなもんだ、誰にとっても。*24

こうした一節を、奇をてらった文章だと感じる読者もいるだろう。同じ言葉を繰り返すことによって、有意味な言葉遣いを、ことさら無意味なものに変えるひとを食った文章。先ほど西尾の小説の「外連味の強さ」を指摘したが、それはさしずめ、こういう文体によって具現化されている。特に後ろのほうの引用では、「殺す」とか「殺さない」とかいう言葉ばかりが乱舞していて、結局最終的に何を言っているのかがよくわからなくなっている。こうした語法によって、西尾は文章をことさらノンセンスなものに変えてしまったと言ってよい。

とはいえ、『きみとぼくの壊れた世界』という小説が、他ならぬ「虚構」と「暴力」を一つのテーマに据えていることもはっきりしている。冒頭の一文が、そのことをすでに暗示する。「この小説には暴力シーンやグロテスクな表現が含まれています。帯にそんな惹句が書かれている小説を求めて僕は夜月の部屋へと脚を運んだ」[*25]。その後もこの主人公は、世間で言われる暴力について、いろいろとシニカルに、かつ饒舌に感想を述べ立てている。「テレビをつければそこは暴力と死の宝庫。漫画だってそうだしビデオだって映画だってそうだ。子供が事件を起こせばコミックやアニメやゲームの影響だと思われることが多いが、いや多分それは大当たりで、僕がそうだったように、子供が事件を起こせばそれはほとんどコミックやアニメやゲームの影響なのだろうけれど、それは大人だって本質的には同じなんじゃないだろうか。テレビやら新聞やら音楽やらの影響で誰もが暴力を好む。それは道徳の無影響、とも言えるだろう。つまりそれは逆説なのだ[*26]」。

死や暴力のイメージは、今やそこらじゅうに溢れかえっている。実際、最近では暴力は、私たちの社会的地平においてもますます「簡易な神話化装置」として、つまり偶然を必然に変えるものとして機能するようになっている。とはいえ、現代の暴力はいわばたんにお手軽なマーカーのようなものにすぎず、世間の耳目を惹くことはできても、そこには何ら継続性はない。西尾もまた、その重みを失った暴力のイメージに基づいて、かなりデフォルメされた残酷描写を過去の小説でやっていた。したがって、このシニカルな饒舌は、半ばは自己分析のようにもなっている。

暴力を描く（あるいは発動する）ことも、あるいはそのような風潮を嘆いてみせることも、結局は暴力という簡易な神話装置（マーカー）の周りでのゲームにすぎない。それゆえ、もしそこから距離を置こうとするならば、死や暴力というこの感度の高いマーカーそのものを化かすしかない。その点からすると、西尾の文体は、死や暴力のイメージを、「言語」や「音」のレベルに置き直しているところに、その特色がある。実際、先ほどの引用箇所では、殺すとか殺さないとかという言葉のメッセージは無意味化し、その無意味さを穴埋めするように、言葉の持つ物理的な側面（見た目や発音）がことさら際立ってくる。西尾は、ありふれた死や暴力のイメージを、膠着したがらくたのような言葉の上に転写しているのだ。

私的なアイロニー

死や暴力というお手軽に集団的な神話を生むテーマが、西尾独特の言葉遊びによって組み替えられること。つまり、高感度のテーマを、あえてぐずぐずで無意味な文字の羅列にしてしまうこと。死や暴力を描くことはたやすい。現に世界はそういう表象で満ちており、西尾の小説に関しても、その種の表象をエンターテインメントとしてうまく展開することが期待されている。しかし、西尾は一方ではその要望に完璧に応えながら、他方ではそれをそっくりそのまま私的な言葉遊びに変えてしまっている。

これは、一種のアイロニーだが、ふつうに思われるアイロニーともまた異なっている。通常は、世間的な常識に斜めから向き合うシニシズム、それがアイロニーだと思われている。しかし、今日の神話作家は「客体の優位性」に従う以上、アイロニーを発動するにしても、自意識ではなく環境をハッキングする。この場合、アイロニーとは二重化の能力、つまりネットワークに属しつつ、しかしそのネットワークを別物に変えてしまうことを指すと言ってもよい。

さらに、『きみとぼくの壊れた世界』の続編である『不気味で素朴な囲われたきみとぼくの壊れた世界』（二〇〇八年）から一節を抜き出してみよう。

孤独に生きていくことも。
孤立して死んでいくことも。
孤高に存在し続けることも。
この現代社会においてはおよそ不可能なのである――いや、気が付けばただの当たり前のことを、随分と知った風につらつらと述べてしまってどうにも汗顔の至りだが、しかし話の肝はむしろここからであって、そんな当たり前のことにも、当たり前に例外がある。*27

こういう冗語は、西尾の小説では随所に見られる。孤独、孤立、孤高という似た言葉が並べられるのは、彼が、意味伝達よりもリズムや音の調子にこだわっていることをよく示している。孤独、孤立、孤高といっても、それらは西尾自身の内奥から来る言葉というよりは、むしろ言語が、いわば、もともと持っている能力を強引に引っ張り出してきた結果にすぎない。

これと同じようなことは、文字の扱いについても言える。たとえば、『不気味で素朴な囲われたきみとぼくの壊れた世界』の主人公である「串中弔士《くしなかちょうし》」という何とも奇抜な名前を観察してみよう。ご覧の通り、これは「串」という文字を分解してできた名前である。ここでは、文字そのものが一種の自己目的化したゲームのようになっている。この例に限らず、西尾の人名は相当に凝っていて（風変わりな地名や、死語や古語の類を借りた人名は、彼の小説にはつきものである）、特にこのシリーズの主要登場人物である「櫃内様刻《ひつうちさまとき》」などはもはやどう読んでいいかもはっきりしない。

むろん、串中弔士のような、いわば字面通りの名前は一種「戯作的」であり、日本の伝統ではさほど珍しい感性ではないとも言える。ただ、この作品のテーマを踏まえるならば、ここで西尾は、表現をいわば文字や音によって一部肩代わりさせているようにも思われる。西尾にとっては、「世界が壊れている」と直接に言うよりも、世界が壊れていることとの相似形として言語を壊すほうが、おそらく遥かに効果的なのである。世界が、人間にとっての安定的な意味をあっけなく失っていくように、言語もまた、簡単に分解される。世界と言語は、それだけでは似ていないが、その壊れやすさにおいて似ているのだ。

第五章で詳しく述べるが、こうしたやり方は一種の「機知」に属している。「壊れた世界」という一見深刻なテーマを、もっと軽い媒体（言葉や音）に置き換えること、しかしそれによって逆説的にテーマを表現すること、こういう具合に媒体の転位によって言いがたいことを言えるようにすることが機知の効用だと言ってよい。さらに言えば、この種のアイロニカルな機知は、彼の作品のタイトル――『刀語』、『化物語』、『偽物語』など――にもすでに暗示されている。西尾は、物語のお決まりのパターンを踏まえつつ、肝心なところではあえてそのパターンを化かし「偽物」に変えてしまう。

特に『刀語』は、そのアイロニーが全面的に発揮されている。これはタイトル通り、一二本の秘密の刀をめぐって少年と少女が旅をする物語なのだが、実際にはまともな刀はたいして出てこない。西尾はことさら、鎧や扇子など明らかに刀ではないものを、強引に刀に見立てて物語を進めている。刀と言っても所詮は記号にすぎず、ただ、刀の偽物（ダミー）ばかりが増えていくわけだ。『刀語』、『偽物語』、『化物語』というタイトルも含めて、西尾は、作品というのはその種のダミーのかたまり、西尾自身の言葉を借りれば、まさに「戯言《ざれごと》」でしかないことを自己言及しているると言えるだろう。「ネットワークに属しつつ、しかしそのネットワークを別物に変えてしまう」アイロニーが、ここでも発揮されている。

神話の私的使用

むろん、ひとびとが集団的に形成しているネットワークに属するのも、能力が要る。西尾維新は、読者側の集団言語を参照し、読み取る術に長けている。実際、二〇〇〇年代にデビューした数多くのライトノベル作家のなかでも西尾がずば抜けた存在感を示しているのは、その参照能力の高さに由来する。しかしその一方で、西尾は、集団言語（暴力や死のイメージ）を、音の響きやリズム、あるいは字面を使って私的なやり方でハッキングしてしまう。

集団言語を盗んで、私的な想像が託された奇妙な語を創出すること。こういう技術を、今ここで「神話の私的使用」と呼んでおこう。その語彙は、あくまで私的な想像の産物なので、必ずしも社会的に広く流通することは期待されない。実際、西尾の小説を何か社会への公的なメッセージとして読もうとすると、どこかで無理が来るだろう。というのも、社会的なメッセージは何らかの意味がなければ成立しないが、西尾はむしろメッセージを、肝心なところで無意味な物質のかたまりに変えてしまうからだ。そして、そのことによって、西尾は「私的なファンタジー」のための領域を保全している。言い換えれば、西尾の言語行為は私的領域の再安定化に役立っているのである。

むろん、私的領域に閉じこもるというと、そこには必ず批判が来る。しかし、個人が自らの私的な感覚をよりよく綴るための語彙を生み出すことは、果たして本当に批判に値することだろうか。神話という圧力釜を使って、私的領域のリアリティを隔離すること、それはむしろ、文学というメディアの一つの重要な機能ではなかっただろうか。「壊れた世界」に対応づけられる壊れた語や文字の選択は、いかに戯作的であろうとも、集団的なネットワークから新しい語彙をつくるという試みとして捉えることができる。

ポストモダンの公私

もっとも、「神話の私的使用」についてだけ考えても埒があかない。それはあくまで、公的なものとの対比によって測定される。言うまでもなく、公的なものと私的なものという概念をきちんと把握するためには、本来それだけで一冊の著書を書かなければならない。しかし、残念ながら、本書にはそれだけの余裕がないので、簡単な素描で満足しよう。

公私の区別を近年改めて問題にした思想家に、リチャード・ローティというアメリカの哲学者がいる。ローティは『偶然性・アイロニー・連帯』(一九八九年)という著書のなかで、私的な「自己創造の要求」と公的な「人間の連帯の要求」を切り離すことを提案した。ちょっと長いが、引用しておこう。

この二つの探求〔私的な完成/公的な連帯をそれぞれのやり方で探求すること――引用者註〕に加わろうとする私たちに可能なことは、せいぜい、公正で自由な社会の目的が、つぎのようなものであると考えることである。つまり、その社会の市民を、彼らの私的な時間にかぎり――つまり他者に対して害を加えず、より恵まれていない人びとが必要とする資源を利用しないかぎり――好きなだけ私事本位主義的で、「非合理主義的」で、審美主義的にすること、である。こうした実践的な目標を達成するにあたってとられる、実践的な規準というのがいくつかある。しかしながら理論のレヴェルでは、自己創造と正義とを統合する方策は存在しない。自己創造の語彙は私的であり、共有されず、論議には馴染まないというのが必然である。一方、正義の語彙は公共的であり、共有され、論争を交わす際の媒体となるというのが必然なのだ[*28]。

私的な生を充実させるには、公的で普遍的な規範にコミットしなければならないとする見方がある。しかし、ローティはそうは考えない。私的な領域では、他者に対して危害を加えない限り、好きなように振る舞えばよい。だが、それとは別のレベルで、公的領域の「正義」（相互調整）の問題があり、それに相応しい概念体系がある。その際、私的な自己完成に使われる語彙と、公的な連帯に使われる語彙は、まったく別々に機能していることが望ましい。ローティの見立てによれば、たとえば、キルケゴールやニーチェといった著述家は、私的領域の創造に適した語彙を発明した。他方、デューイやロールズといった著述家は、市民社会をもっと公正にするための語彙を発明しようとした。この両者は、別のタイプとして捉えられなければならない。

たとえば、キルケゴールは大衆社会化の問題にいち早く取り組みつつ、同時に、私的なアイロニーを使いこなした著述家であった。キルケゴールは、私的なものと公的なものの区別が漠然とし始めているという想定の下で、もう一度私的領域（実存）を切り出そうとしている。ただ、そのために彼は、たとえば『誘惑者の日記』（これは『あれか、これか』という大部のテクストの一部である）のように、刊行時においてインコグニト（偽名）を何重にも重ねながら（＝読者との偽りの絆）、日記のなかで誘惑を仄めかし（＝作中人物との偽りの絆）、最後に「婚約」（＝人工的にあつらえられた偽りの絆）破棄問題をめぐって思弁するという、告白とも幻想ともつかない持って回ったテクストを書き残すことになった。

キルケゴールは、ありとあらゆる「絆」を虚構化する。彼にとっての「実存」とは、自己のアイデンティティを確立するという単純な話ではなく、むしろ偽りの絆の束から産出される一種の「秘密」の結晶体（認識不能の固有名《インコグニト》）に他ならない。キルケゴールは、私的なものと公的なものをあいまい化する大衆社会において、日記という様式を使って、実存を縁取った。むろんキルケゴールは、経済領域の外に、宗教的な地盤を確保することを目指していたのだが、その試みはあくまで、社会的絆を変質させることと一体だったのである。ここに、キルケゴールの特異な記述スタイルがある。簡単に言えば、実存とは、絆（ネットワーク）のなかで秘密を持っていることなのだ。

著述のジャンル

ローティは「些細な事柄」を自己完成の素材に役立てる態度に「私的なアイロニー」を見ている。それは「公共的にはほとんど何の使いものにもならない」が、しかし私的なものを創造しようとする後続の者にとっては、一種の模範になり得る技術である。*29 キルケゴールの言葉は公共的に役立つとは到底思えないが、しかし私的な想像を託すために、さまざまな絆に寄生するやり方をよく示している。

むろん、私は、キルケゴールに匹敵する著述家が今日出てきていると言いたいわけではない。

ただ、「公共的にはほとんど何の使いものにもならない」が、実存を縁取るのに適した語彙が自由につくられることは、私は私的に好ましいことだと感じる。実際、私たちが、多様な「著述のジャンル」を持つことを嫌う理由はどこにもないのだから。他方、最初に述べたハイパーリアルな神話は、私たちのリアリティを育てるのに不可欠である。その意味で、ハイパーリアルな神話は「公共的」なものになり得る可能性がある。

とはいえ、本章の最後に付け加えれば、以上のローティの立論は、実はかなり大きな論争点を抱えてもいる。哲学者のスラヴォイ・ジジェクは、まさにその点を批判している。ジジェクによれば「ここでローティの批判者として読まれるべきなのはカントである」。[*30] ジジェクは、ローティによる公私の区別が、カントによる公私の区別をちょうど逆転させていることを問題にしている。簡単に言えば、カントは、共同体に属することを「私的」、共同体を超えた個人として普遍的に語ることを「公的」だと考えた。それに対して、ローティは個人の自己創造を「私的」、共同体を「公的」だと考えている。ゆえに、ジジェクにとっては、ローティの哲学はカント的伝統に対してまったく無知なものとして退けられるものでしかない。

この問題については、しかし、最終章で改めて触れることにしよう。ここでは、公私を分ける考えの道筋として、いわば「近代的」な解決（カント的）といわば「ポストモダン的」な解決（ローティ的）の二種類があり得るのではないかということを述べるに留めておきたい。

いずれにせよ、私的なものを象るのに向いた語彙と、公的なものを象るのに向いた語彙は異なる。[*31]

西尾維新の語彙は、私的なアイロニー（自己創造）に属するものであり、公的な議論には馴染まないが、しかしそれは必ずしも悪ではない。私からの提案は、著述のジャンル（私的／公的）に応じて、それぞれの評価基準を立てていくべきだということである。であれば当然、次の課題として、公的＝共同体的であることを満たす語彙はどういうものかという問いが出てくるだろう。次章ではその問題意識の下、「神話の公的使用」の実例を挙げていこう。

第二章　神話の神話

リベラル化が進むこの民主主義社会において、すでにある程度成熟したサブカルチャー神話を、いかにして次世代に置き直し「公的」な資源として再生させればいいのか。本章では、その「場を変える」ための想像力を、もっぱら視聴覚的なサブカルチャーを例に示していく。

想像力は自他の境界を壊し、近さと遠さを再編成する。そしてその再編成は、誰も彼もが低コストで利用できる豊富な資源、電力や蒸気といったテクノロジーの力によって促進される（その意味で、想像力とは心理的なものではなく唯物論的なものである）。今日、私たちにとってリアルな豊富性というのは、やはりネットワーク上の「リンク」であろう。本章では、ピクサー、富野由悠季、J・J・エイブラムズ、それに『涼宮ハルヒの憂鬱』などを参照して、今日の表現がいかに「リアリスティックな想像力」の場にアクセスしていけるかを考える。

二つの社会学

前章の内容を、簡単に確認しよう。不透明な世界に偶然つけられた「傷」を、事後的に必然のものとして捉え返す、神話とはそのための縮減装置である。もし神話がなければ、私たちにとってのリアリティの基盤はあえなく蒸発してしまうだろう。その際、ネットワークが複雑化し高度化する一方で、その複雑さを人間に合わせて縮減することが行われる。たとえば、原理的にいかなる色でもシミュレーションができるとしても、その色の違いが人間に識別できなければ、微細な色を創発することの意義は薄れるだろう。かくして、色のなかでも生存しやすいものとしにくいものの差異が生じる。高度な技術力があることと、その技術が現実に生存するかどうかということは、あくまで別物なのである。

高精度化したネットワークから情報を選別し「神話化」する際に、外部環境としての人間――いささか不出来な、しかし統一性は備えている人間――が有力な参照点になってくるということ、ノルベルト・ボルツはそれを「社会システムのパースペクティヴから見ると、人間は社会の超越的性格そのものである」と巧みに表現している。[*01] 社会が変化に富んでいるのはなぜか。それは社会が、人間という不安定で誤りやすい生き物の挙動に大きく依存しているからだ。一方で、人間はシミュレーションの発達によって利得を得ているし、他方で、ネットワークは人間の能力の不完全性を消去できず、むしろそれに依存する。サイバネティックスの創始者ノーバート・ウィーナーのいささかアイロニカルな表現を借りるならば、ネットワークは「人間の人間的使用」を実現していると言ってもよい。

とはいえ、人間ばかりが「社会の超越的性格」を独占するようだと、今度は多様性が怪しくなる。本来もっとさまざまな力や振動が私たちの周囲を覆っているのだが、「今日存在している唯一の統一」（ボルツ）が人間の生の統一であるために、[*02] 人間に間尺を合わせた表現がともすれば優勢になってくる。だが、だからこそ私たちには、世界の微細な振動をも捉え得る表現に着眼し、そのモードを扱う社会学的技術を練っていくことが求められる。

これまでであれば、偶然を必然に変える神話は、過去の「悲惨な記憶」の共同体的＝運命的な共有にあるとされていた。共同体の同質性を確認するためには、受苦の記憶こそが最も強い紐帯となる。とはいえ、それはいずれ、ナショナリズムへと傾斜することが避けられず、リベラルな統治原理からすれば望ましくない。それに対して、今日の世界においては、偶然を必然に変える神話的な力は、むしろネットワークの挙動から動的に導き出される。少なくとも、民主的な統治技術を是とする限り、ネットワークを一つの「運命」に振り向けるよりは、ネットワーク上のローカルな頂点を遷移するように仕向けることが遥かにリスクヘッジに役立ち、またリベラルの本義にもかなっているということになるだろう。先回りして言っておけば、この複数の均衡状態(ベイトソンの語ではクライマックス一歩手前の「プラトー(高原)」)の構成にいかに干渉するかということに、今日の神話の可能性が認められる。

さて、ここで、文化的多様性の分析をめぐって、およそ二つのタイプの社会学を分けておきたい。一つは、統計に基づいて、ひとびとの行動から産み出されるデータを数値的に解析する社会学である。もう一つは、情報の塊からいったい何がどのように差異化されているかを見る社会学、つまり「差分」を見るタイプの社会学である。さしあたり、前者を「統計社会学」と呼ぶとすれば、後者は差異の拾い上げを目指す「構造社会学」と呼んでおけるだろう。ごく単純な例で言えば、自動車の生産台数に着眼するのが統計社会学で、自動車のモデルの変更に着眼するのが構造社会学だと言える。*03

この二つの社会学では、関心領域が異なる。統計社会学では、たとえばある商品がどれだけ売れ、それが過去と比べてどれだけ変化したのかという類の量的な測定が重んじられる。前章で触れたように、こうやって測定されたデータが、シミュレーションの精度を高め、ハイパーリアルな神話を生成する手助けとなる。それに対して、差分の測定をベースにする構造社会学は、情報の堆積から生じる質的差異を重んじる。たとえ数値的な実績は上がっていなくても、そこに新しいモデルが示されていれば、構造社会学はその意義を尊重する。たとえば、前章で記した「神話の私的使用」は、絆＝ネットワークから私的な語彙を隔離することを企てているが、そういう作業を手がける作家がたとえマイナーであったとしても、構造社会学的な発想で言えば、それは十分に拾い上げる価値があるのだ。なぜなら、その小さな差異の地道な積み重ねなしに、私たちが実存を仮託している語彙は把握できないからである。

特に、リチャード・ローティ的なネオプラグマティズムの観点に立つならば、なおさら差異の尊重が重要になってくる。ローティは、私たちの使用する言語はあり合わせの素材でつくられたものにすぎず、絶対的根拠を持たない代物だと考えた（なお、こういう主張はおそらく、ローティが英語圏の哲学者であることとも無関係ではない）。このことは、実存的領域や公的領域を綴る語彙にしても、それらは機会に応じて刷新することができるのだし、またそうしなければならないということを含意している。ここにおいて、構造社会学的な分析は必須となるだろう。

神話の公的使用

いずれにせよ、私たちにとっては、以上二つの社会学をいかに組み合わせるかが肝心である。たとえば、有名なサブカルチャー神話のリメイクが近年相次いでいることを、ここで思い起こしてみよう。その背景には、人口動態の変化（少子化）も相まって、低年齢層の文化が高年齢層の文化を直線的に押しのけていくのではなく、古い文化と新しい文化が共存するという状況がある。すなわち、「若さ」という概念が今までよりずっと柔軟になり、ユースカルチャーの領域自体があいまいに拡張されているのだ。[*04] 企業としても、当然、名前がすでに知られているという事実性のアドバンテージを活用しない手はないので、過去のサブカルチャー神話が折に触れて再生産され続けることになる。それは一面からすれば明らかに保守化だが、しかし、半ば不可避だと言うほかない。以上は、統計社会学的な問題である。

とはいえ、構造社会学的な観点で言えば、たんにその神話から生じる統計的な数値（ファンの数や商品の売れ行き）を観察するだけではなく、むしろそこで発生している「差異」を観察する技術を磨くことが、より重要となってくる。したがって、リメイクであっても、何らかの質的差異が生じているのであればそこに着眼するメリットがあるし、そういう差異が観察されなければ構造社会学のセンサーは反応しない。

もとより、ハーバート・サイモンが言うように、認知限界を抱えた人間の集まる社会では、重要な真実に対して定期的に注意が向けられる必要がある。[*05] よって、たとえ教科書的な理論であっても、折に触れて日のあたる場所で実演することは、それなりに有効である。同様にリメイク作品は、まさにサイモンの言うところの「注意力の管理《マネジメント》」の機能を果たし、神話の存在をひとびとに改めて周知させるのに役立つ。そしてその上で、優れた神話作家であれば、過去のサブカルチャー神話への注意を喚起するのに乗じて、作品の力点を変え、全体の意味合いを再構成することも可能だろう。本章で扱おうとするのは、まさにそのような技法なのである。

この再構成された神話を、本書冒頭の規定に倣って「場を変える神話」と呼んでおこう。ある時点における「場」の力を身にまとったサブカルチャー神話を、しばらくしてまた別の「場」に置き直すこと、それによって、古い場と新しい場が繋がり、それらのあいだの差異が比較可能になる。言い換えれば、前の世代に片足を残しつつ次の世代の作品として結晶化していく、いわば蝶番のような神話、それをここでは「神話の公的使用」の実例として見定めておきたい。[*06]

むろん、作品の公共性が具現化される際には、やはり歴史的風土も無視できない。たとえば、アメリカ人のローティは、「公」の位相を「連帯」に据えたが、この主張には、国家や教会に対して社会の自律性を確保しようとした、近代以降の西洋の歴史的展開への応答という側面がある。何者の強制にも依拠しないリベラルな市民社会にも、当然構造的な弱点は存在する。ローティの言う「連帯」とは、その弱点を補おうとする態度だと言ってよい。

たとえば、ナチスのアイヒマンを論じたハンナ・アーレントや、そのアイヒマンに触発されてアメリカで特殊な心理実験を実施したスタンレー・ミルグラムが主張したように、人間は個々のパーソナリティにかかわらず、条件（特に、権威ある第三者からの指令）さえ整えば容易に大規模の悪をなし得る生き物である（悪の陳腐さ）。しかも、その悪はときに、彼ら自身の良心を少しも傷つけることなく実現される。国家や教会に対する社会の自律は、かえって最悪の「服従の心理」を生むことがあり、かつそれは、すべてのひとびとが抽象的な個人としてスタートするリベラルな社会においては、ほとんど不可避の病理である。ひとがどのように自己を構成してもかまわないとする以上、たとえその構成の行方が大規模な服従であったとしても、それを原理的には拒むことはできない。かつて神学者や哲学者は「(神がつくったはずのこの世界に)なぜ悪があるのか」「そもそも人間のなす行為を、同じ人間が悪と名指し得るのか」と問うたが、二〇世紀の思想家はむしろ、平凡な人間がごく容易く悪へと差し向けられてしまうことに驚愕したのである。

ローティのネオプラグマティズム的観点においては、哲学や文学は、その危険性を熟知させるきっかけにならなければならない。よって、ローティにとって「公的」な作品とは、ひとがあくまで良心に則って「悪」に転んでしまうような社会を、いわば擬似体験させる作品ということになるだろう。そのような作品――具体的にはナボコフやジョージ・オーウェルの小説――を梃子にして、ひとは社会から残酷さを減らすための態度、すなわち「連帯」の手がかりを得ることができるというのが、ローティの見立てである。

ローティのこの議論は、哲学や文学をリベラルで民主主義的な市民社会を支援する道具だと捉えている点で、一つの見識である。リベラル社会に相応しく成熟した文学は、歴史が必ずしも自分たちの願う通りに進むものではないという認識を身に帯びている。そのような文化の可能性も当然横目で見つつ、しかし本章ではあえて別の角度から「公的なもの」を規定する。社会的連帯の条件は、残酷さの減少だけには限らない。むしろ、あちらこちらに走っている不連続性を制御するなかで、社会の自己理解が豊かになっていくように仕向けることが、寛容さと連帯を育む一つの助けとなる。諸世代(これは人間の世代というよりも、作品を生成させた時代環境として捉えてもらいたい)にまたがり、複数の社会性を横断する「場を変える神話」を「公的なもの」に数え入れたのは、そのためである。

以下の論述では、その具体例として、視聴覚的なサブカルチャーであるアニメーションとハリウッド映画を取り上げて、今の文化の持つ自己像を探っていくことにしよう。先に大まかな図式を示しておくと、本章の鍵は何よりも「想像力」、つまり自分と他人の境界を溶かし、ネットワークの固着をゆるめるテクノロジーの力にある。コモディティ化するサブカルチャー神話の遺産を受け取り直し、修復して、もう一度自律性を得させるには、いかなる「場」の力を作品に吹き込めばいいのか。第二節以降、富野由悠季《とみのよしゆき》やJ・J・エイブラムズの映像作品、さらには『涼宮ハルヒの憂鬱』などを参照して、そのための想像力のありかを構造社会学的な観点から探る。なお、第一節は導入的な内容になるので、作品論に興味のある読者は第二節から読んでもらってもかまわない。

I　リンクと想像力

リンクの芸術としてのアニメーション

最初に一つのテーゼを出そう。それは「アニメーションは、リンクの芸術である」というものである。たとえば、アメリカの著名なアニメーション作家であるジョン・ラセターは、サン＝テグジュペリによる次の言葉を引いている。「大事なのは目ではなく、目つきだ――唇ではなく、ほほえみなのだ」[*07]。現在ラセターは、『トイ・ストーリー』（一九九五年）や『ファインディング・ニモ』（二〇〇三年）などの作品で驚異的なCG技術を示すピクサーに、チーフ・クリエイティブ・オフィサーとして関与しているが、そのピクサーはまさに目ならぬ「目つき」を、唇ならぬ「ほほえみ」を、本来生きていない物質に与えようとしてきたスタジオに他ならない。

アニメーションにおいては、たんにモノがモノとしてあるだけではない。そこではむしろ、モノから生じる「目つき」や「ほほえみ」といったリンクが物を言う。実際、ピクサーのフィルムでは、ついさっきまで生き生きと躍動していた無生物が、次の瞬間、生気を失ったがらくたに戻ってしまうような描写が頻繁に盛り込まれている（『トイ・ストーリー』や『WALL・E』の主人公がそうであるように）。これはおそらく、視聴者にとっては、自分と作品とのリンクが無情に断たれた瞬間として捉えられているだろう。ピクサーのフィルムの主要な単位は「リンク」なのであって、リンクの発生と消失という落差が作品のドラマ性を形成している。

ここで「約束」や「誓い」、あるいは「契約」といったごく古典的な物語装置が、ピクサーのフィルムにおいて頻繁に発動されていることを指摘しておくのもいいだろう。たとえば、二〇〇八年公開の『WALL・E』は、地球に一人残された主人公のロボットWALL・Eが、人類が残したミュージカル映画を見て、自分も誰かと手を繋ぐことを熱望し、ついにその夢をかなえる映画である。実際、『WALL・E』が、素朴なまでに「手を繋ぐ」というモチーフを強調した作品であることは、宇宙に出て怠惰な暮らしを送るうちに人間性を喪失してしまった人類が、その「手」を退化させていることに明確に示されている。この映画の華麗なCGは、「手を繋ぐという行為をいかにかけがえのないものに見せるか」という課題に捧げられていると言っても過言ではない。あるいは、二〇〇九年公開の『アップ』（邦題『カールじいさんの空飛ぶ家』）でも、亡くした妻を幻のパラダイスに連れて行くという「誓い」を守るカール老人が、夫婦で長年暮らした家に乗って空中を旅し、ついにそのパラダイスに到着する。そして、カールはそこでも、浮遊する家を自分の身体にくくりつけて、パラダイスを探検するのだ。このことが、妻との絆（誓い）に対する彼の忠誠を示していることは言うまでもない。しかし、物語が進行するにつれて、カールはたまたまその家に乗り込んでしまった少年との絆を深め、最終的に、家のかわりに少年を選択するに到る。そこでもやはり、老人と少年を一本のロープが繋ぎとめており、リンクの存在が忘れられることはない。高度なCGによって構成された『アップ』が、実はむしろ何の装飾もないリンク（ロープ）によってその物語を吊り支えていること、ここにピクサーの作品を貫く一つの単純な「思想性」が示されている。

　むろん、この思想を最近のアニメーションに限定することはない。より古いところでは、手塚治虫が一九六〇年代に制作したショート・フィルム、具体的には「めもりぃ」や「人魚」などを見ても、そのあたりの消息が理解される。「めもりぃ」は、人間の「思い出」がいかに個別の身体的パーツ（特に性的な部位）にばかりとらわれているかを描いた、一種の風刺劇であり、唇や乳房のような部分対象が全編を覆い尽くしている。他方、「人魚」のほうは、助けた魚に美女を幻視する少年をめぐる物語だ。それらのアニメーション作品においては、通常の人間像よりも、部分対象のほうが（あるいは空想のほうが）強い喚起力を持っており、主人公や視聴者はその部位と強い「絆」を結ぶことになる。これらの作品はショート・フィルムということもあって、手塚の欲望の所在を簡潔に示すものとなっていた。

さらに、アニメーションと近親関係にあるジャンルでも似たようなことは言える。現代の日本のライトノベルやケータイ小説では、契約や誓いのモチーフはほとんど濫用されていると言っても過言ではない。そこには、何かを選ぶ強い意志や、逆に何かを捨てる放棄の決断、さらには絶対に破ってはいけない禁則事項等々のテーマが満ち溢れている。多少大袈裟に言えば、これらはきわめて古典的な法の概念系に属している。ピクサーをはじめ近年のサブカルチャーでは、しばしば「奇跡」がテーマとなっているが、それは法的語彙（意志、破棄、契約……）の力を存分に利用した結果であるように見受けられる。一言で言えば、法的語彙は、何でもない絆に擬似超越的な色彩を与えることを容易にしているのだ。

むろん「アニメーションは、リンクの芸術である」と言っても、それはアニメーションの特徴のほんの一端にすぎない。とはいえ、その単純な規定から見えてくるものもあるだろう。たとえば、二〇世紀のメディア論は、新しいメディア装置を通じた知覚の変容を捉えようとしてきた。ドイツの批評家ベンヤミンが、写真や映画に日常的にはつかまえることのできない「視覚的無意識」が含まれていると言ったのは、その代表である。実作のレベルにおいても、たとえばディジタル技術を駆使したメディアアートは、日常を超過する知覚を機械的に発生させ、それをときに政治的文脈に接合しようとしている点で、ベンヤミン的なメディア観を引き継いでいる。とはいえ、今や映像資源はあまりにも豊富になり、機械のつくった知覚こそが日常化していることも否めない事実だろう。日常と機械、意識と無意識の落差をベースに動いてきた従来のメディア論は、今や大きな曲がり角に差し掛かっている。

その点からすれば、リンクを単位に据えるというのは、メディア論的には新しい解法のように映る。リンクというのは、それ自体としては、決してひとびとの存在様式を損なうものではない。実際のところ、個人へのリンクは増えれば増えるほど、経済的価値や社会的名声に繋がるような性質を備えている。さらに情報へのリンクは知の価値も大きく変動させる。私たちは、ネットワークの活力をいわば湯水のように利用＝消費できる時代に生きている。ネットワーク上の情報を手に入れるコストが格段に下がり、知が活発に再編成されていることは、多くのひとが知る通りだろう。

アニメーションというジャンルは、そうしたネットワークの一部に新しい落差を生み出す。アニメーションは、近いもの（親密なもの）と遠いもの（疎遠なもの）を目安に世界を整え、表現上の富を得る。約束や誓い、あるいは契約というのは、期間限定で濃密化された排他的関係のことであり、いわば人工的に「近さ」を構築するものだと言ってよい。[*08] ネットワーク社会では、明確な意志を介在させなくても、ヒトやモノ、あるいは情報が絡み合うなかで自生的にリンクが発生してしまう。だからこそ、ある特定のリンクを儀式化し、親密なものとしてコード化しようとする「法」のモチーフが、サブカルチャーのなかに回帰してくることになる。*09

豊富性と希少性

さて、この「リンク」のように、皆が無自覚に、ほとんどコストを払うことなく依存している豊富性の領域を、ここで「想像力の領域」と呼ぶことにしよう。一般的な用法でもそうであるように、想像力とは、自他の境界を壊す「成り代わり」の能力を指している（思想史的にも想像力の概念はロマン主義の影響を受け、ナルシシズムのテーマと関係が深い）。新しいテクノロジーの出現は、ときに自他の物理的・心理的障壁を除去し、それまでの対立を自然消滅させてしまうようなことがある。想像力はそうした唯物論的な変動と軌を一にして生育する。

一般的に言って、ひとびとが政治的に争うのは希少な財をめぐってであり、豊富な財についてはほとんど意識されることもない。たとえば、空気は誰にとっても平等に与えられるので、その配分をめぐってひとびとが闘争することはない。しかし、希少な財については、それを得ることができる者とそうではない者の差異が必然的に生じるので、自己と他者を峻別するところから思想を始めることが、一つの伝統的な思考パターンとなる（その極点が、前章で触れたカール・シュミットの政治思想である）。いわゆるポリティカル・エコノミーというのは、その希少な財をいかに配分するかに関与する知を指す。だが逆に、誰でも自由に扱える豊富性（想像力）の領域からスタートし、世界はその想像力が動力となっていると見なすことも決して不可能ではない。[10]

実際、時代の豊富性の領域に応じて、私たちの生産の効率性やコストはまったく変わってしまうし、何が希少なのかという判断も変わってくる。たとえば、近代の発展は、蒸気や電力が豊富性の領域を構成したことを抜きにしてはあり得ない。蒸気や電力の供給がある時点で一挙に拡大したことによって、従来であれば障害の多かった事業を、きわめて低いコストで実現する可能性が発生したのである。あるいは、いわゆる「大衆社会」というのも、通信の拡大がもたらした新しい社会性として理解できる。「大衆」という言い方には人格的な含みがあるが、しかし真に問題なのは、むしろ非人格的な領域においてうごめき、ひとびとにコミュニケーションや発信の力を提供する通信帯域の豊富性なのであって、大衆という人格的表現が出てくるのは、その廉価な力が広く散布された後にすぎない。豊富性の持つ生成力は旧来の努力を不要にするので、ともすれば軽蔑や敵意のまなざしで見られるが、しかしまさにそれにより、社会の力関係の変容（大衆の消費がそのまま市場の創造行為に還流するなどの事象）が引き起こされるのだ。

さらに注意すべきは、豊富性が成立すると、ときに別の領域に希少性が発生し得ることである。一般的な例で言えば、たとえば、一九七〇年代にしきりに取り沙汰されたのは爆発的な人口増に対する致命的な食料不足というマルサス主義的なシナリオであったが、その危機は効率的かつ大規模な食料増産を可能にする「緑の革命《グリーン・レボリューション》」によって回避された。しかし、「緑の革命」には

	希少性の扱い	思考の出発点	批評的基準
闘争の原理	希少な財を多人数で切り分ける	自他の峻別	切断や裁きによる資源調整
想像力の原理	新たな豊富性が新たな希少性を生む	自他の区別の溶解	豊富性に基づくネットワークの拡張

表１：２種類のポリティカル・エコノミー

膨大な水が必要であり、そのために世界の河川が干上がりつつあるという新しい問題が起こっている。[*11] さらに、ポンプ能力の発達は、灌漑用の取水をより効率的なものにし、その結果として地下水の枯渇をよりいっそう加速させることにもなるだろう。こういう具合に、食料が相対的に豊富化する一方で、それまではふんだんにあると思われていた水が希少化し、新たな政治的課題として立ち上がってくる。豊富性の位置に応じて、希少性の位置も変わるのだ。

こうした認識を先ほどまでの議論に当てはめれば、リンク（コミュニケーションの増大）という豊富性の台頭が、ハーバート・サイモンの言う意味での「注意力」という財を希少化する、という展開が浮上してくる。リンクはいくらでも成立するが、それに十分に気を配るだけの時間的余裕が失われていく。誰もすべての情報に等しく接することはできず、そのために一方ではフィルタリングが不可欠となり、他方ではコネクターやメイヴンにアクセスが集中する。なぜなら、コネクターやメイヴンはネットワークへの注意力に富んでおり、物事の時間的な変遷に対しても敏感な人材だと思われているからだ。彼らは不足しがちな注意を、いわば肩代わりしてくれるひとびとなのである。

こういう具合に、希少な財の奪い合いよりも、ふんだんにある財の上での生産や創造の様式について考えること、そのあたりの要点をまとめたのが表1である。この新しいポリティカル・エコノミーの戦略を、文化批評にも敷衍するとどうなるだろうか。

アニメーションのエコノミー

リンクは豊富で遍在するが、注意力は希少で偏在しがちなこの世界において、アニメーションはめったに生じないリンクを演出し、そこに注意を集める（ピクサーはその作業を、CGを操作する数学的なシミュレーションを駆使してやっている点で、ハイパーリアルな神話の力をよく示している）。アニメーションは、世界を満たすリンク＝繋げる力の豊富性（想像力）に乗りかかりつつ、視聴者とのあいだに本来あり得ない希少な絆を確立する。

ただ、そこにも問題はある。それは、アニメーションにおいては、ともすれば作品と視聴者とのリンクが感情的に固着してしまうということである。そのとき、神話からは柔軟性が失われ、多様性を享受するだけの容量が失われるだろう。したがって、今言ったエコノミーの原理に沿うならば、一度固着し自明化してしまったリンクを、もう一度自他の別を越境する新しい「想像力の領域」に置き直してやること、これが一つの有力な神話化の作業として立ち上がってくる。こ

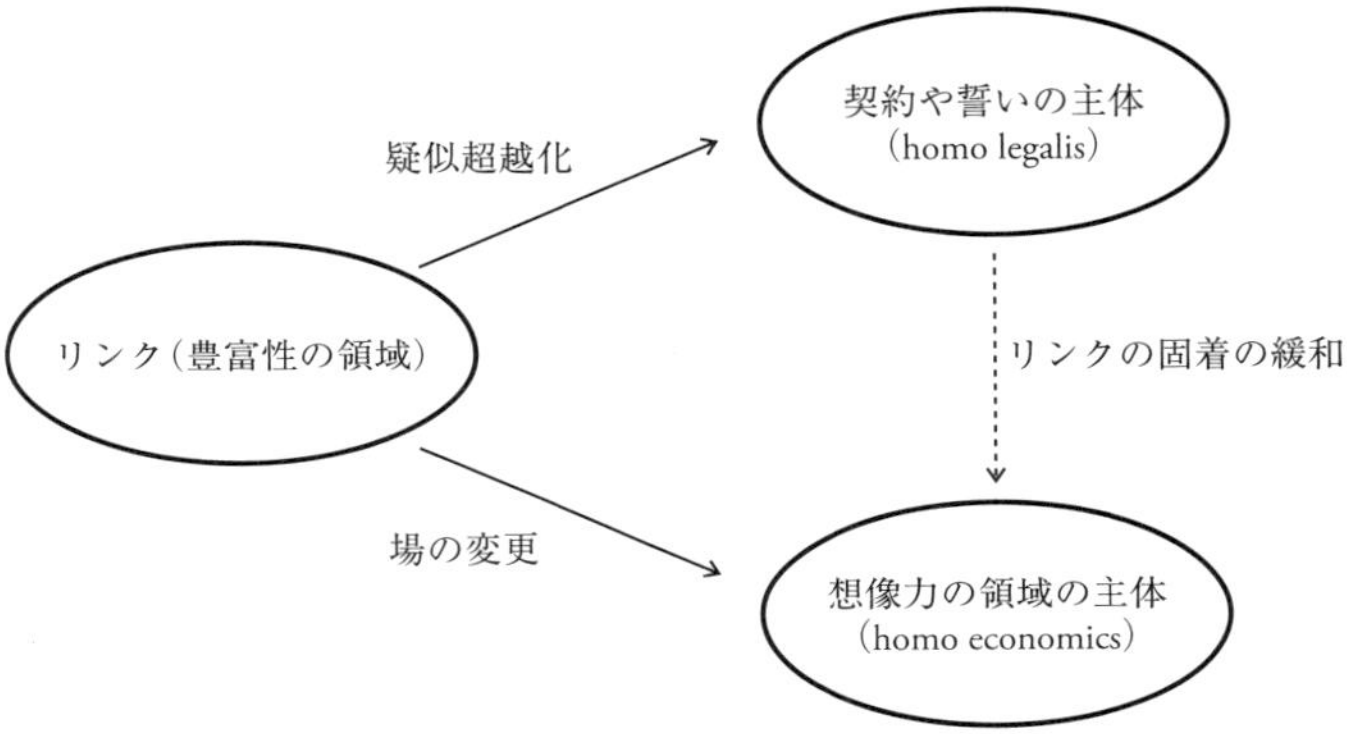

図2:リンクの処理法

の場合、契約や誓いによってリンクを儀式化するキャラクターを「法的人間」(ホモ・レガリス)と呼ぶならば、そのリンクの固着をゆるめつつ再出発させるキャラクターは「経済的人間」(ホモ・エコノミクス)とでも呼ぶのが相応しい。

さらに、もう一つの問題として、サブカルチャー神話は、いずれコモディティ化するのが避けられないということが挙げられる。特に、有名なサブカルチャー神話は一種の共有財として機能し、すでに消費者のあいだに無数のリンクを張りめぐらせている。近年のインターネットの台頭は、そのコモディティ化=共有財化=ネットワーク化の傾向を明らかに強めた。この場合、あまりにコモディティ化が進みすぎると、作品の自律性が損なわれることが一つの課題となってくる。かくして、そのコモディティ化した神話を、やはり別の想像力の場(複製と豊富性の世界)に埋め込み直し、リンクの質を変えて自律性を回復すること、そこでこそ神話作家の手腕が試されるようになるだろう。

以下の記述においては、その「場を変える」タイプの神話の具体的な例として、日本で最も著名なサブカルチャー神話と言うべきガンダムシリーズのなかから、一九九九年から二〇〇〇年にかけて放映された『∀《ターンエー》ガンダム』を取り上げよう。先に結論から言うならば、この作品はまさに、固着したリンクの修復およびコモディティ化した神話の再処理加工を、明確なテーマとしているからである。

Ⅱ　喪の作業

富野由悠季の紡ぐ神話

一九七九年に第一作（『機動戦士ガンダム』）がTV放映されてから、ガンダムシリーズはメインとなるTV版だけでも十作以上の作品を生み出してきた。そこに、漫画版や映画版、小説版などへの派生も含めると、このシリーズに関連する作品は膨大な数にのぼり、全貌をつかむことはもはや難しい。後続の作家に与えた影響も含め、まさしく、日本を代表する神話体系だと言っていいだろう。その商業展開は、元来のガンダムシリーズの監督であった富野由悠季の制御を逸脱している。もともと、三〇年前の時点でも、ガンダムはあくまで商業原理に沿ったかたちで展開されることが望まれていた。今日でもシリーズの新作はつくられているし、これからも何らかのかたちで作品は出続けるだろうが、どんな場合でも市場と折り合っていくことは決して避けて通れない。

その意味では、ガンダムは見方次第では、非常に不自由な作品である。とはいえ、本書の文脈で注意しておきたいのは、独走を始めていたそのシリーズを、富野由悠季がある時点でもう一度再デザイン化しようと試みていたことである。そのあたりの事情を、少し詳しく見ていきたい。

そもそも、第一作の『機動戦士ガンダム』というのは、地球を出て宇宙に植民したひとびとによってつくられた移民国家――それも「ジオン公国」なる名称を持つことから、明らかにイスラエルを意識したことのわかる国家――と、もともとの地球の民との闘いが物語の中心に据えられた壮大な叙事詩である。地球に住む主人公の一五歳の少年アムロ・レイはほんの偶然から、戦闘用ロボット・ガンダムのパイロットになり、否応なく宇宙戦争に巻き込まれていく。物語は、その未熟な少年と、ジオン公国の軍人とのあいだの、文字通り「神話的」な闘いが中心に据えられる。

こうした設定からもわかるように、本来この神話は、きわめてメッセージ性の強いものであった。敵と味方がごちゃごちゃに入り乱れる戦争の混乱状態を、サブカルチャーのイメージの力を使って演じ直すこと、それがガンダムシリーズにおける一つの達成だったと言ってもさほど誤りではないだろう。特に、富野が難民国家としてのジオン公国に、ナチスドイツの姿を重ね合わせていたことは、その演出の端々から容易に窺い知ることができる。つまり、富野は、単純に戦争をモチーフにした作品をつくったわけではない。むしろ、第二次大戦の開戦から終戦に至る現実の道筋を、一九七九年の時点でアニメーションという娯楽によって「反復」すること、ガンダムという神話はそのための場を用意していた。

とはいえ、この神話がまったく荒唐無稽な世界であることも明白である。そもそも、一九七九年に戦争をやり直すことは、戦争にまつわるメディアイメージがすでに相当流布している社会を相手にするということでもあった。したがって、そこで戦争を反復すると言っても、たんに人間どうし、国家どうしの争いを描くことにはならない。戦争の体験や記憶にしても、三〇年も経てば、無数のメディアの中継のなかで文字通り「神話化」していくことが避けられない。したがって、どれだけ深刻なテーマを描くにせよ、その三〇年のあいだに人間の周りに降り積もっていったさまざまな情報を複合的に組み合わせなければ、表現の力は低落してしまうだろう。

たとえば、ガンダムのロボットが「モビルスーツ」という奇妙な名前で呼ばれ、一種擬似人格的な存在感を得ていたことは、作品の神話としての力を高める上で一役買っている。それはどう見ても、戦闘用ロボットであるにもかかわらず、富野はそこに、モビルスーツというロボットらしからぬ名前を与えた。しかし、このような兵器とも人間ともつかない異物＝商品でなければ、メディア化された空間を再現することはできなかった、と考えるのが正確だろう。

また、そもそもガンダムシリーズは、人類の「ニュータイプ」の誕生をテーマとしており、戦争を通じて人類そのものが何か別の存在に変わっていくという思想が横溢している。むろん、それは虚構の設定だが、しかし人間的なものと非人間的なものをあいまいにするその種のイメージを、富野がきわめて巧妙に利用していたことは間違いない。「モビルスーツ」にせよ「ニュータイプ」にせよ、社会的に蓄積されてきたメディアイメージを吸収するには、うってつけの素材であったと言える。

癒しとしての神話

アニメーションは、リンクなしに力を得ることができない。モビルスーツという「おもちゃ」が喚起力を持ったのだとしたら、それはモビルスーツが、メディアを通じて降り積もった情報を撹拌した上で、視聴者とのあいだに新しいリンクを確立していたからである。とはいえ、この種の通路=リンクは、いずれ新しい想像力の領域に投げ返さなければならない。というのも、ガンダムのように強力なサブカルチャー神話に育ってしまった作品は、リンクが固着する一方で、コモディティ化も進み、結果として表現の力が低落しがちだからである。

実際、富野自身、ガンダムをつくり続けることにかなり大きな葛藤を抱えていたことが知られている。表現者としての立場と市場原理の狭間で、さまざまな摩擦や衝突が生じた結果、富野はある時期に「体調不全」と「自閉」に陥ってしまったことを自ら告白している。*12 結局一九九四年の『Vガンダム』の後、富野はシリーズの監督から降り、『∀ガンダム』で復帰を果たすまで、ガンダムのTVシリーズは別人の手に委ねられることになった。

こういう経緯がある以上、その復帰作の『∀ガンダム』が、ガンダムシリーズそのものへの応答になっていたとしても、何ら不思議はない。具体的には、富野は『∀ガンダム』という作品を、歴代のガンダムシリーズの「歴史」そのものを対象化する、一種のメタフィクションとして構築した。この作品では、それまでのTV版、漫画版、小説版、それらすべての作品を貫く巨大な歴史（「宇宙世紀」と呼ばれる）が「黒歴史」として一括されている。「∀」というのはもともと論理学の全称記号だが、富野はその記号を「ターンエー」と読ませつつ、ガンダムの歴史を一度大きく捉え直すことを狙っていた。『∀ガンダム』は、「黒歴史」の後で、その記憶を何も持たずに歴史をやり直しているひとびとの物語である。

「黒歴史」という言い方からもわかるように、富野は、自らが創造したガンダムというサーガに対して、否定的でトラウマ的なニュアンスを込めている。そこに、今言った富野自身の心理的な問題が関わっていたことははっきりしている。実際、この作品がつくられる顛末を綴った著書が『ターンエーの癒し』と題されていることからもわかるように、富野は、『∀ガンダム』を一種の「治癒の物語」として設定していた。

では、その治癒＝修復は、いかにして行われたのだろうか。ガンダムシリーズの定形として、『∀ガンダム』もまた、元来の地球人と、地球の外に出た民（黒歴史の後に月に移り住んだひとびと）とのあいだでドラマが展開していく。物語は、このうちの月側が、地球への帰還を進めようと作戦を始動させるあたりから始まる。この設定にはすでに、別の環境に生息することを余儀なくされた「難民」が、いかに元の世界に帰還するかというテーマが刻み込まれている。と同時に、地球側ではその頃ちょうど産業革命が勃興しようとしており、旧来の世界から新世界への移行が、もう一つのテーマとして据えられていた。元の世界に戻ることと新しい世界へ進むこと、「帰還と移行」というこの二つの軸は、それ自体、ガンダムシリーズに対する『∀ガンダム』の位置をも暗黙に示している。

ここで、作品のあらすじを簡単に説明しておこう。主人公の少年ロラン・セアックはもともと月の住人だったが、月側の地球帰還作戦に基づき、その先遣隊の一員として密かに地球に送り込まれていた。ハイム家という地球の一家に拾われたロランは、そこで運転手の仕事を得て、領主のお嬢さんたちと親しい関係を築くことになる。だが、その平穏も長くは続かない。ちょうどロランの先遣隊の任期も終了しようとする矢先、月の戦闘部隊が本格的に地球に降り立つ。それは本来は領土交渉に先駆けての降下作戦だったはずなのだが、武力に勝る月の軍隊が、地球側から抵抗を受けたことに腹を立てて地球の街を破壊してしまう。その事件のために、地球と月の両軍は、本格的な戦争が起こるすぐ手前の段階にまで踏み込んでしまう。

ロランは月の民でありながら、月と地球の抗争に際しては、あくまで自分を救ってくれた地球に味方する。たまたま鉱山から掘り当てられた巨大な「ヒゲの機械人形」――モビルスーツのことだが、作中でそう呼ばれることは稀である――を操縦するロランは、それによって戦力のバランスを保ち、月の側が一方的に戦局を支配してしまわないように心がけている。それまでのガンダムシリーズの主役が、ともすれば激情型で、子どもっぽいところを多々持っていたのに比べて、ロランはむしろ温厚な従者であり、富野の描く主人公としては異彩を放っている。

そんなロランのささやかな努力にもかかわらず、月と地球は、頻繁に小競り合いを繰り広げる。しかし、同時に両者のあいだでは度々交渉も行われており、現在が戦争状態なのかそうでないのかという境界はあいまいになっている。そのこともあって、ロランは、「ヒゲの機械人形」を必ずしも殺人兵器としては用いない。むしろロランは、川辺で洗濯の手伝いをしたり、住人のために牛を移動したりするのに、この機械人形＝モビルスーツを使っている。本来なら戦闘兵器であるはずのモビルスーツは、日常の地平に下ろされて、別の用途に転用されるのだ。

さらに、先述したように、ロランやハイム家の人間も含めて、この作品の登場人物のほとんどは「黒歴史」の記憶を持っていない。彼らはもはや過去にどんな戦争があったか知らず、文明もまた黒歴史の時代（宇宙世紀）に比べて素朴化している。しかし、ガンダムの歴史に登場した機械やロボットだけは、地球の鉱山から続々と遺物として発掘され、用いられていく。その際も、必ずしも本来の（つまり「黒歴史」の時代における）名前や用途が継承されるわけではない。「ヒゲの機械人形」がそうであるように、使い道や正式名称が完璧にわからなくても、とりあえず当座の役に立てばよいということで、これら遺物は用いられることになる。

喪の作業

『∀ガンダム』の演出は、モビルスーツという神話的なアイテムを、引用しつつ別様に書き換えている。さらに、その種の「再処理」は造形的なレベルでも示されている。機体のデザインを担当した高名な工業デザイナーのシド・ミードは、ヒゲのついた機体や、左右非対称の機体(ターンX)など、従来のガンダムのイメージをかなり覆すような造形を施した。特に前者の造形は一部のファンの不興を買ったが、しかし、その風変わりな容貌は「ヒゲの機械人形」という呼び名にリアリティを持たせている。アニメーションが「近さ」と「遠さ」によって世界を整理するのだとすれば、こうしたデザインの変更はその整理の仕方を変えてしまうという意味で本質的である。

そもそも一般的に言って、表現というのは、親密さの遠近感を壊すことによって力を得る。たんに見慣れないものはひとの関心をすり抜けるばかりだし、見慣れたものはそれだけでは何も新しい状況を引き起こさない。むしろ、見慣れたものが見慣れないものになることによって、あるいは見慣れないはずのものから慣れ親しんだ何かが生じることによって、ひとはどうしても対象から目が離せなくなってしまう。フロイトはかつて、この種の攪乱に「無気味さ」の感覚の淵源を見た。本章の文脈で言い換えれば、「無気味さ」とは、リンクしていたものといつしかリンクしなくなり、リンクするはずのないものと過剰にリンクすることによって生じる効果である。

繰り返せば、モビルスーツのような擬似人格は、商用のアクセサリーというばかりではなく、作品の思想そのものを構成している。富野は、生身の人間どうしの闘いではなくて、メディア化された人間とメディア化された人間の闘いを演出し、戦争を反復した。しかし、表現を駆動する

「無気味さ」は、そこに別の場のリズムをたえず送り込んでやらなければ、すぐに摩滅してしまう。「ヒゲ」や「機械人形」など外見的な特徴をそのまま名前にするやり方が多用され、あるいは牛を運んだり、洗濯をしたりする牧歌的なリズムが何度も繰り返されるのは、モビルスーツを「遠ざけ」、別の何かを「近づける」ことに繋がっている。

そして、こうした一連の操作は、最終的にガンダムシリーズ、つまりは「黒歴史」との関係性を変えることに帰着する。ロランを含めた地球側は、発掘した黒歴史時代の道具を使って月に向かい、かの地で軍事的な実権を握っている軍人と対決して勝利を収める。彼らの闘いの後には、「ヒゲの機械人形」を含め、かつての黒歴史の残骸が巨大な「繭」となって残される。すなわち、黒歴史は、TV放映の五〇話をかけてゆっくりと変質させられ、次の生命を生む下地に変えられていったわけだ。この「喪の作業」のプログラムこそが、『∀ガンダム』を一種の精神分析的な作品に仕立て上げている。

こういう具合に、トラウマと汚辱に満ちた黒歴史を、記憶を持たないキャラクターの力を借りてうまく放散させ、「喪の作業」へと繋げていく、この臨床的な実践が、作品の根幹に備わっている。したがって、『∀ガンダム』が「メタフィクション」であると言っても、それは別にガンダムの歴史を上位から自己批判したり、その虚偽性を訴えたりするものではない。むしろこの奇妙なメタフィクションは、ガンダムシリーズのさまざまな傷やダメージを癒し、そこから感情的固着を解き放つことを目指している。

富野自身は、『∀ガンダム』における自身の方法論を「祭り」や「祈願」に喩えている。

祭りの発祥はみなさんもご存じのとおり、祈願である。神をなだめるということであった。厄払い、病気払い、豊作感謝。そのための踊りと歌となにやらかにやらの呪文……。さらに、それが進化していくにつれて、御輿をかつぐ、走りまわる。火をふりかざす。あげくのはてに夜這いもある。

神のためだけだったら飽きるだろう。神に捧げるとか願掛けという口実をもちだすことによって、ひとびとは精神を解放させていたのだ。*13

確かに『∀ガンダム』には、しばしば祭りの光景が印象深く描かれる。*14 たとえば、「ヒゲの機械人形」が掘り当てられるのは祭りのときであり、最終話のラストシーンでも、祭りの囃子が背景で微かに鳴り響いている。とはいえここでは、狭い意味での「祭り」に限らず、『∀ガンダム』という作品そのものが一種の「祭り」や「祈り」になっているところに注目しておこう。「ぼくは『∀』のテーマを〝ただ巡るもの〟とシンプルに規定した」*15。『∀ガンダム』は、黒歴史を「巡礼」し、そこにまといついた固着を、五〇話かけて変質させている。それはちょうど、現世に帰ってきた魂を、送り火や灯籠流しのような演出を通じて彼岸に送り返してやる伝統的な行為を思わせる。

複製技術時代のエロス

さらにここで重要なのは、工業化前夜の世界を意識したメカニックなデザインに留まらず、登場人物にも特殊な「想像力」が映し込まれていることである。たとえば、月側の女王ディアナ・ソレルは、ロランが地球で仕えるハイム家の長女キエルと瓜二つである。そして、和平交渉の際にキエルと出会ったディアナは、二人で示し合わせて、密かにすり替わってしまう（なお、ここには『とりかへばや物語』のモチーフが反響している）。かくして、地球人であるキエルが月側を統率し、月を統べるはずのディアナが地球の娘として暮らすという逆転した道を、彼女らはしばらくのあいだ選択することになる。

また、主人公のロランも、あるきっかけで、地球側の領主であるグエン・ラインフォードによって女装を命じられる。グエンは、ロランのことを故意に「ローラ」と呼び、同性愛的な趣味を匂わせているが、それはロラン（ローラ）のたたずまいがきわめて中性的であることと関わっている（ロランは長い銀髪の持ち主であり、また、その声も女性の声優が担当している）。

こうした物語上の設定は、彼らのあいだの障壁を溶かしてしまう。最も感情の起伏が激しいソシエ・ハイム（キエルの妹）は、月の女王ディアナを親の仇として嫌っているものの、当のディアナはソシエの姉のキエルとしばらくのあいだ入れ替わっていたのであり、しかもそのことにソシエは気づかない。後で入れ替わりの事実を知らされたソシエは、自分が姉だと思って親しく接してきたキエルが実はディアナだったということで、攻撃性を喪失してしまう。
そのディアナについても似たことが言える。作中でディアナは、月の女王としてのしがらみから自由になることができず、多くの喪失を経験することになる。しかし、キエルがディアナのポジションを肩代わりすることによって、その巨大な悲しみは半減される。ディアナの親衛隊長であるハリー・オードは、キエルに向かって「今は、あなたがディアナさまの悲しみを半分以上受け持ってくださっています」と感謝の念を込めて告げる。そして、そう言う当のハリーもまた、ディアナに対する親衛隊長としての思慕を、徐々にキエルに移転させ、恋愛感情に変えていく。

このように、個々の登場人物には、それと対称的なパートナー（複製）がいて、そのパートナーがさらに別の関係のネットワークを持っている。かくして、ある人物への愛は、容易にそのパートナーのネットワークへと横ずれしていくのだ。富野の通例として、『∀ガンダム』にもある種のエロスが物語の端々に埋め込まれているが、それはあくまで想像力の領域にプロットされたエロス、すなわち複製物の世界において生成されるエロスなのだ。「帰還と移行」の衝突は、技術の大規模な移転をもたらし、無数の省略やジャンプを生み、遠近感を変え、自他を越えるエロス＝想像力を活性化させる。エロスはつねに技術によって媒介されていると言ってもいいだろう。ともあれ、感情を別のそっくりの対象に振り替えるなかで、変質させること。富野の言う「神をなだめる」ための「祭り」や「祈り」は、そういうイメージ処理を抜きにしてはあり得ない。

分散処理

いずれにせよガンダムほど有名な神話になれば、それはもはや一種の共有財として――つまり、誰であれアクセスできるし、誰であれ改変できる素材として――捉えたほうがよい。しかし、そうすると、作品に込められた思想が陳腐化（コモディティ化）する一方、リンクも固着してしまうというのが、ここでの問題であった。

精神分析の図式を借りるならば、こうした状況に対しては、およそ二通りの解決法があり得る。一つは「想起」すること、つまり本来の原作の姿を取り戻すために、過去の歴史を言語化＝意識化することである（催眠や自由連想によって、無意識を言語化するタイプの治癒法）。もう一つは「反復」すること、つまり過去の正確な復元をやるより、過去の重荷を現在のさまざまな局面に置き直し、分散処理（フロイトの言う「徹底操作」）を企てることである。*16

幾度も繰り返しているように、富野は、ガンダムの第一作目から、過去の戦争の想起＝再現というよりは、「おもちゃ」を使った戦争の反復を手がけていた神話作家である。そして『∀ガンダム』は、そのガンダムシリーズをさらにもう一度やり直したという意味で、文字通り神話の神話となっている。『∀ガンダム』には、ガンダムの中核を成す部品が揃っているが、富野は故意に、それらの部品を従来のガンダムシリーズとはまったく異なるリズム（場）で反復した。ガンダムという神話が複製の世界に投げ出されることによって、ディアナの悲しみをキエルが受け持ち、ソシエの憎しみをディアナとキエルのあいだで半減させ、さらには、黒歴史の負債を月と地球とで分け持つ……という操作が実行される。

私たちはここにこそ優れた「想像力の物語」を、すなわち自他の境界を蒸発させる、荒々しい力の運動を留めた神話を見るべきだろう。文明の交錯は知や秩序を再編し（たとえば、キエルは大学に行くのを止めて実社会に出ようとしている）、ひととひととの繋がりの範囲を劇的に変えてしまう。そして、その再編成の力がまた、ガンダムという神話に「癒し」をもたらすのだ。無数のダメージを負ってきた富野という老作家が、かくも見事に想像力と癒しを共存させていること、私たちはこの若々しさに驚かずにはいられない。

Ⅲ　時間操作

前史的想像力

ポストモダン的なネットワーク社会では、メディアが多重に折り重なるなかで、初発のちょっとした偶然の傷が、いつしか私たちにとってリアリティを帯びた対象へと進化する。神話とは、その進化を加速させたり減速させたりする圧力釜に他ならない。富野もまたそのような世界を前提にして、モビルスーツという人間とも非人間ともつかない神話的存在を造形し、そこにひとびとのリンクを集めた。そして、『∀ガンダム』は、さらにそのリンクを修正して、改めてネットワークの豊富性（想像力の領域）に置き直すメカニズムを備えている。

ところで、こういう自己修正的な情報処理については、他にもいろいろと方法が考えられる。たとえば、『∀ガンダム』は、もともとのガンダムの歴史のいわば「後史」（一種の後日談）として提示されていた。ここでそれを逆転させて、なぜそのような歴史が生まれたのかを問う、いわば「前史的想像力」を考えてみることもできるだろう。

そもそも、前史（物事の起源）を扱った神話は、最もポピュラーなものだと言ってよい。たとえば、ごくわかりやすいところで、中国の古い「射陽説話」を紹介しよう。『淮南子《えなんじ》』によれば、もともと太陽は十個あり、それが一つずつ順繰りに天に昇っていた。しかし、あるきっかけでその順番が狂い、十個の太陽がいっぺんに天空に並び立ってしまったため、ひとびとはあまりの暑さに苦しんだ。そこで羿《げい》という弓の名人が、そのうちの九個を射落として、ひとびとを窮状から救うことになる。かくして、太陽は今あるように一個だけが天空で輝くことになったという。

むろん、この種の神話は、たんに「太陽が一個しかない」という初期状況に特別な「謂われ」をくっつけているだけである。自然現象に限らず、生き物の形態（なぜ蛇には足がなく地を這うのか？）や共同体の起源についても、こういう神話は無数に存在する。レヴィ＝ストロースに倣って、前史を語ることは「宇宙のさまざまな次元において事物がなぜ現在の姿であるか」を述べるタイプの神話に属していると言ってもかまわないだろう。*17 太陽にせよ、共同体にせよ、それらはほとんど疑う余地なく現前している。かくも強固な存在を「宇宙のさまざまな次元」に置き直すことが、古代の前史的想像力のテーマとなっているのだ。

これはいささか素朴な情報処理にも見えるだろうが、しかし、それなりに興味深い問題が含まれている。というのも、現に存在している何かを再度位置づけ直すという操作は、『∀ガンダム』がやっていたことと基本的に同型だからである。富野由悠季が、視聴者との固着したリンクをゆるめ、作品を想像力の領域へと発散させたのだとすれば、今言った前史的想像力は、物事の発端を書き換えて、自分の望む過去を描き出すことに向かっている。

神話作家としてのJ・J・エイブラムズ

この種の前史的想像力を示す神話は、現代においても出てきている。一例として、J・J・エイブラムズ監督の映画『スタートレック』(二〇〇九年)を挙げてみよう。これもまた「なぜ『スタートレック』が現在あるようにあるのか」を説明し直すような神話を形成している。

スタートレックは、アメリカで一九六〇年代以降、連続的にTV放映された有名なSF作品である。ちょうどガンダムがそうであるように、スタートレックも一種の連作(サーガ)としてつくられており、すでにTV版だけで五つのシリーズが放映され、さらに映画も含めた関連作品が多数存在する。なかでも有名なのは、地球人であるカーク船長と異星人であるスポック副長の二人のコンビをメインに据えた第一作目であり、エイブラムズが手がけたのもこの第一作目のリメイクである。

とはいえ、それは単純なリメイクではない。簡単に言えば、エイブラムズはここで、スタートレックという神話体系の歴史改変をテーマに据えている。物語は若きカークとスポックをはじめ、スタートレックのお馴染みのキャラクターたちがいかに出会うことになったかという馴れ初めを描いていく。彼らは訓練を通じて、徐々にお互いの関係を深め、宇宙に飛び立つ準備を整えていくことになるだろう。ここまでは、誰もが想像するスタートレックの世界だと言ってよい。しかし、その一方で、彼らと敵対するロミュラン人の総督が、未来からその時代へとタイムトラベルを敢行し、歴史を書き換えるという挙に出る。ロミュランはこの映画の時空における未来では滅亡してしまっており、この総督はそれを恨んで、歴史改変に打って出たのである。

そのために、映画『スタートレック』は元来のTV版の「正史」から逸脱し、別の歴史を始動しかけてしまう。ロミュランによる干渉が、作品世界にさまざまな歪みを生み出し、物語のたがは外れていく。特にカークはスポックと対立し、ついには船長の座を失って追放されてしまい、元来の正史の維持はひどく怪しいものになっていく。そのとき、見知らぬ惑星に流されたカークの前に、未来の年老いたスポックが訪れ、ロミュラン人による歴史改変の事実を知らせ、カークに向かって、本来あるべき軌道に復帰するように助言する。カークはその助言を受け入れて、今や船長の座に収まったスポックを挑発し、激高させ、その結果としてスポックを降格させることに成功する。カークは船長に、スポックは副長に収まり、すべては元の鞘に戻る。そして、彼らふたりの活躍によって、ロミュラン人の歴史改変の野望は阻まれることになる。

あらすじは大略このようなものだが、見方次第では、これは何か壮大な「無駄」をやっているだけの作品にも映る。というのもそこでは、歴史を改変されかけているスタートレックを、いかにして本来のものに置き換えるか、その軌道修正だけが描かれると言っても過言ではないからである。最終的に現れるのは、多少の誤差は含みつつも、とりあえずは元通りの、ひとびとにとって馴染み深いスタートレックに他ならない。さらに言えば、この映画版で未来の年老いたスポック役を演じているのが、元来のスタートレックのTV版でスポックを演じていた俳優レナード・ニモイであることも、一つの仕掛けになっている。というのも、私たちにはあたかも、正史を代表する老スポック（ニモイ）が、知らぬ間に偽史に向かいかけている新スポックや新カークを誘導しているようにも見えるからだ。

仮に壮大な無駄に見えるとしても、エイブラムズの『スタートレック』にはまさに、先ほど言った前史的想像力が見事に結実しているように思われる。もう一度言えば「太陽が一つだけ存在する」というイニシャル・ステート（初期状況）そのものは何ら変更されないが、そこに「前史」が付け加えられることによって、「一つの太陽」という現状がいったいどういう環境から絞り込まれたのかという情報が捏造される。同様に、この映画版では、スタートレックの正史は結局揺るがされない。そのかわり、正史にいったいどういう背景があり、それがどういう経緯で絞り込まれていったのかという情報が捏造される。

さらに、こうした前史的想像力は、別の文脈から位置づけ直すことができる。東浩紀は『ゲーム的リアリズムの誕生』において、初期状況が最悪で、それをリプレイを通じて段階的に改善していくというタイプの神話を評価した。[*18] それに対して、『スタートレック』は、最善の――とは言わずともそこそこにはいい――初期状況から逸脱してしまった流れを、いかに元の鞘に戻すかが焦点となっている。前者が構成的な物語だとすると、後者は教訓的な物語だと評することができるだろう。

この種の自己修復的な神話は、ちょうど生態学的なシステムの挙動を思わせるところがある。たとえば、グレゴリー・ベイトソンは『精神の生態学』(一九七二年)において「変われば変わるほど同じまま」というフランスの諺を裏返して「同じであればあるほど、多くが変化している」という事例を紹介している。たとえば、生物の生存(サバイバル)という変数が安定化するためには、ある程度は突然変異が起こり続けなければならない。あるいは、ガバナーつきのエンジンは、ガソリン供給量がたえず変化することによって、その回転数が安定するだろう。[*19] ベイトソンの考えでは、環境の変化に応じて、変数が適切に調整されることによって「同じもの」の伝達可能性(ホメオスタシスの実現可能性)が高くなる。特に、変化に富んだ今日の世界では、「同じもの」を示すにも、一度「変わりやすさ」を経由したほうがしばしばうまく行くのだ。エイブラムズの『スタートレック』は、まさにこの「同じであればあるほど、多くが変化している」事例に数え入れられる。

ギークによる擬似ドキュメンタリー

さらに、エイブラムスの他の監督作品にも照明を当ててみよう。エイブラムスは、ギーク（オタク）的な感覚を前面に打ち出しており、その外連味のある作風にメディアも関心を寄せてきた。[20] もともと、日本のオタクであれ、アメリカのギークであれ、不都合な現実は自由に改変して、何らかの楽しみを生むものに変えてしまえばいいという一種の技術的な楽観主義を有している。その意味では、彼らにとってあらゆる対象はいつでも書き換えが利くような状態で、つまり神話素として与えられている。たとえば、東浩紀がオタクをポストモダン的な人格類型として捉えたのも、彼らがたんなる引きこもりだったからではなく、神話素をどんどん産出し、勝手に細緻な意味を構築し、かつその意味を豊かにする限りで協調行動（社交性）を発揮していたからである。[21] その行動は、外側からは児戯に等しく見えるが、内的には、相応に豊かな意味体系の構築に繋がっている。

エイブラムスは、『スタートレック』や、あるいはTVシリーズの『LOST』（二〇〇四年〜）などで、ギーク的な感覚を全開にしている。そこにはグロテスクなクリーチャー（怪物）や、凝った引用などが差し挟まれ、コアなファンを満足させている。しかし、エイブラムスには同時に、ハンディカムを片手に野次馬的に世界を撮影して回る、いわばドキュメンタリストとしての感覚も備わっている。つまり彼は、一方で世界をドキュメンタリーの対象として扱いつつ、他方でそれを容赦なく改変してしまうという二重性を有していた。特に、二〇〇八年に公開された映画『クローバーフィールド』は、この一見して矛盾した二重性が色濃く投影された実験的な作品だと言ってよい。結論から言えば、エイブラムズはいかにもハリウッド的で、またギーク好みの世界をことさらドキュメンタリーのように描きつつ、しかしそのドキュメンタリー的感覚を支える背景をも作中に盛り込んでいる。

話題になった映画だが、簡単に紹介しておこう。この映画は、正体不明の怪物がニューヨークのマンハッタンを破壊して回る衝撃的な映像を、あたかもハンディカムで撮影されたものであるかのように仕立て上げた作品である。何の前触れもなく襲来した謎の生命体のために、自由の女神像が破壊され、怪物から発生した金属質の虫が人間を食らい、マンハッタンの地下から地上に到るまでが徹底的に破壊し尽くされる……。こうした描写が延々続くのだが、ハリウッド映画に馴染んだ目からすれば、さほど珍しいものではない。この作品の真価は、この世の終わりのようなカタストロフ的な光景が、ある若者グループがたまたま回していたハンディカムによって記録されていた、というところにある。『クローバーフィールド』という映画は、そのハンディカムで記録された主観映像そのもののことなのであり、激しい手ぶれが臨場感を醸し出している。

こういう演出は、当然、この作品があくまで現実のドキュメンタリーだと視聴者にアピールする効果を持っている。実際、九・一一の惨禍を経験したニューヨークを舞台にこういう映画を撮るというのは、当然のことながら一種の寓話的効果を帯びるだろう。と同時に、誰もが気づくように、エイブラムズの演出は、YouTube に代表される動画サイトの台頭と深く結びついている。

今やひとびとは、手近な機材で簡単に映像を撮り、それをインターネット上にアップロードし共有することができる。主観撮影は、そのような現状との連続性を形成している。その意味で、『クローバーフィールド』は、二重の意味で現実を意識してつくられている。一つは、九・一一によって喚起されたカタストロフのイメージを、平凡な市民の視線によって描き出すことであり、もう一つは、その視線を支えるメディア的現実そのものをトレースしてみせることである。

しかし、それだけではない。たとえば、エイブラムズは、怪物による破壊と殺戮のイメージのなかに、ところどころ恋人どうしが睦み合うごく平凡な日常のイメージも差し挟んでいる。もとそのハンディカムには恋人どうしの日常を撮影した動画が記録されていたのだが、怪物に襲われて慌てた撮影者がそれを上書きしてしまったのだ。そのために、撮影者がしばらく録画を停止している時間の映像は、もとあった恋人どうしの映像がそのまま残るという工夫が施されている。わけのわからない黙示録的な世界のなかに、日常世界の映像のログがところどころ出現するということ、これが作品の端々にいささか奇妙な印象を埋め込んでいる。

確かに『クローバーフィールド』が繰り出すハンディカムの映像は、圧倒的な現前性を持っており、その意味では、明らかに虚構的な状況をことさら本物らしく描くことだけが考えられていると言ってもよい。それは、ギークやオタクらが虚構を現実として——より正確にはリアリティの源泉として——扱おうとすることの、一つのわかりやすい戯画である。けれども、そこに間歇的に、まったく無関係の映像が挿入されることによって、この陰惨で救いのない作品はどこかユーモラスなものになっている。特に作品の末尾、撮影者が怪物に襲撃され、阿鼻叫喚のなかで映像がブツ切れになった後、デートを終えた恋人二人が「今日もいい一日だったね」と睦み合うあたりは、エイブラムズ流のいささか趣味の悪いアイロニーが効いている。[*22]

だが、この演出こそがむしろ、動画文化の台頭に肉薄していると言うべきではないだろうか。一般的には、エイブラムズのギーク的な感性は、もっぱらグロテスクなクリーチャー（怪物）を創出することにあると思われている。しかし、『クローバーフィールド』の演出は、どれだけ真に迫った映像でも、それはつねに別の何気ない映像と隣り合わせていることを示している。もし録画スイッチを押さなければ、その「貴重」な映像は何一つ残らなかったのだから。ある映像の周りには他にも無数の映像が大量にひしめいていて、そのあいだに本質的な優劣をつけることはできない。彼のギーク的な感性は、たんに奇抜なイメージを表出するだけではなく、映像の堆積が生み出すリズムをキャッチするのに向いていた。そこまで含めて『クローバーフィールド』は、ギークによる、動画文化を背景にした擬似ドキュメンタリーとして捉えられるだろう。

「想像の共同体」の刷新

オタクないしギークらの台頭は、心的な体験処理以上に、機械的な情報処理の地位が上昇していることをよく示している。[*23]第四章ではそれを「意味の意味」の変化として捉えるが、心的なものよりも機械的なものが優越する理由ははっきりしている。なぜなら、心的な差異（内観）を観察することは難しいが、環境の差異は観察と共有が可能だからである。そして、その機械的環境において「リズム」は看過できない重要性を帯びている。

リズムの重要性は、インターネットの台頭によってはっきりしたと言うべきだろう。これまでであれば、マスメディアが日単位で情報を一括して配信していた。日刊紙（ジャーナル）の刻むリズムがあるおかげで、世界へのひとびとの注意がひとまず維持される。ベネディクト・アンダーソンは、新聞や出版が国民国家という「想像の共同体」を構築すると論じたが、国民という巨大な共同性は、定期刊行物がひとびとの想像力の発動と生活リズムを同期させてくれるからこそ成り立つシステムなのである（特に、近代人にとっては新聞が「朝の礼拝」のかわりになったというヘーゲルの指摘は重要である）。[*24] しかし、ラジオ、TV、ビデオ……と経て、インターネットが出てくれば状況はまったく変わってしまう。だとすれば、「動画文化を背景にした擬似ドキュメンタリー」も、ある仕方で新しいタイプの「想像の共同体」の原理をかすめているのだと言っても、あながち間違いではないだろう。想像力は境界を溶かし、「近さ」と「遠さ」を再編成する。動画文化の圧倒的な豊富性は、その力の一つの源泉となり得る。

あるいは、もう少し一般的に言っても、今「メディア」の名に値するのは、国境や言語を超えるクレジットカード、すでに各国の風景を構成しているコンビニやファストフード、あるいは共通の「ノリ」を与えるポップ・ミュージックなどだろう。[*25] これらのメディアは、別にメッセージを発信しているわけではなく、ただある瞬間他人と時間的な波長を合わせるためのきっかけにすぎないが、今はその類のメディアこそが物を言う。実際、海外観光でも、クレジットカードで事足りるのであれば、それは「世界」として知覚される。逆に、カードを使えない場所で買い物しようとするならば、そこでは別のコミュニケーション技術（言語や風習）を学ばねばならない。それができない人間は「世界」から疎外されている。二〇〇二年に新海誠が発表した『ほしのこえ』という短編アニメーション作品は「世界っていうのは、携帯電話の電波が届く場所なんだって、漠然と思ってた」という少年のつぶやきから始まるが、これもあながち子どもじみた発言として片づけられないだろう。

別の観点から言えば、クレジットカードやポップ・ミュージックは、ほとんど学習の必要がないメディアである。それゆえ、これらのメディアは、希少な財としての「注意力」の省略を可能にする。さらにここまで形式化するならば、空間的要素もまた、必ずしも時間と矛盾するものではないことがわかるだろう。空間の共有は、時間のロスを効果的に抑えるための手段として捉え返すことができる。今や、空間も時間の関数となるのだ。

こうして見ていくと、今後「想像の共同体」の名に値するものは、国民国家をベースにするだけではなく、市場と結びついたメディアによっても仮想的に構築されていくことが予想される。ひとびとは、メディアを通じて折に触れて時間の縦軸を揃えることによって、リアリティの生成を確かなものにする。さらに、以上を、裏返しに見てはどうか。時間的な一致が世界を構成する鍵となっているということは、仮にそれが失われれば、世界の体験可能性そのものが怪しくなるということをも示唆している。主観撮影や、ここ十年のあいだにグローバルな規模で力を持ったリアリティTVなどは「あなたは今、世界と疑いなく同期している」という安心を視聴者に向けて差し出すが、それはまさにひとびとの世界喪失の不安の裏返しなのである。

それに対して、『クローバーフィールド』という擬似ドキュメンタリーは、その不安を覆い隠すのではなく、むしろ開放している。わけのわからない怪物に命が脅かされるシリアスな状況でさえ、ちょっと気を抜いてふとよそ見をすると、平凡でのどかな光景と隣接する。「今日もいい一日だった」というラストの恋人たちの映像は邪悪な遊び心に満ちているが、そのラストシーンは、無数の動画が、今や日単位の公開という安定したリズムなどおかまいなしに、情報空間にひしめいていることをさらけ出しているだろう。この一点において、『クローバーフィールド』は、既存の境界や遠近感を壊す新しい想像力の領域に足をかけていると言ってよい。

Ⅳ　リズムの衝突

エンドレスエイト

古今東西のすべての社会を貫通する普遍的なリズムというのは存在しない。社会のリズムというのはつねに、技術的・経済的な条件のなかで、個別具体的に決められる。とはいえ、インターネットの台頭は、社会的なリズムを急速かつ劇的に書き換えてしまったという意味で、稀に見る出来事だと言ってよい。特に、公共性をもっぱら日単位のサイクルによって調整してきた近代人にとって、インターネットの生み出したリズムは文字通り前代未聞だろう。この変化の重要性は、どれだけ強調してもしすぎることはない。

ところで、インターネットの生み出すリズムと最も鋭く対立しているのは、おそらく日本ではTVである。TVからはさまざまな文化が派生したが、特に日本のサブカルチャーが社会に定着し、さらに海外にまで広く流布していく上で、TVの影響力は絶大であった。ドラマであれアニメーションであれ特撮であれ、週に一回、家庭に定期的に情報を送り込むことができるという規則性（冗長性）が、文化の発達を促したことは間違いない。しかし、その伝統的なリズムが、インターネットによって深く浸食されていったのである。

したがって、インターネットという新しいリズムが、旧来のリズムと衝突したり競合したりすることは、いつでも起こり得るし、現に起こっている。『クローバーフィールド』はそのインターネット以降のリズムを抉り出したが、最後に、それとは反対に、あえて古いリズムを体現した小さな試みを挙げておきたいと思う。

ここ十年のあいだに出たサブカルチャー神話として、最も著名なものの一つに、谷川流による『涼宮ハルヒの憂鬱』（二〇〇三年）というライトノベル作品がある。二〇〇六年にアニメ化されたことを一つのきっかけとして、この作品は広く一般にも知られるようになった。その後も、漫画やゲームなどへのメディア展開が進み、サブカルチャー神話として大きな影響力を持っている。さて、このシリーズに『涼宮ハルヒの暴走』（二〇〇四年）という短篇集があり、そこに収められた「エンドレスエイト」というエピソードが二〇〇九年にアニメ化されたのだが、その際に制作者側はある実験的な演出を行った。それはまったく同じ物語を、八回連続で繰り返すというものである。TVアニメはふつう週に一回のペースで放映されるので、視聴者は八週間にわたって同じ物語を見たことになる。

このエピソードの原作は、主人公であるハルヒたちが、夏休みの最後の二週間を一万回以上ループしているという謎の現象を主題にしていた。そのループに気がついているのは、長門有希というキャラクターだけであり、残りのキャラクターは八月三一日が終わった瞬間に記憶を消され、またその二週間前に戻るということを延々と繰り返している。アニメ版「エンドレスエイト」は、その原作の状況を、ある意味で忠実に再現しようとしている。さすがに一万回繰り返すことはできないにせよ、制作者は、TVという媒体を使って、とりあえずまったく同じ物語を、微妙に演出を変えつつ八周してみせた。

もともと、サブカルチャーでは、この種のループは頻繁に主題化される。たとえば、東の言う「ゲーム的リアリズム」は、まさに、一つの物語を少しずつバージョンを変えながら何度もループする表現技法である。他方、「エンドレスエイト」は、ただ同じ物語を繰り返すばかりで、何か明確なメッセージがあるわけではない。制作者としても、半ばは遊び心で、同じ物語を八回放映することに挑戦してみたかっただけなのかもしれない。

とはいえ、この奇妙な演出は、それなりに了解可能なものでもある。かつてであれば、アニメーション作品にまつわる情報発信は、もっぱらTVや出版によって制御されていた。ところが、インターネットの出現以降は、放映日と放映日のあいだにも無数の発信が存在しており、そのヴォリューム（声＝量）が無視できなくなっている。特に、涼宮ハルヒシリーズのような人気作品については、噂話から作品評、二次創作も含めて派生作品がたえまなく発信され、放映中であればますます情報の氾濫は加速される。むろん、コミケのような「年中行事」の場も機能はしているものの、インターネットが出てからは、もはや一年じゅう二次創作が氾濫し、しかもそれが常時閲覧可能という状態になっている。

そう考えると、一週間に一度の発信という古いリズムをただひたすら繰り返すことに特化した「エンドレスエイト」は、インターネット以降の新しいリズムに明らかに違反している。大半のアニメーション作品は、一週間に一度少しずつ物語を前進させながら、ファンの感情との同期性を保つ。しかし、何の変化もない物語がただ同じように繰り返されても、それに同期することは難しい。「エンドレスエイト」の演出は強い不興を買ったが、それは一つには、ファンの消費の周期とはまったく異なるリズムがそこで発動していたからである。

観察対象の推移

「エンドレスエイト」は、決して傑作とは言えない。前衛的な演出が見られるわけでもないし、強いメッセージが込められているわけでもない。しかし、少なくともそこには、アニメーションを支えている時間的条件が図らずも浮き上がってくるところがある。ひとの心をうつ傑作よりも、むしろ、アニメーションというジャンルが何に関心を持ち得るかを示す作品が必要な局面もあるのだ。

特に、システム論的に言えば、このことは「観察対象をずらす」作業だと表現することができる。一般に、ジャンルの進化というのは、この種の観察対象の移行に基づく。たとえば音楽であれば、ピアノが出現して音階が構造化されたことによって、強弱が本格的に観察対象となった(「ピアノフォルテ」という正式名称を考えてみるとよいだろう)。また、一九世紀後半から二〇世紀にかけては、調性が観察対象となり、一二音技法による楽曲が現れた(ヴァーグナーやシェーンベルグ)。後には、音楽の演奏される空間が観察対象となり、舞台に留まらずコンサート・ホールを丸ごと精密に構造化しようとする試みが出てくるし(ピエール・ブーレーズ)、さらに電子音楽になると、人間の神経生理学的なパラメータまでもが観察対象となる。あるいはそれら一切を笑い飛ばすように、すべてを偶然の戯れに還元する音楽も可能になるだろう(ジョン・ケージ)。このように、音楽の進化史は、そのまま観察対象の変化の歴史として捉えることができる。

ある領域をくまなく観察し、その潜在性が尽きると今度は別の領域へと観察の力点を移すということ。音楽は形式化が進んでいるぶん、そのプロセスが水際立っているが、アニメーションについても、観察対象の推移をベースにした進化史を描くことができるだろう。アニメーションと言えば、先述したように、部分対象の肥大化が一つの特性となる。しかし、「エンドレスエイト」になると、もはや観察対象は別のレベルにずれている。そこでは、むしろ記号の出現周期というパラメータがせり上がっているように思われる。実際のところ、今日のアニメーションに力を吹き込んでいるのは、内容以前に、TVの放映やその周りの消費に関わる「周期性」ではないだろうか？　であれば、極端な話、内容はもはや問わず、むしろ周期性を徹底して観察することによっても、表現への道を開くことができるのではないだろうか？

むろん、「観察対象の推移をベースにしたアニメーションの進化史」の全貌を描き出すには、もっと綿密な作業が必要である。ただし、インターネットがますます普及するなかで、アニメーションは従来の支えであったTVとはまったく異なるリズムによって浸食された。そのことが、アニメーション周辺の「想像の共同体」の質を大きく変えたことは間違いない。「エンドレスエイト」は制作者側の意図がどうであれ、その変化への一つの応答となっているように思われる。そこでは、ちょっと前のリズムに依存することが、作品を隔離し、再安定化する一つの手立てになっているのだ。*26

自律と依存

こうした観察のモードの変化は、より大局的に見れば、私たちの思考様式の変化ともゆるやかに連関する。システム論的な理解では、高度な機能分化を果たして今日の社会の分析については、伝統的な上下の階層モデルよりも、内外のモデルを採用するのが望ましい。[*27] すなわち、世界をコミュニケーションの集積によって成る作動的閉域の束として捉え、その個々のシステムと環境のあいだに引かれる「区別」がそのつど作動的閉域の内的構造を決する。これが上下ならぬ内外のモデルである。注目すべきは、この社会進化のモデルからは独立性と依存性がいずれも増幅されるという結果が導き出されることだろう。[*28] 独立性を高めるには、それだけの養分を摂取しなければならないのだ。

　近代人は、依存関係を断ち切り、自己を律する「独立」を理想として掲げてきた。また、その裏返しとして、「あるがまま」の生成を評価する論者もいる。しかしそれらはいずれも、複雑さに満ちた社会においてはもはや維持しづらい考え方であって、実際には依存性と独立性、あるいは寄生と自律が交差する局面にこそ注意を向けていく必要がある。本章で述べてきた「想像力」についての思考が重要さを増すのは、まさにこの点においてである。想像力は豊富性に依存し、そのなかで「近さ」と「遠さ」による世界把握を書き換える。しかし作品は、必ずしも一定の依存関係に巻き取られているだけではないので、いずれ別の想像力の領域（観察対象）に差し込まれ、自己自身の性質を変えていくことになるだろう。この種の進化プロセスを尊重するならば、今日の思想というのは、システムがいかに適切に自らの依存（ないし寄生）の対象（想像力の領域）を見出し得るかという問いに転舵する必要がある。実際、ある種の依存が、ある種の自律の支えになる——と同時にある種の自律の可能性を損なう——という構造を理解しなければ、現代社会の分析は覚束ない。

むろん「適切に」と言っても、その基準を明確化するのは難しい。たとえば、それなりの条件が揃えば薬物依存でさえも機能し得るのであって、現に第二次大戦直後の日本や、厳格な麻薬撲滅キャンペーンを展開するより前のタイのように、いわゆるハードドラッグが横行する社会というのは決して私たちから遠いものではないし、イレギュラーなものでもない。ただ、もしその依存が、別のタイプの依存=自律の可能性を大幅に損なうものであれば、社会運営上は何らかの介入が必要になってくるかもしれない。道徳という基準はもはや当てにはならないが、システムの「必要多様性」(アシュビー)という観点はなおも生きているからだ。

話を戻せば、サブカルチャーというのはしばしば、依存なしに自律もないということをあからさまにする。『クローバーフィールド』は勃興しつつあるリズムに依存し、逆に「エンドレスエイト」は古びつつあるリズムに依存する。構造社会学的な視点から神話を読み解くならば、こうした差異にこそ分析の労力が支払われなければならない。何度でも繰り返すが、今日の世界は、それ自体が無数の潜在的な傷に満ちた仮想世界として捉えられる。そして、サブカルチャー神話という装置は、依存=自律の組み合わせを検知することによって、その傷をリアリティに変える想像力をさまざまに試行することが可能なのだ。

リアリスティックな表現に向けて

多少急ぎ足でいくつかの作品を抽出してきたが、このあたりで本章の議論をまとめておこう。ここではおよそ、以下のような「神話の神話化」のアルゴリズムを示した。

〈1〉リンクが固着してしまった神話を、複製のエロスによって解き放つ精神分析的な神話（ex.『∀ガンダム』）

〈2〉誰の目にも存在が疑い得ない程度に「自然化」した神話に、それに先立つ歴史を人為的にくっつける前史的想像力（ex.『スタートレック』）

〈3〉擬似ドキュメンタリー的な作品を、無数の動画のひしめく新しいリズムのなかに投入する神話（ex.『クローバーフィールド』）

〈4〉〈3〉とは逆に、古いリズムに依存することによって自律性を高める神話（ex.「エンドレスエイト」）

これらの神話に共通するのは、すでにひとびとに馴染んだサブカルチャー神話を別の時間性、別のリズムに置き直し、独立性と依存性の関係を新たに結び直していることである。私たちはここに、古い固有名を維持しつつ場を変える「神話の公的使用」の実例を見ておくことにしよう。

このように、コモディティ化した古い神話を再生し、次世代に受け継ぐ上で、想像力は非常に有益なものである。想像力はテクノロジーの産物であり、それゆえに、「近さ」と「遠さ」の配置を一挙に書き換える可能性を持っている。繰り返せば、文化的表現の「進化」というのは、結局のところ、いかにこうした新たな想像力の場（観察対象）に「依存」していくかによって決まってくるのだ。あえて無防備かつ素朴に言い切れば、表現にとって最もリアリスティックなのはやはりテクノロジーである。テクノロジーがもたらす想像力のリズム抜きに、越境もあり得ない。むろん、この越境の可能性はまだまだ展望し尽くされたとは言えない。サブカルチャーが、時代の想像力に見合った人物像や世界像を描き出すことができるかどうかは、ひとえに今後の作家たちの手にかかっているのである。

第三章　象徴的なものについて

今日の大衆社会には、「生の増大」（オルテガ）を主目的とする「生権力」が満ちている。昨今のメディア的事象からその現れを探るなら、ひとびとに生得的に備わった感情資本の底上げを目指す「ブランドのエンターテインメント化」が代表的だろう。それに対して、本章ではそうした膨張する生権力の渦中から、ネットワークを縮約し恣意性を抑える「象徴化」の契機を探り出す。特に、構造主義は、知覚可能な諸要素の結合パターン（象徴秩序）にまつわる知見を育てており、注目に値する。

他方、それとは別に、諸環境を貫いて伝達される貨幣や法のような象徴的なメディアが考えられる。そのメディアのなかで「不確実性の吸収」という重要な役割を任されてきたのは、伝統的には宗教システムであった。しかし、不透明化する社会では、かつての宗教の機能はおそらく別のやり方で鍛えられなければならない。本章後半では、柳田國男の民俗学的言説にその可能性の一端を見る。

究極の中流国家

すでに十分な時間をかけて社会に根づいた神話というのが、現代にはいくつか存在する。では、そのある程度成熟したサブカルチャー神話が、いかにして新たな想像力の場に再適応していくか、つまり「神話の神話化」がいかに成就されるか。第二章では、そういうテーマの下でいくつかの作品論を提示してきた。

さて、本章ではサブカルチャーからは離れて、神話の社会的機能に着眼してみよう。もともと神話というのは、一種の都市の文芸として発達した過去を持っている。*01 言い換えれば、神話は不特定多数の人間によってつくられ、不特定多数の人間に向けて発せられるなかで、秩序を宿していった文芸なのだ。その匿名性は、必ずしも質の低さを意味しない。特に統計的計算とフィードバックに基づくハイパーリアルな神話が出てくれば、少数の高級品が、マスプロダクションを質的に凌駕するとは限らなくなる。むしろ、私たちが日常的に出会う事物のなかにも細やかな物語が仕込まれていて、その蓄積が文化の諸層を成す、という事態がおよそ一般化していくと考えられるべきだろう。無数の大衆的なサブカルチャー神話を発達させてきた日本は、マスプロダクションが大きな力を持つという点で、いわば「究極の中流国家」と呼ぶに相応しい。私たちには、その条件に応じた理論の構築が求められる。

本章では、その理論構築に際して一つのヒントになり得ると考えられる問題を取り扱う。一言で言えば、その問題は「象徴的なもの」をいかに再設定するかということに関わっている。象徴というのは、人文学においてはかなり抽象的かつ伝統的な問題であり、それゆえ必ずしも流行のテーマというものではない。にもかかわらず、ここでそのテーマを扱うのは、前章で論じた「想像的なもの」に対して「象徴的なもの」がちょうど裏表の関係にあるからだ。想像力は、自他の別を溶かすような力やリズムにアクセスする能力を指していた。それに対して、象徴的なものは、そのような想像力の平面を貫いて屹立する力を指す。前者が豊富性の力によってネットワークを拡大していくのだとすれば、後者はむしろネットワークを一挙に縮約し恣意性を抑制するものだと言ってもいいだろう。

本章で扱う問題の順序を示しておくと、まず（1）今日の社会の力学というのは大まかに言ってどういうものなのか、そして（2）その力学のなかで、果たしてどういう象徴化のプロセスがあり得るのか、ということを問う。さらに（2）についても、濃密な共通前提が存在している場合（第一節）と、存在していない場合（第二節）という二通りのパターンを分けて考える。それによって、象徴的なものの位置が、朧気にではあれ浮かび上がってくるだろう。いずれにせよ、本章は、想像力を扱った前章の補完に当たるものだと考えてもらいたい。

I　感情資本・自己組織化・構造主義

生権力の全盛

象徴とは、かいつまんで言えば、世界を了解する基本的な形式のことだが[*02]、その成立の様態については多くの理論家がさまざまな見解を提出しており、それを整理するだけでも一苦労である。ただ、今日の世界は大筋ではリベラルな社会を目指して動いており、象徴的なものもその原理に沿って生成されることが望まれる。繰り返し述べているように、リベラルな社会の原則というのは、ひとびとが個々人のやり方で、自由に自己を完成＝具体化させてかまわないということにあった。それゆえ、ここでの問題は、自己を輪郭づける際に、いかなる「力」のメカニズムの働きが介在しているのか、そしてそこに象徴的なものがどう絡んでいるのかということに帰着する。

教科書的に言えば、近代社会における「力」のメカニズムを規定した最大の出来事は、哲学者ミシェル・フーコーの言う「生権力」ないし「生政治」の拡大である。フーコーは大きく二つのタイプの権力を分けており、生権力（生かす権力）は、死をコントロールする伝統的な権力との対立において捉えられている。

私たちの一般的なイメージにおいては、死をコントロールする力、つまり生殺与奪の権限こそが、権力を示す符牒として理解されている。たとえば、ナショナリズムは、ひとびとの生命を駆り立て、ときには死に向けて動員する一方で、自分自身は強力な不死性を体現していた。ベネディクト・アンダーソンは「無名戦士の墓と碑」をナショナリズムの代表的な表象と見なしたが、実際のところ、民衆の死に深く関与し、個別の死を運命共同体の死として祝福することが、ネーションの原理の根幹に組み込まれていたのである。*03 ネーションによってもたらされる死は、凡庸な生を輝かしい運命に変え、惰性に満ちた生活に一つの確固たる道筋を与える。他方、ネーションそのものは、あたかも自分自身が永遠の存在であるかのように振る舞うのだ。

こうした「死なせる権力」(死と死ならざるものを配置する権力)に対して、フーコーが重視するのはちょうどその反対側にある権力、すなわち「生かす権力」としての生権力(生と生ならざるものを配置する権力)である。生権力とは、一言で言えば、生命を最大化する諸メカニズム、直接的には医療行為や社会保障制度、間接的には空港や駅の監視システムなどを通じて現れる力だとまとめてよい。一八世紀以降、この「生かす権力」は着々と社会に浸透し、福祉政策や都市の衛生状態の改善、バースコントロール、あるいは諸リスクの保険数理的な管理などを促した。この戦略は、特に二〇世紀に入ってからドイツ、それにアメリカの新自由主義へと発展的に受け継がれ、世界を駆動する原理として登録されていく。さらにフーコーによれば、生政治下では人間観にも大きな変容が生じ、人間それ自体が一種の有用な「企業家」として、つまり資源の生産者(人的資本）として扱われるとともに、個々の人間のミクロな創造行為を集約する環境が整えられるようになっていった。[*04] こうした歴史の歩みは、生権力が決して一過的なものではないことを示している。生権力はむしろ、近代という時代の歩みのなかで育てられた、一つの力の形態なのだ。

実際、グローバルな視野に立ってみれば、現代は未曾有の都市の時代であり、大金を稼ぎ出す知的労働者から、世界を股にかける出稼ぎ労働者に到るまで、きわめて多種多様な人的資本が都市に集まっている。現代の都市の繁栄は、人的資本をいかに招き寄せ、またいかに適切に管理するかにかかっているという類の主張は、今やあちこちで繰り返されている。都市の権力は、必ずしも死の恐怖によってひとを動かすのではない。また、市民の一般的な規格化を強いるわけでもない。現代の都市はむしろ、能力を十分に生かせること、さらにそれへの見返りがあることを餌に多くの人的資本を集め、相互行為を促し、それによって全体の富を増そうと企てる。ミクロな「企業家」のミクロな生産行為まで貪欲に吸収しようとするこの統治の技術は、もはや先進国や途上国の別なく広がっているという意味で、今日の権力構造の姿をよく示していると言えるだろう。

感情資本の台頭

ところで、ここで「力」という語を連発しているのは、力が領域横断的なものであり、時代の知の布置を広く規定していくものだからである。たとえば、「死」を下すことがイコール権力

（力）であった時代には、思想もまた死を中心にして組み立てられる。実際、二〇世紀の有力な哲学者はしばしば、二度にわたった世界大戦の記憶をベースに思索した。しかし、生権力がよりいっそう強化されれば、死を中心に置くことは、必ずしも妥当な思考様式ではなくなる。今や死は、生に対する超越的な位相から転落し、不可視化されるばかりなのだ。

文化生産の論理においても、「生」を重んじる傾向は明らかに強くなっている。世界的に見ても、この十年のあいだにいわゆる「リアリティＴＶ」（『サバイバー』や『アメリカン・アイドル』、あるいは中国の『超級女声』など）が人気を博し、企業の側も「ブランドを〔…〕「lovemarks」に転換させ、エンターテインメントのコンテンツとブランドのメッセージの境界をぼやけさせる」ような感情経済を育て上げてきた（ヘンリー・ジェンキンズ）。今日のブランドの論理は、かつてのような高級志向ではなく、むしろエンターテインメントの論理に限りなく接近する。そこでコンテンツを広める源泉として頼りにされているのは、個々の受け手が持っている「無際限のリソース」としての「感情資本《エモーショナル・キャピタル》」である。*05

リアリティＴＶが扱うのは、お決まりの現実というよりはむしろ偶然性に富んだ現実であり、かつそれは視聴者と等身大の人間が参加しているという意味で「民主的」である。画面上で燦然と輝く主役と、そのステージに上り損なった他の参加者、さらに参加することもなかったが成り行きを興味をもって見つめている視聴者はなめらかに繋がっている。この連続性ゆえに、受け手の感情資本は、ちょっとした出来事を通じて触発され高められる。たとえば、リアリティＴＶではゴシップめいた事件がつきものだが、そうした舞台裏の混乱も含めて、そこかしこで感情資本が生成されることが望まれるのだ。いわば等身大の偶然性を、高尚なブランドというよりもエンターテインメントとして生じさせ、それをおもむろに実物の資本に変換していくこと、それがリアリティTVの狙いに他ならない。

現代の生権力は、あからさまに権力の顔をしたところばかりではなく、むしろこの他愛ないリアリティTVのような試みにこそ埋め込まれている。感情資本は、ほぼすべての個人が潜在的にはいつでも生産者となり得るという意味で、きわめて豊富で、かつ可塑性の高い資源だと言える。さらに、感情資本を増殖させるには、別に原材料は必要ないし（現に生成コストという面では、感情ほど効率的な「資本」はないだろう）、何らかの強制力が介在する必要もない。というより、下手な強制はかえって、本来「無際限のリソース」であるはずの感情資本の伝播を阻害し、全体の利益を減らすだけだろう。いずれにせよ、ここに見られるのは、人間の先天的能力をそのまま資本の源泉にしてしまうという発想である。これはまさに、すべての人間を「企業家」に見立てる生権力の類型だと言ってよい。

さらに、ここには、メディアを動かす「力」の転換がはっきりと示されている。これまでは、メディアによって提供された財を、ひとびとが消費するという考え方が一般的であった。しかし今や状況はさらに進み、視聴者側の感情資本の生成をできるだけ傷つけず、それを適宜実際の資本に変換するという手法が現れる。かつてのメディアが視聴者の向こう側にあったのだとすれば、今日では視聴者そのものがメディアとして扱われ始めていると言っても過言ではない。

ネットワークの挙動

生権力は、リベラルな（あるいはネオリベラルな）社会の統治原理として根づいている。そこでは、字義通りの「生命の最大化」ということに加えて、これまでであれば看過されていたミクロな振動を犠牲にせずに、その微小な生を逐一活用するという戦略がもたらされた。感情資本の上昇というのは、その変化の一つの帰結である。これは、近代以降の社会的特性によって導かれたものであり、そう簡単に否定できるものではない。都市も、メディアも、人的資本の創造行為なしではもはやうまく回らないだろう。

さらに、この種の「生」の秩序化の様式に関連して、「はじめに」で触れたツイッターにせよ、あるいはチャットにせよ、現在の私たちのコミュニケーションがしばしば、きわめてエフェメラル（短命）なメディアを選択していることにも注意を払っておく必要があるだろう。それらのメディアでは、まさしく情報自体が生き物のようになり、かつその寿命が意図的に縮められることによって、情報の爆発的増加が自然と抑制される。[*06] 表現のとっかかりを矢継ぎ早に提供しつつ、不要な情報をどんどん押し流していくエフェメラルな創発システムのおかげで「ネットワーク化された情報経済は、情報の過負荷や言説の断片化への懸念を、マスメディア・モデルの歪みを再導入することなしに解決している」（ベンクラー）。[*07] ネットワーク上の情報の過積載は、超越的な一点への帰依（マスメディア・モデル）によってではなく、ネットワークの振る舞いによって縮減されることが望ましい。いずれにせよ、今日の情報経済においては、資源の増幅可能性（感情資本）や資源の更新可能性（短命化）がメディア論の新たなテーマとして立ち上がってくるのだ。

生のモデルに依拠するこれらの強大な力に対して、しかし、別種の力をぶつけてみることはできないだろうか。ここで私たちは、ネットワークの拡散を絞り込む力、恣意性を制約する力について考察していくことができるだろう。先述したように、この力は「象徴的なもの」（象徴秩序）と呼ばれる。

もっとも、象徴秩序をフォーマットすること（象徴化）は、かつてはたった一つの中心にひとびとが帰依することと同義であった。この帰依は、精神分析では「去勢」と呼ばれており、明らかに死や切断の主題に連なっている。ここに「死を下す権力」の類型を見ることは容易だろう。だとすれば、生権力がメディアに浸透するなか、象徴的なものをめぐる議論が、もはや一時代前のものに映ったとしても不思議はない。

けれども、今や「死」のイメージを取り払ったとしても、つまり去勢を抜きにしても、ネットワークの縮約は実行されることがある。特に、複雑系で言う「自己組織化」の理論は、初期状況のちょっとしたぶれを通じて、閉じた系においてマクロな構造が形成されていくことを強調してきた。これは、お仕着せの規格によってネットワーク全体を象徴化するものではない。むしろ、この知見によれば、ネットワークはそれ自体に内在する法則のために、つねに縮約や秩序化の契機を孕んでいるのだ。

この手の発想の先駆者と言うべきトーマス・シェリングは、一九七八年の著作で、人種差別の研究に一つの有益な分析を残した。シェリングのシミュレーションが示すのは、個々人が別段強い差別意識を持っていなかったとしても、集団的なレベルではときに、連鎖反応によって瞬く間にセグメントが自己形成され得るということである。仮に二つのグループを想定し、一つのグループは少なくとも半分の隣人が、もう一つのグループは少なくとも三分の一の隣人が同族であることを求めており、その条件が叶えられなければ移住するものとしよう。今、この二つのグループを八×八のチェス盤を模したフィールドに置く。あるシミュレーションにおいては、二つのグループが完全に混じり合った状態でも、すべてのメンバーを満足させることができる。この場合は、二つのグループは、あくまでそれぞれの個性を保ちながら融合している。けれども、その美しい均衡がランダムな要因で（たとえば、新たな入居者の登場によって）崩されたとしよう。すると、そのちょっとしたぶれによって、二つのグループが完全に分断された状態で均衡してしまうことが起こり得る（図3）。この場合でも、彼らの希望は満たされているのだが、できあがった図面は先ほどとは打って変わって、あたかも人種を隔離した後のような状態になっているのだ。

むろん、このシミュレーションは、チェス盤のような抽象空間を前提にしているので、必ずしも現実的な空間に当てはまるわけではないかもしれない。[*08] とはいえ、各人の慎ましやかな欲望（近隣に自分と似た仲間がほどほどにいればよいという程度の）があるやり方で集合すると、個々人の意

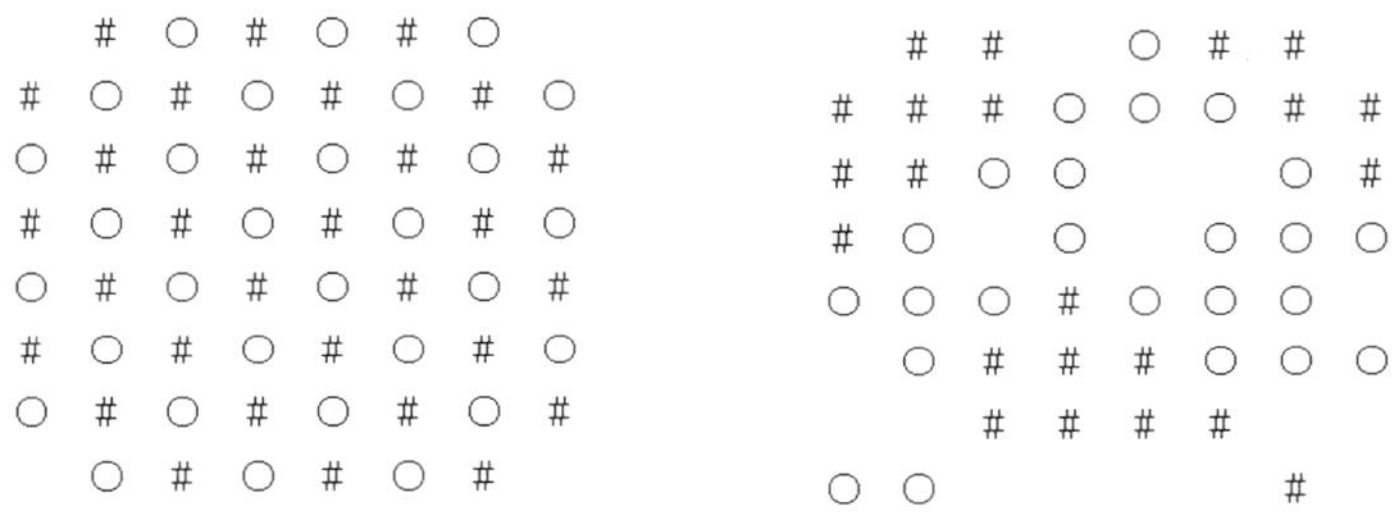

図３：シェリングのシミュレーション
（Micromotives and Macrobehavior, p.149, 151 より引用
ただし、右はいくつか挙げられているモデルの一例）

識を超えた分断状況が生じるという知見には、きわめて興味深いものがある。ネットワークの法則によって、私たちの社会はときに、良きにつけ悪しきにつけ自然と均衡へ向かう。言い換えれば、社会の自然状態は、決して単純な混沌ではなく、何らかの法によって規定されている。

付言しておけば、この点で、カオス理論で言う「バタフライ効果」を意匠として取り込んだSFというのは、ある重要な事実を否認しているように見受けられる。たとえば、この種のSFでは、過去にタイムスリップした主人公は、自分のちょっとした振る舞いがバタフライ効果によって未来を劇的に変化させてしまうのではないかと恐れる。しかし、こうした能動性が発揮されるのは、すでにネットワークの挙動が確定した過去が舞台になっているからであって（つまり、自分だけが変動要因たり得るからであって）、もしシェリングのように考えるならば、人間は本来、自己組織化の原理に対してまったく無力な存在と言うしかない。個々人が何を意志していたとしても、周囲のちょっとした出来事を引き金にして、知らぬ間に秩序はできあがってしまうのだから。タイムスリップは、その決定的な受動性を忘れさせてくれる便利な装置として機能している。私たちはここに、事物が「反対物に転化する」という展開を好む「メルヘン」の想像力を見出すこともできるだろう。*09 現実において受動的だからこそ、その反対に、能動性を強調するメルヘン的表現が繰り返されるのだ。

構造主義再考

自己組織化は、個々のミクロな生に死を下すことなく、秩序や均衡を生み出す。これは単純だが、それゆえに強力なメカニズムとして、私たちの抽象的な生を輪郭づけている。偶然を必然に変えるかつての弁証法（対話）は、今やシステムのオートポイエーシスによって、つまりミクロな生を分解して取り込みつつ、自己の基盤を確立していく社会の代謝の運動によって置き換えられるのだと言ってもよい。

とはいえ、むろん、自己組織化だけで社会に必要な原理が賄えるわけもない。特にこの場合、資源の増幅／更新という代謝のサイクルが過度に進み（＝ランナウェイの発生）システムが自壊してしまうことは、是が非でも避けられなければならない。では、その回避のためには、いかなる秩序を定めればいいだろうか。自己組織化の原理に加えて、ここで見ておきたいのは、ミクロな物語の集合から立ち上がる「象徴秩序」である。

構造主義の知見をここで呼び出しておこう。構造主義者の考える秩序というのは、諸要素の結合パターンのことである。特に、構造主義を代表するレヴィ＝ストロースは、南北アメリカをはじめ各地の古い神話を渉猟するなかで、神話があくまで知覚可能な「もの」（神話素）に基づき、無数の二項対立を組み立てていることに着眼した。それまでの学者は、たとえばフロイトのオイディプス・コンプレックス論などがそうであるように、個々の神話は特定の意味を持っており、自分たちはそれを解釈すればよいと考えていた。しかし、レヴィ＝ストロースによれば、神話の意味はあくまで他の神話との関係において捉えられなければならない。つまり、物語の線的な進行とは別に、物語を構成する神話素の層があり、その層は間テクスト的に共有されている。個々の神話は、その神話素の層からいわば情報を「ダウンロード」することによって、自分自身をコード化する。ただし、そのコード化の形式は一律ではない。コード化の形式は、それぞれの神話においていかなる二項対立（結合パターン）が採用されているかによって異なる。

こう言うとややこしいが、今ふうに言えば、このことはちょうどＪＰＥＧのような圧縮形式と似ている。ＪＰＥＧは画素のパターンを検出し、それを手がかりにして情報をまとめ、全体の情報量を減らす。したがって、解凍されたＪＰＥＧ画像は、オリジナルのデータとは完全には一致しない。同じように、神話が扱う知覚可能な「もの」（神話素）というのは、オリジナル（自然物）の情報量を適度に減らされた圧縮済みのデータである。そして、その際、圧縮の方法はそれぞれの神話圏《カテゴリー》によって異なる。たとえば、ある神話圏では、月は太陽とセットになり、それゆえに太陽とは反対の意味を帯びるようになる。また別の神話圏では、月は流星と融合してしまい、その周期の短さが取り出されるだろう（流星も月も短期的に循環するものとして捉えられる）。現実の月の持っている情報量は、神話圏の違いに応じて、つまり結合パターンの違いに応じて異なるやり方で削減されていく。

このような見方に倣うならば、一編の神話は、額面通りの物語に加えて、自身の属する神話圏の情報処理の技法もまとめて示していることになる。周囲の環境情報から何を選び何を捨てているか、つまりどのような圧縮形式に基づいているかということが、個々の神話の比較のなかで浮かび上がってくるのだ。ここで神話は、いわば二つの時間の波間に漂っていると言ってもいいだろう。一つは、通常の説話的で因果論的（連続的）な時間進行である。もう一つは、神話が幾重にも折り重なるうちに浮かび上がってくる離散的（不連続的）な時間進行である。実際、レヴィ＝ストロースは神話の語りの特殊性を強調していた。

神話的言表の基本要素は言語のそれのように機能するが、その性質は最初からもっと複雑である。この複雑さのために、神話的ディスクールは言語の通常の使用から、いわば離陸する。〔…〕命令し、質問し、通報する言語的言表、文脈さえ与えられれば、同一の文化または下位文化のあらゆる成員が理解しうる言語的言表とちがって、神話は、決してその聞き手に一定の表意作用を提示しない。神話はある解読格子を差し出すのであって、この格子は、ただその構成規則によってしか定義されない。*10

個々の神話は、完結した物語を語っているかに見えて、実はそれ以上のものを同時に示している。すなわち、神話の集合は言語の通常の使用から離れ、メタ言語的領域（解読格子）を指示するように機能する。多少詩的な言い方を許してもらうならば、神話は「物語の見る夢」の領域を抱え込んでいるのだ。*11

神話の説話的進行が、まったく同時に、メタ言語的な情報処理を実行し、知らず知らずのうちにテクストの離散化＝量子化を行っているということ、ここから、神話の話者はいわば「二重言語」を操っていると言ってもいいだろう。むろん、こうした離散化＝量子化が成立するには、限られた素材が何度も繰り返しバージョンを変更しながら使われるような濃密な環境が前提となる（実際、レヴィ＝ストロースの分析も、相互に関連性の深い南北アメリカの神話に準拠していた）。と同時に、その素材も「月」のように多様な組み合わせのパターンを含むものであることが望ましい。パターンが枯渇すれば、神話のプログラムは停止してしまうからだ。ただ、何にせよ、諸要素を結合するパターン（メタ言語＝圧縮形式）が蓄積されていくなかで、テクストのゆらぎが縮約されていくということが、ここでの最大のポイントである。先ほどの自己組織化と同様、死を下す権力から逸脱した柔軟な秩序形成を、ここにも見出すことができるだろう。

作家性の再規定

繰り返せば、想像の力はネットワークを広げ、象徴の力はネットワークを縮約する。象徴の力は、これまで死、あるいは切断のメタファーとともに語られてきた。しかし、レヴィ＝ストロースの神話論は、超越的な死を下さなくても、ある種のパターンの蓄積によって、象徴秩序が増幅されていく場合があることをよく示している。

さらに、今言った神話の「二重言語」の応用編ということで、ここで「作家」の問題を付け加えておきたい。たとえば、かつて文芸批評家のロラン・バルトは、一九六〇年代に「作者の死」を定式化したことがある。このテーゼは、テクストが既存の約束事の組み合わせで書かれるようになり、その結果として、従来のような強い作者が要らなくなることを意味していた。具体的には、サンプリングやリミックスの隆盛などは、まさに「作者の死」を顕著に示すものであったと言える。

ただ、現在のネットワーク社会においては、作家は「死んだ」どころか、かつてなく増殖しているのも明らかだろう。それはまさに、多くの物事が約束事で書かれるようになったがゆえに、創作の敷居が劇的に下がったからであり、しかもその一切がインターネットで可視化されるからである。だが、もう一つポイントがある。それは、作家たちが、偶然性を拾い上げるメディアとして遇せられているということである。

作家たちはブログや掲示板に遍在し、何らかの経験を語る。たとえそれぞれの「作品」が大筋で約束事を踏まえてつくられるとしても、その出発点が毎回異なれば、そこには違った印象が宿るだろう。というより、たいていの物事が約束事の束になってしまったがゆえに、その諸々の約束事を適切に使用するきっかけがそのつど供給されなければならないのである。その点で、ネットワークに住まう小さな作家たちは、コードの発動機会を増すのに一役買っている。バルトに代表されるフランスの文芸批評は、約束事とその発話の違いを「言表」と「言表行為」として定式化したが、それで言えば、作家はまさに言表行為を、つまり言表の現実化を司っていると言えるだろう。

このような構造は、実は最近のゲーム作家によっても語られている。たとえば、広大なゲーム空間を設定し、そこにＡＩを搭載した膨大なキャラクターたちを登場させ、無数の探索の可能性を盛り込んだ『The Elder Scrolls IV: Oblivion』（二〇〇六年）のデザイナーであるケン・ロールストンは、作品があまりにも大作であるがゆえに、キャラクターの対話やプロットはどうしてもお決まりのものになりがちだったと述べている。にもかかわらず、彼はそれを本質的な弱点だとは見なしていない。というのも、彼の考えでは、進むべき方向性や会話可能なキャラクターが大量に与えられることによって「真のサスペンス」を発生させることができるからである。ロールストンの経験では「どこに行くかとか何をするかという探索中の選択においては、その〔会話やプロットの〕限界から来るいらだちやフラストレーションは少なくなった」[*12]。

要するに、コードはありきたりでも、それが適切な局面にプロットされれば、何がしかのサスペンスや固有性が十分に与えられるのだ。現代の作家というのは、まさにこの「局面」（出発点）を探査するのにうってつけのエージェントである。これは、コードやパターンの種床として作家を活用することと言い換えてもよい。ネットワークやゲームにとって好ましいのは、ちょっとしたチャンスや局面も利用し具体化してくれる明敏な「作家」（プレイヤー）なのだ。そこでは、出発点（偶然）を探すことと、それをコード（必然）によって物語化することは、まったく別の階層の問題として切り離すことができる。

むろん、作家性については、まったく別のやり方で規定することもできる。フーコーの言う「変換の略号」としての作家というのは、その最たるものだろう。*13 たとえば、フーリエについて何も知らなくても、私たちは「フーリエ変換」を実行して、情報を処理することができる。フーコーにとっての作家性は、この「フーリエ」に近い。それは、作家をいわば「特定のやり方で情報を処理するソフトウェア」として捉えることである。そういうソフトウェアないし方程式のような作家が挟まることによって、社会において何が認識可能で、何が認識不可能かという配分もしばしば変わってくるのだ。

ただ、偶然を拾い上げるメディアとして捉えるにせよ、あるいは変換の略号として捉えるにせよ、作家というのは、今や一種のノード（結節点）であることに違いはない。情報や物語の流れに、そのつど偶然の切れ目やアクセントを入れていく（離散化＝量子化する）今日の作家たちは、まさに文化の二重言語性をよく示しているように見受けられる。バルトの言い分は正しかったのだが、それは「作家の死」というよりも「作家の変質」を、つまり作家（言表行為の主体）が偶然性を探査するエージェントに変質することを意味していたのである。

Ⅱ　擬似宗教

こうして見ていくと、「生」を活用する象徴化も、決して一様ではないことがわかる。ネットワークの自然な秩序化は、たえず私たちに一定の圧力をかけている——個々人がさして差別意識を持っていなくても、ネットワークが人種を隔離するように働きかけるというように。あるいは、物語の蓄積によって浮かび上がる「夢」（パターン）が、ネットワークを逐次構造化していく。さらには、小さな作家たちが、ネットワークに偶然性を提供し、コードの発動機会を担保する。ざっとこんな具合である。

ただ、特に構造主義の語る神話というのは、ある程度稠密化されたネットワークが前提となっている。確かに何らかの緊密な環境がセットされていれば、そこから象徴秩序が立ち上がることもあり得るだろう。だが、そうではない、つまり共通前提そのものがあまりないような状況では、象徴的なものはいかに担保されるのだろうか。

象徴理論

たとえば、浅田彰は『構造と力』（一九八三年）において「機能的な意味の担い手をシグナル、象徴的な意味の担い手をシンボル」に分類する、定番の構図を引き継いでいる。[*14] シグナルというのは、この場合、危険が差し迫ったときに動物が発する避難信号のようなものだと思えばよい。他方、シンボル（象徴）というのは、そういう直線的な関係性を結ばない。浅田が言うように、シンボルがシンボルとして屹立するためには、その現実的な由来が一度忘却されなければならない。「象徴的な再認の構造全体が、現実的な生産関係の想像的な無視＝誤認を伴う」。[*15] 同様に、社会システム論の始祖であるアメリカの社会学者タルコット・パーソンズは「ある意味で、客体のシンボルとしての地位は、その意味が客体自体の属性に基づく固有の意味から分離しているかどうか、ということにかかっているのである」と記す。[*16] つまり、パーソンズの考えでも、経験的に獲得された属性が一度分離される（忘却される）ことによって、シンボルはシンボルとして屹立する。

この種のシンボルに相当するものは、私たちの身近にも多く存在する。たとえば、楽器を弾いたり作曲したりする人間にとって、一オクターブを一二等分した平均律の由来を疑う必要は（ふつうは）ない。それは一種の超歴史的な存在として――つまりあらゆる歴史を貫通して自分の目の前に送り届けられたものとして――捉えられる。平均律は「いつ」「どこで」「誰が」などという条件を飛び越え、あくまで「同じもの」として流通することができる。このシンボリックな構造は、原則として、経験的なレベルによって改変されることはない。たとえば、ジャズでインプロヴィゼーション（即興演奏）が可能なのも、音の土台があらかじめ稠密にコード化されていれば、その上で多少激しい遊びをやっても決定的に音楽を損なう（ただのノイズになる）ことは少ないからである。

あるいは、これと同じことは幾何学についても言える。幾何学の公理が、時代や場所ごとで異なっていては、ひとはまともに計算することもできない。そういう心配事を不要にし、いつでもどこでも同じように算術が働くという前提を与えるのが、幾何学の公理の持っている力である。少々の社会的変動があったとしても、幾何学の公理はあくまで人類史を貫通して伝達されるだろう。

こうしたシンボリックなシステムは、法において明確に発揮される。法は「合法／違法」によってコード化されている。入力（罪）が閾値を超えれば、法システムは反応＝興奮する（＝違法と判断する）。しかし、閾値に到らないのであれば、入力値が何であれ、無反応という結果は変わらない。こうした反応（興奮）と無反応の境界というのは、あくまで訂正可能なものでなければならないが、かといってあまり安易に世論の感情に任せて変更されるようでも困る。法を司るというのは、結局、この境界線が適切に引かれているかを随時チェックする機能を働かせることなのであり、毎回の具体的な判決を下すという作業は、シンボリックなシステムの運用をチェックする役目に比べれば、あくまで付随的なものにすぎない。

だが、最も代表的な例は、やはり貨幣であろう。貨幣を使ったコミュニケーションは、その参入者の属性（身分や国籍）を問わない。「なぜそうやって処理するのか」「いつからそうやって処理しているのか」「これからも同じように処理するのか」といった面倒な問いをいっさい省略して、ただ支払い／不払いというコードに従わせる貨幣は、平等主義的なメディアとして私たちのコミュニケーションを支えている。こうした暴力的な単純化＝平準化によって、ひととひととの交換（コミュニケーション）は円滑化される。先ほども言ったように、シンボルは現実的な時間を忘却させる。そうした忘却なしに、象徴化されたメディアは発動しない。

擬似宗教の必要性

こういう具合に、共通前提が存在しない領域を貫通する象徴、システム論の術語で言う「象徴的に一般化されたコミュニケーション・メディア」を生成することは、社会システムの円滑な動作のためにも不可欠である。しかし、今挙げたような諸システムによっては扱い切れない問題というのも存在する。その特殊な部分を扱う社会システムは、一般に宗教と呼ぶことができる。システム論の議論では、宗教システムは「不確実性の吸収」を実現するものとして捉えられる。[*17]その実現のためには、一度巨大な否定を潜り抜けて、少々のエラーでは動じない体質をつくることが重要である。たとえば、キリスト教は「処女懐胎」や「三位一体」のように、通常の論理的階梯を壊すことによって、つまり解決不可能なパラドックスによって、外部からの否定をあらかじめ封殺するという方法を採用してきた。これは、一種の免疫系の形成と見なすことができる。宗教の周囲にも、たえずシステムの完結性を脅かす因子が飛び交っているが、それへの感染がどんな場合でもおおごとになるわけではない。むしろ、一度病気の発症（＝イレギュラーな出来事）を体験しておくことによって、それ以降の感染をうまくやり過ごせるようになる局面も大いにあり得るだろう。キリスト教は、日常経験からの違反を教義の要所に埋め込むことによって、自身の免疫系を形成している。

　とはいえ、この種の一度きりのパラドックス＝奇跡の接種によって、それ以降の感染をすべて予防するというのは、今となっては非現実的な考え方だろう。高度に複雑化した社会は、いわば無数の病原体に満ちているのであり、一度の接種であらゆる感染を予防することはできそうにない。*18 実際、「不確実性の吸収」を旨とするはずの宗教は、すでに時代の波に揉まれて、かつてに比べればその効力を減衰させている。したがって、もし現代において、宗教の機能を代替しようと思うならば、むしろ何度も接種を受けられるような体勢をつくっておくということが重要だろう（前章でも触れた「想起」と「反復」の違いを思い出して欲しい）。いずれにせよ、宗教がだめなら、その機能的等価物である擬似宗教を、ボルツふうに言えば「意味論的デザイン」を導入することが必要なのだ。*19

　その意味でも、浅田やパーソンズらが示した古典的な象徴理論を復習しておくことは悪くない。特に、今のようにごく短期的な流行に基づいて、消費行動が決定されていく状況下ではなおさら、時間を刺し貫いて伝承される擬似宗教的なシンボルの形成が、一つの重要な課題として立ち上がってくる。

神話としての『遠野物語』

では、擬似宗教＝意味論的デザインを立ち上げることには、果たしてどういう方法があり得るのだろうか。それはいかにしてモデル化することができるのだろうか。

むろん、この問いに答えることは難しい。ただ、問題意識を狭いところで閉じさせないためにも、ここではあえて、日本の過去の古典的作品を参照し、そこで形成された擬似宗教的なコミュニケーション・メディアをごく簡単に点検してみることにしよう。実際、社会の旧体制が危機に曝され、不確実性が増大するというのは、日本近代の開始時点ですでに起こっていた。そこでは、ひとびとの共通前提が揺り動かされ、新たな制度を構築することが要求されていた。このことは、「象徴的なコミュニケーション・メディア」を不確実性に満ちた世界に埋め込もうとする要求に繋がる。

特に、文芸批評的な関心においては、言語というコミュニケーション・メディアの刷新が大きい。明治以降の近代日本語の文体が、構文のごく基本的な規則から外国語の翻訳を通じて再創造されていったことは、よく指摘される。たとえば、語尾が「る」や「た」で終わるという規則でさえ、二葉亭四迷や夏目漱石らによる具体的な実作を通じ、試行錯誤のなかで徐々に社会的に定着していった。[20]この新しい文体の成立プロセスは多くの偶発事に満ちており、決して出来合いのコースを歩んだわけではない。仮にもう一度明治時代をやり直したとすれば、おそらく今とは異なる日本語が創出されることだろう。そして、その成立プロセスに深く絡んでいたのが文学だったのである。

さて、言語と文学のこの相互浸透のなかで、大きく二つの応答があったことが注目される。一つは、田山花袋に代表される自然主義から私小説へと到る流れであり、もう一つは、柳田國男に代表される民俗学の流れである。[21]前者は日本の純文学における有力な潮流となり、後者は、どちらかと言えば、大衆的な想像力のなかで生き延びることになった。

前者の私小説は、一言で言えば、外界のすべての情報を「私」というプリズムによって屈折させるタイプの小説である。それは、日本の近代文学において長らく愛好されてきた様式であって、なぜこの奇妙な様式が広がったのかという問題は度々批評の素材となってきた。ただ、ここでは私小説については脇に置いて、あくまで後者の柳田國男の示した文学性に着眼してみよう。柳田はもともと「新体詩」、つまり文語的な約束事の束によって詩を生成するという手法から、自らの文学を始めたひとである。後年のある対談において、「腹の中で思うてないことばかり言うておる」新体詩の技法について「我ながら実に不愉快なもんだね」と述懐していることからもわかるように、[22]柳田は、新体詩の運動からは若いうちに脱退した。ただ、新体詩の周囲からは、島崎藤村をはじめとする有力な文壇の一派が生まれ、後に自然主義へと繋がっていく。つまり、新体詩は、文学の革新運動の可能性が兆していた場だったのである。

しかし、ここで重要なのは、柳田の関心が新体詩でもなければ自然主義でもない、いわば別種の意味論的デザインの構築に向いていたことである。その構築の方向性が凝縮されたのが、一九一〇年に当初は僅か三五〇部だけ印刷され、柳田の知人を中心に読まれた『遠野物語』である。この私家版の『遠野物語』には、その後本格的に民俗学に着手する以前の柳田の文学的想像力が濃密に込められていることもあって（たとえば、大塚英志はこの本を「未だ民俗学ではない書物」と評している）[*23]、学問的な制御を逸脱した巧妙なレトリックが縦横に張りめぐらされている。

注意しておくべきなのは、柳田が舞台とした選んだ遠野というのが、たんなる片田舎ではなかったことである。柳田研究者の石井正己が指摘するところによれば、遠野は南部家の治める文化的な城下町として、各地との交易で栄えていた。とりわけ江戸との交流によって、そこには多くの貴重な文物が流入し、繁栄の証となっていた。「遠野の城下は則ち煙花の街〔華やかに賑わう街のこと〕なり」（『遠野物語』序文）という一節は、その往来の余韻が、柳田の生きた明治になってもいまだ残っていた——少なくともそのようなイメージを柳田が強く感知していた——ことを示している。[*24]

したがって、『遠野物語』を単純に古くさい伝承の塊として読むことはできない。それどころか、そこには各地の文物の往来のなかで採み込まれた情報が、一種の「データベース」として記録されている。『遠野物語』には、ザシキワラシ、オシラサマ、オクナイサマ、ゴンゲサマ、カクラサマなど、他ならぬこの作品によって有名になった神（精霊）の他に、江戸時代に都で流行っていた河童や天狗までもが登場する。[*25] つまりそこでは、柳田の時代の東京の文化人にとってもすでに馴染みやすかった妖怪のデータベースと、まったく未知の辺境の世界に保存されていたデータベースとが混在しているのだ。『遠野物語』におけるエピソードの並置は、結果として、あたかも遠く隔たった空間的な差異を圧縮するような効果を持った。

さらに、後の「遠野物語拾遺」において、そのデータベースはいっそう量的に拡張され、時空の隔たりを無効化するような試みがより強化されている。「遠野物語拾遺」では、最も新しいエピソードで昭和三年のものが加えられ、遠野における人間と動物、神霊の交流が、古いデータと新しいデータが混じり合うなかで記されている。実際、『遠野物語』の序文に「これ目前の出来事なり」「要するにこの書は現在の事実なり」と繰り返される通り、[*26] この作品は、まさに「今」にも生きる伝承の聴取記録として読者に与えられている。だが、それも別に誇張ではない。というのも、当時の遠野では、年中行事のかたちで『遠野物語』の「昔」の伝承を「今」に再現することが行われていたからである。[*27] 言うまでもなく、年中行事は、通常の時間的な遠近感を打ち消すのに役立つだろう。

江戸と遠野、遠い過去と現在、『遠野物語』に集積されたエピソードは、言ってみればその両極を重ね合わせている。本章の文脈で言えば、『遠野物語』は、経験的な時空を忘れさせ、あたかも象徴的な時空に参入しているかのような錯覚——歴史を貫通して伝承されてきたかのような錯覚＝忘却――を、そのレトリックや構成によって巧みに仕込んでいる。こうした作品が、日本の文芸の歴史において、最も影響力を持った神話の一つとなったこと――しかもそのエピソードは、しばしば『遠野物語』という出典＝経験的な由来を抜きにしても流通し得たこと――は、きわめて興味深いことだと言えるだろう。

受動性の強調

『遠野物語』は、時間的・空間的に隔たったものどうしを巧妙に繋いでいる。とはいえ、ここでもう一つ注意すべきなのは、そこで示される情報のすべては、柳田が他者から聴取したものだとされていることである。『遠野物語』は象徴化されたメディアとしての性質を帯びつつ、しかし同時に、そのすべてがきわめて狭い範囲のコミュニケーションの産物だということを自己言及している。たとえば、序文の冒頭には、次のように明記されていた。

この話はすべて遠野の人佐々木鏡石君より聞きたり。昨明治四十二年の二月頃より始めて夜分折々訪ね来たりこの話をせられしを筆記せしなり。鏡石君は話上手にはあらざれども誠実なる人なり。自分もまた一字一句をも加減せず感じたるままを書きたり。思うに遠野郷にはこの類の物語なお数百件あるならん。我々はより多くを聞かんことを切望す。国内の山村にして遠野よりさらに物深き所にはまた無数の山神山人の伝説あるべし。願わくはこれを語りて平地人を戦慄せしめよ。この書のごときは陳勝呉広のみ。*28

大塚英志が強調するように、ここで記されていることは、当時の柳田周辺の「怪談」ブームと密接に結びついている。「確かに「外国に或る人」に寄するという献辞はこの本〔『遠野物語』〕のパブリックな意図を示してはいるが、その装本や序文に仕組まれた趣向は、これが小さな文学サークルでいかに読まれるべきか、その文脈を執拗なまでに示唆しているのだ」。*29 つまり、ごく身内でのみ通じるはずのプライヴェートな文学が、いつしか大きな広がりをもって受容されていったこと、そこに『遠野物語』の特異性がある。

このことを勘案すると、『遠野物語』という作品全体が一種のセッションの記録のようにも見えてくる。実際、佐々木鏡石（喜善）と柳田の出会いから始まるこの序章は、柳田があくまで受動的な筆記者であることを強調している。この序章の記述を信じるならば、すべてのオリジナルの情報は佐々木の手にあり、柳田はそれをごく忠実に複製したにすぎない。むろん、筆記に際して、何らかの再構成があったのは自明だろう。ただ、ここで強調しておくべきなのは、柳田が『遠野物語』をあくまで「聞き書き」として、つまり他者から情報を取り寄せてできたテクストとして構築しようとしたことである。こうした受動性の感覚は、しばしば日本の文学において現れる。たとえば、次章で論じる村上春樹もまた「聞き書き」のスタイルを非常に好んでおり、怪談的なテクストにも強い関心を寄せていた。この種の語りの抑制、つまり一度純粋に「受信者」

となることによって、かえって豊かな神話を語り出せるという逆説は、注目に値する。

比較のために、ここで、たとえばアメリカ文学における神話を例に出してみてもいいだろう。「文学的人類学」を掲げ、特異な文学研究を残したアメリカの学者レスリー・フィードラーは、かつて「方位学的研究」と称して「合衆国においては地理は神話的な意味をもつ」と述べ「そもそものはじめから、アメリカの作家たちは自分たちの国を四つの基本的な方角——神話化された北部、南部、東部、西部——に、いわば方位学的に定義する傾向があった。したがって、そこに生まれたわが国の文学もそのような区分をもつ結果となった」と主張したことがある。*30 フィードラーによれば、西部ならワスプと原住民の対立、南部ならゴシック的なもの、北部なら荒涼とした環境、東部ならヨーロッパ（旧世界）への帰還という具合に、アメリカ文学における東西南北はそれぞれ明確な歴史性を負っている。アメリカ文学は、その地理感覚を助けにして、ゴシック小説やロマン主義、あるいはハイブラウや大衆小説という具合に、さまざまな線分が走る豊かな文学空間を創造した。アメリカ人の歴史的経験を文学的に造形する際に、方位を手がかりにするというのが非常に効果的な手法だったのである。

アメリカ文学においては、ひとびとの基本的な身体感覚と結びついた方位を延長すると、おのずと歴史的な地層が浮き上がるようになっている。少なくとも、フィードラーの主張から導き出されるのはそうした神話世界である。個人の日常において熟成された方位感覚が、そのまま社会性を持った文学に昇華していくのは明らかに強みだと言えるだろう（実際、今でもアメリカ文学には、ロードムービー的な小説が根強くある）。だが、それに対して、近代の日本文学が東西南北を意識しても、そこから喚起力のある神話が立ち上がることはない。私たちの持っている身体的な感覚をどれだけ煮詰めていっても、それを他者と共有可能な文学に昇華させるのは難しいだろう。強いて言えば、日本の文化で熟成されているのは「上空」との縦の関係であって、水平的な方位ではないのだ。*31

こうして見ていくと、柳田國男の「受動性」には何かしら本質的な意味合いがあることが察せられる。たとえば、柳田は晩年の『海上の道』（一九六一年）ではまさに、南島を中心にした方位学的な神話（日本人の南方起源説）を語っていたが、そのときでさえ、彼の筆致は有名な「椰子の実」の挿話に、つまり海の向こうから流れ着いたモノに引き寄せられざるを得なかった。私たちの内奥の感覚を煮詰めていっても、それはおそらく何ら創作上の根拠には結びつかない。仮に創作の出発点があるとすれば、それはあくまで、向こう側からやってきたものに応答することによってである。少なくとも『遠野物語』から『海上の道』に到る柳田の文学性には、そのような受動性が刻み込まれている。

繰り返すが、『遠野物語』は（あるいは『海上の道』も）通常の時空の遠近感を破壊している。しかし、時空を貫通するそのシンボリックな神話は、柳田の内的な感覚から生まれるものではなく、あくまで外界からのデータの蓄積を通じて手に入れられなければならなかった。ここで、擬似宗教＝意味論的デザインが「不確実性の吸収」を旨としたことを思い出すならば、柳田の神話はいかにも示唆的である。私たちは、良くも悪くも、個と社会を有機的に繋げていくことができない。したがって、一度外側の、不確実な声を「聴く」という構えをとってはじめて、他者と共有可能な物語を紡ぐことができる。こうした度重なる「接種」によってデザインされた柳田の作品は、旧来の宗教が壊れた後の擬似宗教的作品の一つのモデルを示しているように思われる。

＊

駆け足で論点をめぐってきたが、本章の議論を明確化するために、改めてポイントを要約しておこう。ネットワークを拡張する想像の力に対して、ネットワークを凝縮する象徴の力を評価すること、それが本章の課題であった。その際、社会における力のタイプとして、超越的に君臨する死なせる権力にかわって、生かす権力の遍在が見逃せない。その生権力に寄り添ったかたちで、ネットワークの力も起動される。自己組織化や構造化がそれぞれの役目を担う一方、諸領域を貫通する象徴的に一般化されたコミュニケーション・メディアが、逐次社会に埋め込まれる。

特に、文化に関わるところでは、擬似宗教の問題が重要である。かつての宗教的＝神学的システムは、逆説を糧とした。ところが、複雑さを増した今日の社会では、擬似宗教を形成するのにも、一度きりの逆説の接種では足りない。そこからすれば、あくまで他者の声を「聴く」構えをとり、実際続編までも刊行することになった『遠野物語』は、擬似宗教的なデザインのあり得べき方向性を示している。この作品が、近代日本の文芸の一つの重要な拠点となったのは、決してゆえなきことではない。

「はじめに」で言った通り、私たちはともすれば小さな情報ループに取り込まれがちな存在である。とりわけ、日本のように「人間とは何か」「文化とは何か」という類のコミュニケーションが育ちにくい国では、なおさらそのループの規模は小さくなっていく。したがって、私たちは、あくまでネットワーク化やサブカルチャー化を前提としつつも、その全体に干渉し得る力、すなわち想像と象徴、ネットワークの拡大と縮約の可能性を今後も探っていかねばならないだろう。こうした問題意識を引き継ぎつつ、次章と次々章では多少論述の角度を変えていくことにしよう。具体的には、コミュニケーションの概念に検討を加えつつ、文化の「生態学」と「美学」の問題をもっぱら文学を手がかりにして探っていくことが、次なる課題となる。

第四章　ネットワーク時代の文学——村上春樹前後

本章のテーマは文学だが、まずは、コミュニケーションを「冗長性の拡大」と規定することから出発する。人間どうしのコミュニケーションの底面には、リアリティの単位となるパターン（＝冗長性）を分子状に切り分けていく莫大なコミュニケーション回路が走っていて、それが私たちにとって「有意味」な世界を構成しているのだ。本章では、そのような微視的なコミュニケーション世界をいわば最も無防備に展開している文学ジャンルとして、ライトノベルやケータイ小説を挙げる。そして、それらに先立つ村上春樹を、リアリティがまだらに構成される世界を抽出した神話作家として位置づける。

さらに、村上の「前史」にはアメリカのハードボイルド作家レイモンド・チャンドラーがいる。チャンドラーは「豊かな社会」（ガルブレイス）に生きる新しいタイプの主体性を描き、それが村上に隔世遺伝的に伝承された。もとより、歴史とは直線的な進化の産物ではなく、断続的な変換の累積に他ならない。村上春樹前後の文学史は、そうした累積的な歴史の像をよく示している。

本章の主題は、文学の神話論的分析にある。ここで文学を取り扱うのは、一つには、文学が他ジャンルに比べても独特の歴史を辿ってきたことに起因する。特に近代以降の文学は、「世俗化」の波を一身に浴びてきた。その結果として、現在の文学というのは、おおむね廉価で、販売網も確立し、さらには公共施設（図書館）での保存も約束された豊富な財としてひとびとの前に現れている。文学の最大の武器は、そのアクセシビリティの高さにあると言っても過言ではない。と同時に、この唯物論的な条件は、文学から神秘性やアウラをかなりの程度剝ぎ取っている。凋落したアウラを無理やり回復するということは、もはや文学者の議事日程には上りにくいだろう。

たいていの批評家は、こうした世俗化の進展に対して強い心理的嫌悪を抱いている。その心情は理解できるが、しかしそのプロセスはおそらく不可逆であり、一部の批評家の嫌悪程度でどうこうなる問題ではない。それゆえ、私としてはむしろ、その世俗化の徹底によって見えてくるものに注意を喚起しておこうと思う。本章では、文学の世俗化が行き着くところまで行けば、そこでかえって新しい社会性が捕捉されるのではないかという問いを推し進める。

むろん、その問題意識を十全に展開するには、本来ならばそれだけで一冊の著書が必要である。その点、本章の議論は決して網羅的なものとは言えないが、しかし分析上の手がかりを提供するぐらいなら十分に可能だろう。具体的には、ライトノベルやケータイ小説に代表される新しいパルプ・フィクション（第二節）、および、それとも関連性の深い村上春樹の文学（第三節）、さらにその村上の前史に当たるハードボイルド小説（第四節）に注目し、神話化した文学の位相を探っていく（なお、いささか長大な章なので、読者は自分の関心に合わせて適宜飛ばし読んでいただいてかまわない）。ただ、その前に、文学について考える前提条件をざっとおさらいしておかねばならない（第一節）。

I　コミュニケーションの地平

コミュニケーションの再規定

文学の世俗化あるいはコモディティ化が進むことは「コミュニケーション」の主題がせり上がってきたことと関連する。実際、今やコミュニケーションという言葉を見聞きしない日はない。だが、コミュニケーションとはそもそも何なのか。

その問いへの答えは、コミュニケーションをどのような視座から観察するかによって変わってくる。たとえば、当事者（送信者あるいは受信者）の視座からすれば、コミュニケーションとは一方から他方へと情報を伝達することである。しかし、この営みをさらに上位から観察してみよう。するとそこには、送信者と受信者がいわば「協働」して、予測可能なパターンを増やしている世界が浮かび上がってくる。たとえば、Aの送信用紙に書かれた情報が、Bの受信用紙に再現されること、これは一つのパターン形成である。AとBのやりとりが続けば、このパターンはいずれ定着し、情報を理解する際の重要な手がかりとして働いてくれるだろう。むろん、そのパターンが彼らのコミュニケーションを離陸し、C、D、E……と受け継がれていくかどうかはわからない。しかし、こうしている今も、世界で取り交わされている無数のコミュニケーションから無数のパターンが生存し、次世代へと受け渡されていることは間違いない。情報工学の語彙を引き継いだ生態学的あるいはシステム論的な考えでは、ランダム以上の確率で推量できるこの種のパターンは「冗長性」と呼ばれ、コミュニケーションは「冗長性の拡張」として捉えられる。[*01]

この種の冗長性の効用というのは、一言で言えば、自己修復能力の獲得にある。実際、冗長性＝パターンが蓄積していかなければ、この世界についての手がかり（予測可能性）が亡失してしまうだろうことは、想像に難くない。特に、不確定性や複雑性が増した今日の社会では、なおさらエラーやノイズの侵入によっても壊れない、いわば「弾性」を備えたパターンを埋め込んでおくことが急務となるだろう。

たとえば、th×という一文字が欠損した文字列も、それが英語であるとわかっていれば、おそらくtheであろうと高い蓋然性によって言い当てることができる。あるいは、暗号読解における頻度分析（英語ならe, t, a…の順番で出現頻度が高い）もまた、数多のコミュニケーションを通じて英語に備えられてきた冗長性を利用している。さらに別の発展的な事例としては、ちょうど前章で触れたアメリカ文学の特質をここで思い出してみるのもいいかもしれない。個々人に蓄えられたごく基本的な方位感覚を延長して、東西南北をテーマとする小説を書く、これもまた個人と文学史にまたがって濃縮されたパターンを活用しているのだ。生態学的あるいはシステム論的な観点では、必ずしも人間が主役としては出てこない情報処理のプロセス、たとえば、今言った文学の歴史的傾向性のようなものから、生体の神経生理学的なシステムまで含めて、広くコミュニケーションに、つまりノイズに対する自己修復機能の獲得プロセスに数え入れることができる。

言うまでもなく、そのようなパターンは私たちの合意によって獲得されるわけではない。パターン（冗長性）はあくまで、コミュニケーションを通じていつしか獲得され、いつしか社会に蔓延していくものである。そして、その冗長性が、莫大な情報をうまく縮減してくれる。それなしでは、私たちは不確定性の海で溺れてしまうだろう。

いずれにせよ、あるテーマが個人の手元で濃縮され、さらにそれが別の他人の手元にコピーされ、一つのまとまり＝単位として社会的に成立し、時が経てばいずれ雲散霧消していく、それこそがコミュニケーションの歴史に他ならない。社会の諸制度は、そのまとまり＝単位を人為的に維持したり、あるいは広めたりするのに寄与する。

共同主観からコミュニケーションへ

このように、生態学あるいはシステム論によって見立てられた世界というのは、パターン（冗長性）の織物である。私たちは、パターンとして結晶化したものは認識できるが、そうでないものは最初から認識できない。こうしたまだら模様のリアリティがいよいよ鮮明になってきたというのが、おそらく最近の状況であろう。非常に単純化して言うと、ここからは、主体に対する客体の優位という問題がせり上がってくる。

これまでの多くの人文系の理論は、いかにして主体に共通の認識構造がフォーマットされるかということをよく問題にしてきた。たとえば、虹の色や犬の鳴き声が各文化圏によって異なるという、私たちにとっても馴染み深い話がそれに該当する。具体的には、日本語では犬はワンワンと鳴き、英語ではバウワウと鳴くというような話を思い出してもらえばよいだろう。ここで言う文化は、いわゆる「共同主観」と呼ばれるもので、複数人の物の認識の仕方をある一定の方向に揃えることを指す。この考え方においては、文化的差異は、認識のフレームワークの差異として理解される。逆に、その共同主観のフォーマットに失敗した者は「分裂病」（スキゾフレニー）になる。

それに対して、生態学的あるいはシステム論的なパラダイムは、私たちがどういう認識能力を持っていたとしても（分裂病であろうとなかろうと）、その認識の範囲は結局パターン化された世界にしか及ばないことを示す。言い換えれば、コミュニケーションを通じて発生したまとまり＝単位が、認識できる世界の限界を決めているのだ（なお、それは人間に限らず動物にしても同じである）。そのために、そこでは過剰さの位置づけも変わってくる。かつての過剰さ＝分裂病に相当するのは、新しいパラダイムにおいては、おそらく客観的なまとまり＝単位（冗長性）を醸成するのに失敗してしまうこと、あるいはそこに何か強力に干渉することだ。特に、第五章で論じるルイス・キャロルは、まさにその失敗を宿命づけられたキャラクター、つまり時間を「殺戮」したために意味の単位を構築できない三月ウサギや帽子屋にこそ「狂気」の名前を与えていた。パラダイムが変われば、狂気の文学的現れも変わるのである。

いずれにせよ、まず世界をある程度肉づけしておかないと、認識もできない。かくして、コミュニケーションが共同主観に遥かに優越する。*02 つまり、認識のフレームワーク（主観的レベル）を云々する以前に、何らかの認識の単位（客観的レベル）がいかに立ち上がってくるのか、その観察が優先課題となるのだ。あちこちが欠損し、ほとんど虫食い状態となった文字列も、冗長性を手がかりにしていけば何とか修復し、読み通すことができる。不確実性やリスクに満ちた私たちの世界は、今やこの虫食い状態のテクストのようなものに近い。だからこそ、アートでも文学でも、その穴だらけの世界に何らかのパターン＝冗長性を埋め込むことが試みられてきた。このことは、二〇世紀以降の表現を見れば、かなりの程度了解可能だろう。*03

さらに言えば、思考の基準が主体から客体へと移るということは、批評的基準もまたそれに応じて変化するということも意味している。批評的な作家は（1）虫食いだらけの世界を前提にしつつ（2）その虫食いにパターンをかぶせ結び直していく神話を示さなければならない。この二つの側面を同時に示せるような神話素――すなわち、壊れやすく、また再結合しやすい記号――、こういう二重性を備えた何かを発見することが、生態学的＝システム論的な世界における批評行為ということになる。

屈折効果

そして、ここで注意すべきは、そのパターン形成が、しばしば「集団的」に行われがちになることだろう。たとえば先述したように、今日の社会ではしばしば、集団の消費がそのまま創造行為にフィードバックされていくが、こうした循環は「世界」を肉づけしパターン化するのに役立つ。ひとりの力よりも、複数の欲望の力をまとめ上げていくほうが、リアリティを確立するのには往々にして適しているのだ。

実際、個人の能力だけに頼ると、どうしても「直観」による偏りが生じる。ある物理学者によれば「直観という流れに抗って泳ぐのは困難なことだ。〔…〕人間の頭は出来事一つに対して一個の明確な原因を特定するようにつくられているから、無関係な、あるいはランダムな要素の影響を受け入れることは容易ではない」（ムロディナウ）[*04]。むろん、集団にしても、この種の認知バイアスから逃れられるわけでもない。ただ、ある種の集合的な神話は、第二章で記した「同じであればあるほど、多くが変化している」タイプの作品がそうであるように、外界のエラーをキャッチすること（変化）とパターンを形成すること（同一性）を、しばしば巧みに両立させる。私たちの社会は、他者との通信上の障害やトラブルの可能性を打ち消せない。よって、私たちは、そのノイズ＝不確実性を受信し、かつプラスに変える「意味論的デザイン」を探査しなければならないだろう。

（※）ここでそのデザインの原理を位置づけるために、多少原則的な議論を挿入しておこう（煩瑣に感じる読者は、以下は読み飛ばしてもらってもかまわない）。たとえば、前章で例示した幾何学、音楽、貨幣、法はシンボリックな免疫系を構成しており、外界の侵入によってもたやすくは揺るがされない。社会を震撼させる大事件が起こったとしても、そのことによって、法や音楽のシステムそのものが壊れることにはならない。これは、社会の機能分化が進んだことの一つの帰結である。

と言っても、外界がまったく何の作用も及ぼさないというわけでもない。フランスの社会学者ブルデューの言葉を借りれば、そこには「屈折効果」が働くからだ。*05

たとえば、今あなたがマンションに住んでいて、天井から何らかの振動を感じているとしよう。それは上の住人が無意味に飛び跳ねているのかもしれないし、あるいは強盗と格闘しているのかもしれない。さらには、友人とどんちゃん騒ぎをしているのかもしれない。その入力が現実に何であれ、すべては「天井の振動」という情報に変換＝屈折されて、あなたに伝達される。あなたはそれで上階に怒鳴り込みにいくのかもしれないし、諦めて寝つこうとするかもしれないし、あるいは警察に電話するのかもしれない。いずれにせよ、あなたの行動は、可能な範囲内で変わってくる。

この単純な例から、三つのポイントが引き出せるだろう。まず（1）天井は相応に頑丈でなければならない。踏み破られてしまえば、一瞬ですべてはカオスになり、システムはたんに機能不全に陥るばかりである。次に（2）天井は振動を伝える程度には薄くなければならない。何も外界の情報が伝わらなければ、システム（行動）は停止したままである。最後に（3）あなたは複数の行動パターンを確保していなければならない。たとえば、もしあなたが椅子に縛られているのであれば、天井がどうなろうがやはりシステムは停止したままである。この場合、天井の強度や材質、つまりは「デザイン」が、外界の「屈折率」を決定し、あなたの可動範囲に干渉する。

個々のシステムは機能分化し、それぞれに閉鎖されているのだが、にもかかわらず、外界からの振動やリズムを感知し、それを屈折させて、内的な調整メカニズムを働かせる。したがって、機能分化が進んだ社会では、文化や芸術のつくる神話は、勢い「寓話」に近くなるだろう。外界の情報は、システム内部に屈折して畳み込まれる。現実の出来事をありのまま受け入れるということは、どのみちできない。あくまで屈折率の度合いに応じて、寓話の形態が変化するだけなのだ。具体的には、作品のテーマ、読書慣習、出版上の規約、法的規制、ジャンルの社会的な序列づけ、流通基盤などの諸コードがいわば「プリズム」をたえず再構成し続け、環境情報を屈折させていくことになる。このことは、私たちの解読行為や評価行為がどんどんフィードバックに巻き込まれる情報論的世界――本書の言い方では「ハイパーリアルな神話」に満ちる世界――の台頭をも示している。

さらに付け加えれば、ここにおいて、いわゆる「啓蒙」の意味合いも大きく変わってくるだろう。これまでの考え方で言えば、啓蒙とは、宗教の蒙昧を乗り越えることを目指す理性のプロジェクトに他ならなかった。しかし、今日の啓蒙は、何らかの確実性に到達することよりも、むしろ社会の不確実性を処理するモチベーションの涵養を重んじる。言い換えれば、社会に対していかに教えるかということ以上に、社会からいかに学ぶかという問題意識を高めることが、むしろ啓蒙の仕事になっていくのだ。*06

「チェンジリング」の物語

では、社会の不確実性を受信し、再処理する集団的なデザイン（集団言語）として、いったいどんなものが挙げられるだろうか。つまり、この虫食い状態の世界において、いかにしてリアリティを組み立てていけばいいのだろうか。

さしあたり、文学については大きく二つの観点から、つまり作品の「テーマ」という観点と作品の「書式」という観点から、その問いにアプローチすることができる。本章ではこのうち「書式」のほうに紙幅を割いていくが、まず「テーマ」について少しだけ触れておこう。不確実性を強く受信しがちなテーマというと、やはり「親密圏」（濃密な私的関係の領域）が欠かせない。じじつ、親密圏の質的変容については、すでにさまざまな角度から、さまざまな指摘がなされてきた。

たとえば、社会学者のアンソニー・ギデンズが言うように、近代社会は、公的領域の民主化（誰であれ自由に意見を発信し、また生存の諸権利を保証されるということ）とともに私的領域の民主化をも推し進めた。十分にリベラル化した社会は、原則として、個々の人間どうしの関係性には口を挟まない。身体的・精神的虐待のような特殊な状況を発生させない限りで、人間関係の多元性が尊重される。*07 ということはしかし、裏返せば、関係性そのものは確固たる足場を持たず、いささか抽象的な――ギデンズの言い方では「純粋な」――ものになっていかざるを得ない、ということでもあるだろう。

そこからすれば、私的な関係性がメディアの影響を受けがちになるのもまた当然である。抽象的な関係性を肉づけしていく際には、さしあたり、その時代ごとのメディア化された幻想を手がかりにするのが最も手っ取り早いからだ。関係のマッチングの確率を高めるためには、お互いに共通していると思しきメディア体験が頼りになる。あるいは、前章で記したエフェメラル（短命）なメディアのように、次々と情報を押し流していくなかで、ときどきマッチングが発生すればよいという程度の「ゆるい」ものが、私的な関係性のベースとして広く受け入れられていくようになる。

ここでのポイントは、そのメディア的幻想が時間的なパラメータに深く関わり始めていることにある。実際、ネットワーク社会においては、時間的一致（ジャストインタイム）＝「居合わせること」の原則が、親密な共同性を結ぶ上での一つの鍵となっている。そのなかでも最も簡略で確実なメディア体験は、「ノリ」をベースにした繋がりだろう。ノリは合う、合わないが瞬時に判断できるからだ。

以上のことは、さらに踏み込んで言えば、たんなる瞬間的な一致ではなく、より継続的な時間の占有が親密圏の形成において重要であることも含意しているだろう。そこから、最も基礎的な親密圏である「家族」の問題に新しい光を当てることもできる。家族は、任意化していく私的領域のコミュニケーションにおいて、ほとんど唯一長期にわたって持続していく関係である。ここで、文学者が家族を描いた例を一つだけ取り上げておきたい。

文明に対するシニカルな筆致によって知られるイギリスの女性作家ドリス・レッシングは、一九八八年刊行の『破壊者ベンの誕生』（原題『五番目の子ども』）において、平凡な家庭にゴブリンのような異形の子どもベンが誕生し、それまでの家族の平穏を徹底的に崩壊させる話を描いた。和気藹々と暮らしていた父親と四人の兄姉は、この新生した子どもに対して嫌悪を露にし、じきに家そのものから遠ざかっていくようになる。他方、母親のハリエットはその不気味な子どもを一度は施設に預ける（それは事実上遺棄に等しい）ものの、決定的な破滅を招くことは百も承知で、もう一度この子を自宅に引き取ることを選択する。そして、当然の結果として一家はバラバラになり、かつての情愛に満ちた家庭は跡形もなくなってしまう。その結末には何の救いもない。多くの読者にとって、この小説はきわめて後味の悪い作品に映るだろう。

しかし、それはひとえに、レッシングが幼児の出生を何か形而上学的な出来事として捉えていることに由来する。「彼女〔ハリエット〕の、生活の緊張が、まるで彼女から、肉体の層の一つを剥ぎ取ってしまったようだった——それは現実の肉体ではなく、おそらく形而上的なものであり、それが消えてしまうまでは、目には見えず、その存在も気づかれないものであった」*08。ハリエットが受難の道を選ぶそのプロセスは、どうしてもそうせざるを得ないという理不尽な衝動によって貫かれている。確かにそのまま施設に預けたとしても、彼女は子どもを見捨てたことを生涯忘れることはできないだろう。ハリエットのような善良な母親にとって、子どもを遺棄するという選択は事実上ないに等しい。

そこには、出生という事実の持つ一種の強制力が寓意的に示されている。つまり、この作品で示されているのは、生の持つある種のグロテスクさと同時に、他者の生〔産んでしまったこと〕の不可避性なのだ。新しい生命は、しばしば驚くほど長期にわたって親類の時間を占有し続ける。しかも、ハリエットのような中産階級の人間にとっては、家族〔子ども〕の生の行方そのものがかなりの程度任意化されている。家業を継がせるとか、家族が生きるための貴重な労働力として数え入れるとかいうような縛りなしに、どうとでも育っていくであろう抽象的で計算の立たない存在。レッシングの描くベンには、その正体を持たない子どものリアルが凝縮されているのだ。

このように考えるならば、レッシングの小説の背景にある「取り替え子《チェンジリング》」（妖精によって我が子とすげ替えられた醜い子ども）のような古いフォークロアの主題が、近年大江健三郎やクリント・イーストウッドの手により、家族の神話として度々再生していることも別段奇異ではなくなる。この世界に出生するものは、他者（親類）の時間を大なり小なり「占有」する。「チェンジリング」の寓話は、その事実性を強く感知している。つまり、出生した存在によって自分の人生を「選択」されるという強制力や不安を示すのに、チェンジリングは、うってつけの物語的装置となっているのだ（付け加えれば、多くの定型的な物語が子どもの視点から書かれるなかで、チェンジリングはそれを反転させているという点でも興味深い）。その意味で、レッシングが、チェンジリングの寓話に「形而上的」なレベルを見出したのは慧眼と言えるだろう。

Ⅱ　ライトノベルとケータイ小説

生態学的な観点から言えば、今日の「現実」というのは、エラーとパターン（冗長性）、不確実性と神話の組み合わせによって成り立つ。私たちは、この両者をあくまで同時に捉えていかねばならない。リベラル化＝任意化する私的領域を肉づけし、かつそこで発生する拘束性への不安を濃縮するテーマ（チェンジリング）は、その「現実」の二面性を浮上させる一つの候補として有力である。

ただ、先ほど言った「集団言語」という観点からすれば、テーマ以上にやはり「書式」の変化に、もう少し広く言えば作品を構築するスタイルの変化に着眼しておくべきだろう。これから見ていくように、ある種の集団言語は、グローバル化のなか、ときに国境を越えて広く流布していくことがある。このことは、文化的なコミュニケーションの定義も大きく変えていくと思われる。コミュニケーションが冗長性を蔓延させることであるならば、その「蔓延」を下支えするスタイルが何かを探っていく必要があるだろう。

新種のパルプ・フィクション

文学のグローバル化は、今に始まった話ではない。そもそも、二〇世紀の小説史を巨視的に概観してみれば、それは英語圏のサブカルチャーが着々とグローバル化していく歴史でもあった。ミステリ、SF、ホラーといったジャンルは、しばしばいわゆるパルプ・フィクション、つまり読み捨てるのに向いた軽い文学の様式をとって大量に流布していった。しかし、パルプ・フィクションが、二〇世紀を通じて脱地域的に支持を集め[*09]、そのなかからレイモンド・チャンドラーやスティーヴン・キング、フィリップ・K・ディックのような作家を生んだのに比べれば、日本でそういう「ハレ」ならぬ「ケ」の領域に深く組み込まれた文学が影響力を持つことは総じて少なかった。パルプ・フィクションの機能を肩代わりしてきた出版物は、東アジア全体として見れば武侠小説であり、日本においてはおそらく漫画である。

だが日本で、ここ十年のあいだに台頭してきたライトノベルやケータイ小説は、まさにその漫画、あるいはアニメやゲームに大きな影響を受けて書かれた小説に他ならない。それらは、ちょっとした暇つぶしや友人との話題に適した文学であり、ふつうの意味での芸術性の高さを求めているわけではない。ライトノベルやケータイ小説は「文学の世俗化」が極端に進んでいる様式であって、「良き文学」を定めるゲームにほとんど乗らないまま、独自の進化を遂げている奇妙な世界でもある（ブルデューふうに言えば、他に対して質的優位を主張しようとする卓越性《ディスタンクシオン》をめぐる闘争から一度降りてしまっていると言ってもよい）。何にせよ、若者の生活圏に密着した文学として、それらは日本に定着した新種のパルプ・フィクションと理解するのが妥当だろう。

さて一般的に言って、パルプ・フィクションの内容というのは、おおむね簡単にパターン化することができる。そうでなければ、ちょっとした暇つぶしに読むものとしては、負担が大きすぎるからだ。したがって、同時代のひとびとにとって理解可能なもの、知覚可能なもののエッセンスがパルプ・フィクションに濃縮して込められるというのも、決して珍しいことではない。そのエッセンスは、かつてスティーヴン・キングが示唆したように、いわゆる「メインストリーム」の小説――今ならば『ハリー・ポッター』や『ダ・ヴィンチ・コード』などを考えてもらえばいい――を駆動する要素とも異なっている。[*10] 実際、二、三の作品が社会的な脚光を浴びたとはいえ、ライトノベルやケータイ小説が、今でも新聞や雑誌では扱いづらい対象であることに違いはない。マスメディアが操る公式的な言語と、パルプ・フィクションの言葉は、依然としてそりが合わないのだ。

その意味では、これら新しいパルプ・フィクションは市場原理に確かに連なってはいるものの、さしあたり大衆文学のなかのマイナー文学と呼ぶのが相応しいように思われる。主流的なメディアで広く承認されるような想像力からは微妙に逸脱しつつ、しかし濃縮された何かを集団的に複製＝模倣していくこと、そこに現代のライトノベルやケータイ小説の文学性の核があるのではないか。この問いをベースにしつつ、以下、それらの文学の諸相を示していこう。

服従と創造の二重性

先に、ライトノベルの特性について述べよう。東浩紀が言うように、ライトノベルというのは、オタクの構築したキャラクターのデータベース（人工環境）を背景にした小説である。*11 ときに十数巻も続くライトノベルのシリーズにおいて、読者は、もっぱらキャラクターどうしの会話や闘いを楽しむ一方、キャラクターや物語についてコミュニケーションを交わし、そのなかで約束事の束（データベース）を更新していく。彼らのコミュニケーションはもっぱらインターネットやコミケなどのメディアを介して可視化＝増幅され、書き手もまたその環境情報を読み込みながら、作品をつくっていく。オタク的データベースとはいわば特殊な集団言語なのであり、他方、キャラクターはその言語を媒介するのに適したメディアだと位置づけられる。データベースやキャラクターはまさに「冗長性」を効率的に蔓延させるのに適していると言える。

　この集団言語の持つ一つの重要性は、それがあくまで「趣味」に基づいていることにある。データベースというのは、一言で言えば、オタクたちの趣味の目録のようなものであって、だからこそそれは流行によっていくらでも入れ替わっていく。オタクたちが自らの趣味を満たすためにコミュニケーションを行ったり、あるいはデータを調べて公開したりすることが、結果として、利他的な行為（データベースの充実）となって全体を豊かにしていくのだ。

　先ほどギデンズに即して見たように、私的領域の民主化が進んでくれば、特定のタイプの関係性を他人に強要することは難しくなる。このことは、しかしそれぞれがバラバラに関係を結ぶことを意味するので、その関係から来る富を集約することが難しくなる。また、ともすれば敵意のエコーが発生して、全体の利益を損なうことも考えられる。したがって、ときに食い物にされるリスクを承知であえて「寛容」を発動したり、あるいはこちらの意図せぬ裏切りが相手からの報復を招いたとき、そこで反撃せずに「改悛」したりといった戦略を採用することによって、敵意がエコー的に増幅していくのを避けることが推奨される。*12 他方、オタクたちのやっている類の利他性の調達は、そういった直接的なコミュニケーション戦略ではなく、一度趣味というクッションを挟んでいるために、心理的抵抗が薄らぐということが大きな特徴となっている。してみると、彼らの振る舞いは実は、社会運営上の問題として見ても興味深いと言えるだろう。生身の人間どうしの関係性に対して直接干渉できない以上、趣味を挟んで間接的に利他性を発揮してもらうというのは、共同性の構築としてはきわめて能率的なのだ。

この「間接性」というのは侮れない。たとえば、第二章でも言及したスタンレー・ミルグラムは、服従の心理が発動しやすい状況として、ひとを官僚組織のようなメカニズムのパーツに組込むということを挙げた。*13 ミルグラムは、行為を間接化することによって人間は罪悪感を失い、容易く悪に手を染めてしまうという危険性に警鐘を鳴らしたが、オタクはむしろその間接性を利他的行為のきっかけに変えている。実際彼らは、さほどの抵抗を覚えることなく、集団言語＝データベースに進んで服従し、その豊饒化に寄与するだろう。むろん、徹底した個人主義の立場からすれば、服従／創造がないまぜになったこの種のオタク的共同性は、たんに唾棄すべきものにすぎない。だが、公的領域のみならず私的領域も徹底して民主化されていくなか、ひとびとを自然と利他的行為に誘導するメカニズムには、やはり相応の評価が下されるべきだろう。

中国語圏のライトノベル

いずれにせよ、ライトノベルは、民衆的な集団言語によって綴られる神話である。そして、コミュニケーションが冗長性を拡大していくことであるならば、オタクたちはまさにその意味での「コミュニケーション」技術を高めていると言ってよい。

さらに、ここで注意しておきたいのは、ライトノベルはその普及に際しても、これまでにないさまざまな興味深い問題を派生させていることである。ライトノベルは近年では韓国や台湾、中国にまで進出し、それぞれ微妙に異なった進化を遂げた。特に中国では、日本人作家のみならず韓国人のライトノベル作家も人気があり（たとえば、韓国産のライトノベルとしては、可愛淘という、顔文字を多用する女性作家が人気を得ている）、今やライトノベルは「東アジアの小説文化」と呼ぶに相応しい様相を呈している。今後のサブカルチャー評論は、おそらくこうした地域的な広がりを無視することはできないだろう。

　ここでは、中国語文化圏の問題を見てみよう。中国大陸や台湾では二〇〇〇年代以降、日本のライトノベルに対応する「軽小説《チンシャオシュオ》」と呼ばれるジャンルが勃興し、多くの人気若手作家を生み出したことが知られている。特に、グローバルな消費文化とインターネットの恩恵を受けたいわゆる「八〇後《バーリンホウ》世代」（一九八〇年代以降生まれの世代のこと）の作家および読者にとって、「漫画・アニメ的リアリズム」をベースとした軽小説＝ライトノベルは最も共鳴しやすいメディアであり、出版上のさまざまな新規な試みを生み出す母体にもなっている。特に、この世代の代表格である一九八三年生まれの郭敬明《グオジンミン》は、今や中国の文学界で随一の売り上げを誇る作家にまで上りつめると同時に、二〇〇八年から〇九年にかけては、新人作家の発掘プロジェクトも大々的に開催し後進の育成にも励むなど、すでにメディア人としての地位を確立している。[*14] 中国の出版市場の歴史を振り返っても、若い作家たちがかくも大量に生み出され、文学の風景を変えつつあるという時代は稀だと言えるだろう。

郭敬明は、消費者それ自体をメディアに変え、感情資本の増幅を企てる戦略を力強く実行している。書籍のデザインやレイアウトも消費者の感覚に適合するようにきわめて洗練されたものとなり、次々と打ち出されるイベントはひとびとの参加意識を煽っている。こうした特徴を踏まえると、郭敬明については、たんなる文学者というよりは新進気鋭の企業家として捉えたほうが実情にかなっているように思われる。実際、文学の世俗化が進めば、ひとびとを自分のところに誘導する戦略が必須となるのであり、だとすれば、その仕事が「企業」のそれに接近するのもまったく自然なことだろう。サブカルチャー化は、文学者の体質も大きく変えたのだ。

コーパスの差異

むろん、郭敬明をはじめとする八〇後世代の作家が、何の歴史的脈絡もなしにいきなり出てきたわけではない。彼らの登場に先立って、ある研究者が「長い一九九〇年代」と呼ぶポスト社会主義の時代があり、中国における脱政治的な文化の水位はすでに徐々に上昇していた。[*15] だがそれにしても、二〇〇〇年代の中国は、まったく想像もできない規模でサブカルチャーが爆発したという印象が強い。

その急激な変容については、やはり小説というジャンルの持つ伝播力の強さに起因するところが大きいだろう。それは、他ジャンルの普及の仕方と比べてみるとよくわかる。よく知られているように、日本の漫画は、長らく海賊版として東アジア各地に流れ込んでいた。しかし、中国においては、国産のコミックスは今なおきわめて弱体な存在だと言わざるを得ず、日本におけるような、大部を売り上げる漫画雑誌も存在しない（他方、インターネット上では、主に二次創作を手がける膨大なアマチュア漫画家・イラストレーターが存在し、出版の世界とはまったく異質の風景を構成している）。さらに、アニメーション産業も、かつては世界的に見ても非常に高水準の技法を持っていたが、長い共産党政権下でその力を失ってしまった。近年では国策としてアニメーションの振興を企てはいるものの、劇的な成果を上げるには到っていない。

それに比べて文学は、武侠小説あるいは言情小説（恋愛小説）をはじめ、大衆文化を出版の世界でかなり分厚く組織してきた過去がある。現在中国で売られている軽小説にしても、旧来のカテゴリーでは武侠小説や言情小説に分類されている作品も少なくない。裏返して言えば、武侠小説や言情小説はもともとライトノベル的な要素をたぶんに持っていたのであり、それが日本のサブカルチャーやハリウッドとの交雑のなかでより際立ってきたと見るのが正確だろう。

軽小説＝ライトノベルは、こうした過去の出版の実質を踏まえつつ、すでに中国に根づいていた文化資源を強力に表面化させた。その結果として、それまでは受動的な消費者だったひとびとが、能動的な作家や出版人としても現れるようになった。その意味では、軽小説＝ライトノベルという「発明」は、サブカルチャーの表現が中国の商業レベルで顕在化する上で、図らずもきわめて大きな役割を果たしたと言える。

あるジャンルの誕生によって、市場が突如爆発的に拡大するというこの事例は、文化伝播のモードを考える上でも役立つだろう。文化の接触を扱う人文系の思想は長らく、異文化の「翻訳」において生じる不可避的なズレ、つまり翻訳不可能なものの処理を問題にしてきた。しかし、キャラクターを単位とする近年のサブカルチャーについては、その手の翻訳のズレということは必ずしも重大な問題にならない（それはちょうど、数式のような形式言語については、翻訳が問題にならないのと似ている）。そこで問題になるのは、むしろ文化全体の「コーパス」（資料体）の配置や性格である。コーパスの質に応じて、漫画なら出版上の流布がせき止められるが、小説ならいきなり決壊が起こるというような現象が生じるからだ。

むろん、文学が翻訳可能性／不可能性の狭間において、ある種の豊かさを獲得してきたことは誰にも否定できないだろう。そう容易くは自国語の体系に屈服しない他国の言葉を、にもかかわらず強引に翻訳しようと試みるとき、文化の布置が組み替えられ、一種の「雑種化」が生じる。そうした原理を尊重するならば、今言ったような伝播の現状は嘆かわしいものに違いない。とはいえ、グローバル化が徹底されれば、まったくかけ離れた二つの文化の衝突から思考を始めることが、必ずしも最善とは限らなくなる。それよりは、そこそこに共通性を持った文化どうしが、なぜ微妙に異なる進化の歴史を歩むのか、その歩みにはどんなコーパスが介在し、どんな屈折が見られるのかを問うことが、新しい課題として立ち上がってくるのだ。東アジアの現状は、その問いを育てる格好のモデルケースである。

台湾の網路小説

このコーパスの質的差異という問題は、さらに他地域にも拡張可能である。ちょうど類似のテーマとして、私は以前、台湾の軽小説の状況についても詳しく扱ったことがある。[*16] ここでは、その要点だけを簡単に述べておきたい。

台湾では、もともとＩＴの流布が早かったこともあって、軽小説はまずインターネットと強力に結びついた。たとえば、台湾を代表する若手の網路《ウェブ》作家である九把刀《ジウバーダオ》は、台湾の網路小説がもともとＢＢＳ（掲示板）でのやりとりから発生した経緯ゆえに、読者との距離がきわめて近い、インタラクティヴな世界となっていることに注意を喚起する。作家がＢＢＳに断続的に作品を発表し、それに読者がダイレクトに反応する集団的な創作＝読書体験においては、重厚な物語よりも、単純化されたプロットやキャラクターのほうが、その反応の容易さゆえに好まれる。[*17] 九把刀の考えでは、そこには「他人に見られることを望む」作家たちの強い欲望が、きわめて強力に機能しているのだ。[*18]

そのために網路小説は、半ば必然的に、若者に人気のあるハリウッド映画や日本の漫画ときわめて近い論理で書かれることになった。九把刀は、こう言い切っている。

文学の重要な目的がコミュニケーションにあり、コミュニケーションの量的な広大さで軽小説に勝るものがない以上、網路小説とその実体書〔商業出版された網路小説を指す――引用者〕

はまさに文学の筆頭となる。*19

ここで九把刀は、文学の「目的」を変更すれば、重要と目される作品もまた変わると言っている。確かに、文学の目的がコミュニケーションなのであれば、現に広く流布しているサブカルチャーに頼るのが自然だろう。そこでは、著者へのアクセシビリティがすべてに優越し、文学的な完成度は二の次ということになる。

こうした状況は、ライトノベルの進化の道筋にも相違をもたらす。日本のライトノベルは、個性の立ったキャラクターを濃縮し、複製するのに長けている。しかし、台湾のライトノベルはそれに加えて、オンライン上の著者本人と小説の繋がりが非常に強い。彼ら作家たちにとっては、集団的な創作が停滞し、自分がネット空間で忘れられることこそが最も強く忌避される。

かくして、作家はもはや純粋な小説家というよりも、一種のポータルサイトのような存在に近づいていく。ファンたちは、著者の「個人板」で直接的に交流し、さらにそのファンのなかから、著者の創造したキャラクターを使った二次創作（「悪稿」と呼ばれる）を自発的に投稿する者が現れる。のみならず、文学とは直接関係のない情報交換でさえも、BBS上のファンのあいだでは活発に展開され、彼らのあいだで感情資本を高めていくだろう。*20 台湾の文化的なコーパスにおいては、軽小説は、作家というプラットフォームに密着して流通する。逆に、彼らと比較すれば、日本のライトノベル作家は、明らかにもっと顔の見えない場所にいる。

このように、台湾の軽小説周辺のコミュニケーション様式は、日本のライトノベル周辺のそれとはかなり異なった展開を示している。コーパスの差異が、いわば同床異夢の文化を育んでいると言ってもいいだろう。同じような素材を共有しているのに、そこで反復されるパターンは変わってくるということ、グローバル化の進展のなかで、この種の事例は今後もさまざまな局面で発生するに違いない。

ケータイ小説の文体的特徴

繰り返せば、パルプ・フィクションは、伝達可能なもののエッセンスを濃縮する。それが、裂開や虫食いに満ちた世界に、いささか奇妙なやり方で安定性とリアリティを与える。ここまでは、ライトノベルがすでに東アジアに広がり、それぞれの地域のコーパスに応じてリアリティと反復性を備えた表現＝制度を育て始めていることを瞥見してきた。他方、ケータイ小説についてはどうだろうか。そこにもまた、リアリティの独自の濃縮プロセスが見出される。

たとえば、よく言われるように、ケータイ小説には「昔話」の様式に近い作品が散見される。「むかしむかし（時間的あいまいさ）、あるところに（空間的あいまいさ）、おじいさんとおばあさんが（人格的あいまいさ）…」式に、具体的な情報をほとんど明かさない——というより必要としない——ケータイ小説は少なくない。本田透は、その昔話的なスタイルに注目しつつ、ケータイ小説が民間説話に近いと指摘する。[*21] また、速水健朗によれば、ケータイ小説の物語的パターンは、ヤンキー雑誌の投稿欄の様式と非常によく符合する。[*22] 彼らの意見に従うならば、ケータイ小説は、オーソドックスな書き言葉の世界というより、むしろ文化の本流からは逸れた——しかし影響力は相応に大きい——周縁的な世界で育ってきた文体によって深く規定されている。先ほどライトノベルを「民衆的な集団言語」によって書かれるテクストと名指したが、ケータイ小説にも同じことが当てはまるだろう。[*23]

ただ、ケータイ小説については内容のみならず、その文体がしばしば関心の的となることに注意しておくべきだろう。たとえばケータイ小説には、短文メールの羅列のように、一行十文字にも満たないような極端に短い文章で書かれるものが存在する。しかし、それは何の仕掛けも持たない素朴な文章というわけでもない。その文体は、現実のメディア操作を屈折させて織り込んでいると理解することもできる。

たとえば、濱野智史は、最も有名なケータイ小説である『恋空』(二〇〇六年)を分析して、そこに「操作ログ的リアリズム」とでも呼ぶべき特殊なリアリズムが見られることに注意している。濱野が注目するのは、『恋空』の文体が、他ならぬケータイの使用と深く関わっていることである。濱野によれば、『恋空』という小説は、ケータイの着信やメールに対する反応の束のように読むことができる。「『恋空』という作品は、そのときケータイをどのような「判断」や「選択」に基づいて使ったのかに関する「操作ログ」の集積としてみなせるのではないか。そして読者の側は、そうした「操作ログ」を追跡《トレース》することを通じて、その場その場での登場人物たちの心理や行動を「リアル」だと感じることができるのではないか[*24]。登場人物と私たちは、別に似ていない。しかし、登場人物とケータイの関係と、私たちとケータイの関係は似ている。実際、今このメールに返信するかどうか、今この着信に出るかどうかというちょっとした選択が、私たちの現実の人間関係を変えることは別に珍しくない。その意味では、私たちの日常もまた、いわば「操作ログ」の蓄積のように捉えることもあながち不可能ではないだろう。濱野の「リアリズム」という表現は、そうした現状と通じ合っている。

濱野の議論にさらに付け加えるならば、ケータイ小説の文体そのものが一種のツールあるいは資源のようになっていることも、ここで指摘できるだろう。ケータイ小説の文体意識というのは独特で、しばしば模倣の対象となる。たとえば、過去の文学作品をケータイ小説ふうの文体でアレンジするという遊戯は、インターネットはもとより、出版でさえ時折見られるものだ。確かに、歴史上のいかなるテクストであれ、原理的にはケータイ小説的な文体に置き換えることは可能だろう。ケータイ小説においては、いわば既存の物語にパッチを当てて、手軽に変換するツールとして文体が用いられている。その程度に、ケータイ小説の文体は汎用性の高いものだと見なすことができる。したがって、「文学の世俗化」というのは、ケータイ小説の場合たんに読者の大衆化というだけではなく、文体そのものがいわば「オープンソース」のようになっていることまで含まなければならない。

こういう具合に、ケータイ小説の文体というのは、素で与えられているものというよりも、何らかの加工処理を施された後の文体であるようにも見受けられる。だが、なぜそのようなテクストが生まれたのだろうか。その理由を一つだけ挙げるならば、やはり漫画の表現技法の影響が見逃せないだろう。

たとえば、かつて少女漫画作家は、読者とのあいだで内輪のメッセージを密に取り交わす一方、登場人物についてもその細やかな内面性を効果的に描き出す手法を確立していった。つまり、読者との関係についても、また作品そのものについても、少女漫画は内的な細分化を遂げ、複雑な感情を盛るに足りるメディアになっていったのである。こうした少女漫画の表現技法が、吉本ばななをはじめ、文学にも強い影響を及ぼしたことはよく指摘されている。実際、ケータイ小説における短文の羅列にしても、少女漫画の内面の独白を書き出したものと捉えれば、実はそれほど奇怪なものでもないだろう。

他方、少女漫画に比べれば武骨に思われがちな少年漫画のほうも、特に一九九〇年代以降はコマ割りやセリフ回しのリズムに独特の調子を加えることによって、物語そのものは単純でも、読者が飽きずについてこられるような仕掛けを備え始めた。その結果として、物語の客観的な時間はほとんど流れていないにもかかわらず、各シーンが細やかに微分化され、その端々に複雑な演出を盛り込むことが可能になったのである。僅か数ヵ月の出来事が、数十巻にわたり異様に膨らまされて展開されるというような作品も、今や珍しくない。逆に言えば、これは端々の演出のリズムを一つ一つ隙なく様式化しなければならないということでもあって、実際、近年人気のある少年漫画のいくつかが、内容面でも一種の「時代劇」に近くなっていることは、ちょっと注意して雑誌を眺めればすぐに了解することができるだろう。総じて言えば、今日の漫画は、微分化の技術をジャンル全体として蓄積しつつ、一種の様式化＝形式化に向けてひた走っているように見受けられる。

物語を素のままに留めるのではなく、リズムや調子によってどんどん変形していくこと。こうした技術の蓄積は、ある水位を越えれば、いずれ別領域に飛び火していくだろう。そう考えると、漫画の流れを汲むケータイ小説が、素のままのテクストではなく、何らかのプロセシング（加工処理）を経たテクストとして、つまり操作済みのテクストとして現れてくる――少なくともそう見える――のも、当然と言えば当然である。ケータイ小説を一過的な風俗としてやり過ごせないのは、文化をトータルとして見たときのテクスト感覚の変容が、そこにわかりやすく表示されているからなのだ。

触媒のリアリズム

むろん、ケータイ小説は、まだ不確定な部分を残した様式である。ライトノベルの起源は一九七〇年代の高千穂遥や新井素子にまで遡ることができるが、ケータイ小説は、さまざまな前史はあるとはいえ、さしあたりは二〇〇〇年代以降に本格的に出てきたものにすぎない。したがって、ケータイ小説が、これからどのように進化していくかは未知数である。また、陸続と出版されるケータイ小説から、すべての作品に通じる傾向を探り当てるのも難しい。物語のパターンも、相応に多様化しているからだ。

とはいえ、濱野の議論などを前提にしつつ、ケータイ小説の一つの特性を抽出しておくのも悪くない。一例として、二〇〇六年に出た『呪い遊び』というホラーふうのケータイ小説を挙げてみよう。この作品は、平凡な高校生活に、呪いの手紙が持ち込まれるところから始まる。呪いの手紙を渡された人間は、手紙を渡した人間によって殺されることが「実行厳守」のルールとして決まっている。だがそれで終わりではなく、呪いの手紙によって否応なく殺された人間は次の瞬間ゾンビとして復活し、さらに怨みに思っている相手に手紙を渡しに行くのだ。かくして、学校周辺を巻き込んだバトルロワイヤルの連鎖が始まる。[*25]

この小説は、以上のごく単純なルールだけで動いている。したがって、ふつうの意味での深みはまったくない。にもかかわらず、ここではむしろ、すべてが因果応報だけで組み立てられているところに、独特の過剰さを見出すべきだと思われる。手紙そのものには、何も中身がない。しかし、その無内容の手紙が一種の「触媒」となって、内容を先へ先へと進行させる。手紙を受け取った（＝負債を負った）者は、必ず仕返ししなければならない（＝償却しなければならない）。このサイクルが、物語のすべてを支配する。

実際、『呪い遊び』に限らず、ケータイ小説は出来事の「ツケ」を払うというモチーフを扱っていることが少なくない。たとえば、『イン ザ クローゼット』（二〇〇八年）という作品では、容貌にコンプレックスを抱えた主人公が、風俗業で金をためては整形を繰り返す一方、ブログでは自分の理想の人格を演じるのだが、そのうちにいろいろな不整合や自己矛盾がたまっていき、最後は人間関係が破綻、悲惨な最期を遂げることになる。そこでは、負債とその償却というサイクルが、ブログというメディアを軸にして展開されていくわけだが、負債（＝齟齬）があまりにも大きくなりすぎて返済しきれなくなった彼女は、いわば「自己破産」としての死に向かうしかなかった。

あるいは、先述の『恋空』にしても、死を前にした男の子の書き綴った「日記」が重要な役目を果たす。その日記は、彼の死後、恋人であった主人公（美嘉）の下に届けられ、彼女はそれによってはじめてすべての真実を知ることができる。これは『呪い遊び』のように、誰かに即座に手紙が届き、また別の誰かに即座に転送されていくというサイクルと、ちょうど真逆だと言えるだろう。『恋空』の日記はいわば「遅効性の触媒」、つまりなかなか効果が出ない――もしくはずっと効果が出ないかもしれない――触媒である。逆に、『呪い遊び』の手紙は「即効性の触媒」であって、それを受け取った人間はすぐさま次の人間へと転送しなければならない。『恋空』は悲恋を、『呪い遊び』はホラーを、それぞれ主題とするが、そのいずれにおいても「いったいどのタイミングで負債が完全に償却されるか」ということが、物語の円環を閉じる上での決め手となっている。

速水健朗の指摘によれば「必ずしも相手に届くことを前提としない伝達手段」、具体的には死者の遺したノート、伝言板のような役割を果たす黒板、タイムカプセルに託した手紙、神社の絵馬などが、ケータイ小説における重要な小道具となっている。*26 ケータイ小説のテクスト（メッセージ）は、これら触媒の働き一つで、早回しにされたり遅回しにされたりするだろう。テクストのリアリティは、その時間的な調律のなかで醸成されていく。

意味の意味

このように、世俗化が極端に進んでいるがゆえに、現代のパルプ・フィクションには「共同主観からコミュニケーションへ」という図式が非常にわかりやすく現れる。私たちは、コミュニケーションを通じてパターン化されたものでなければ、予測も認識もできない。ケータイ小説は、文体を完全にパターン化してしまう一方で、文章のサイクルや速度もしばしば触媒によって調整している。つまり、作品のどこにリアリティを生じさせるかを自分自身で明示的にコントロールしているような小説なのだ。

以上の状況をもう少し理論的に言い換えるならば、ここで問題になるのは意味の意味だとまとめることもできる。そもそも、意味とは何か。システム論的な含意で言えば、意味とは、複雑性を縮減するメカニズムのことを指す。「意味的体験処理は複雑性の縮減と保存を行なう」（ルーマン）。*27「意味」は、複雑性を受け入れる一種のゲートのようなものである。ひとはそのゲートで一度身を落ち着けて、次にどの方向に向かうかを考える。

そのゲート＝意味をどう定めるかは、時代によって異なる。たとえば、宮台真司は一九九二年の共著『サブカルチャー神話解体』において、漫画・TVドラマ・小説その他の膨大なサブカルチャー作品を渉猟し、その「意味論の変遷」を取り出したが[*28]、そこではもっぱらサブカルチャーに映し込まれた「人格類型」が分析されていた。つまり、世界の複雑性を馴致する「意味」が人格的なコードに据えられていたのである。

それに対して、今日のパルプ・フィクションは、また別の処理を実行している。繰り返し言っているように、ライトノベルやケータイ小説は「民衆的な集団言語」によって書かれたテクストとして捉えられる。そして、その大衆性ゆえに、そこではしばしば情報があまりにも野放図に膨張してしまう。そこで、その膨れ上がった情報を縮減するのに、東アジアのライトノベルであれば企業家やポータルサイトに近い作家が、ケータイ小説であれば操作性の高い文体が、それぞれ動員されるのだ。むろん、人格という「意味」が消えたわけではない。ただ、そこに、集団言語の情報操作という新しい問題が追加されることによって、サブカルチャー神話の評価軸が変わってくる。

もう一度当初の問題設定に戻って言うならば、社会の不確定性を受信しながら、それをもう一度束ねるような神話が、さしあたり望ましいものであった。ここまで見た新種のパルプ・フィクションは、新しいメディアや集団言語の力を受信しながら、その力をこれまでの文学にはないやり方で「意味」に変えている。作品のリズムやスピードの操作という、かなり抽象的な様式も、今日のパルプ・フィクションは割合あっさりと組み込んでしまっているのだ。私たちの文化はこれからも、この種の新しい「意味」を創発し、新しいリアリティの単位を生成し、それによって維持されていくだろう。そうした情報処理の変化は、今後も追跡していかなければならない。

Ⅲ　村上春樹

文学とは何か

もっとも、以上は、文学からまともな内容が失われているのではないかという危惧を招くものかもしれない。私たちの文化は確かに、虫食い状態の世界を束ねていく様式＝形式を発達させている。サブカルチャーの集団言語は、その様式をときにかなり奇妙なやり方で実現してしまうという点で、私たちの神話分析にとってはうってつけの素材となるだろう。しかし、文学の役目というのは、果たしてそれに尽きるものだろうか。

サブカルチャー的なマスプロダクションの勢力が強くなっている今日だからこそ、私たちはもう一度「文学とは何か」「文学は何をするのか」という最も素朴な問いを発しておく必要があるだろう。たとえば、ローティ的に言うならば、リベラル民主主義下の「公的」な文学は、偶然に満ちた世界がいかに容易く「悪」を実現し得るかをシミュレートするものであった。今この定義をアレンジして、文学を、いわばグローバル資本主義下のリベラル社会のシミュレーターとして働かせることを考えてみてはどうだろうか。すなわち、不確定性とパターン（冗長性）形成が対になったこのまだら模様の現実において、果たして私たち人間はいかに振る舞い、いかに感じるのかを示すこと。ごく単純に言えば、これは世界と人間の関係を描くということである。しかし、この最も素朴なテーマが、今や最も実現が困難で、じじつ稀にしか存在しないものではなかったか。

私の考えでは、この困難なテーマに取り組んでいた作家として、村上春樹の名前を挙げることができる。村上と言えば、脱政治的で、かつ商業主義に擦り寄った書き手として、しばしば批評家からは批判を受けてきた。しかし、村上は、政治的闘争が何の意味も持たなくなってしまった時代に、つまりリベラルな資本主義社会で生きていく以外の選択肢がなくなってしまった時代に、果たして文学は何をするのかを探っていた作家だと考えたほうがよい。こう考えると、村上に対する評価も変わってくるだろう。

純文学の神話

少し文学史を振り返っておこう。戦後日本の純文学の歴史において、これまで高く評価されてきたのは大江健三郎や三島由紀夫、中上健次といった作家である。簡単にまとめれば、彼らは古典的な文芸に遡り、その資源を現実の世界に二重写しにすることによって——つまり、自分自身の肉声を一度遮断し、古い集団言語を再利用することによって――神話を構築してきた作家たちだと言ってよい。大江であればブレイクやポー、中上であれば上田秋成や古代の説話集など、つねに小説の下敷きとなる虚構作品があったし、さらに三島についても晩年の『豊饒の海』(一九六九～七一年)のシリーズがきわめて神話的色彩の強いものであったことはよく知られている。それに対して、もう少し下の世代に当たる村上龍や村上春樹は、集団言語を組成する際に、古典に遡るのではなくむしろ市場の財の助けを借りた。この違いをどう評価するかについて、まだ文芸批評においては明確な答えは出ていない。

いずれにせよ、戦後日本の純文学の主流が、ある時期から何らかの集団言語に、つまり神話に深く依存し始めたというのは、それ自体興味深いことである。純文学と言うからには、やはり何らかのかたちで「世界」を描かねばならない。しかし、何度も繰り返しているように、今日の世界は、高度に複雑化し、また予測不可能な偶然の出来事に満ちている。したがって、その世界全体をそのまま再現しようとするとたいていは躓いてしまう。ただ、そこかしこに偶然の穴が開いた世界の模型をつくること――原寸大とは言わずとも、世界同様に穴に満ちた擬似世界を用意すること――はあながち不可能ではないだろう。その際に、今挙げた作家たちは、それぞれに異なる集団言語を参照することによって、擬似世界を造形したのである。

だとすれば、次なる焦点は、いかなる神話が世界の模型として相応しいのかという「選択」の問題になる。繰り返せば、村上龍や村上春樹は、グローバル化する市場から表現の素材を借りることを選んだ。ただ、多くの批評家にとって、その選択は誤っているように感じられてきたことも事実である。特にその批判の矛先は、村上春樹に向けられた。たとえば、柄谷行人による批判は辛辣である。

大江〔健三郎〕がいわば「意味」の崩壊にさいなまれ、それをアレゴリー的に再建しようとしているのに対して、村上は平然としている。彼はここ〔『ノルウェイの森』のこと〕ではイロニーの外見さえ捨てた。ロマンティック・アイロニーからアイロニーが抜ければ、ロマンティックが残る。つまり、彼はたんにロマンス（愛と死をみつめて）を書いたのである。*29

ここで柄谷が「意味」と言っているものを、本書では「神話」とか「意味論的デザイン」という言葉で呼んでいる。つまり柄谷は、大江健三郎が「大きな物語」がない世界で、客観性を備えた神話を懸命に再建しようとしているのに対して、村上春樹はたんに陳腐で大衆受けするラブロマンスを書いたにすぎない、と言っているのだ。

しかし、柄谷の主張に反して、村上春樹については、グローバル資本主義下において、まさに「アレゴリー的」に神話を再建しようとしていた作家だと捉えるのが、むしろ妥当であるように思われる。繰り返せば、世界全体を描くことは困難をきわめる。しかし、世界に裂開が生じるように、神話に裂開を生じせしめることは可能なのであって、優れた神話作家はその類比関係を手がかりにする。村上においては、そのような類比が、つまり「アレゴリー」が頻繁に見られる。

村上春樹の「世界」

村上春樹の小説の世界は、私たちの生活に深く沈殿した寓話性の強い神話素と、グローバルに流布するマスプロダクツ（商品）の組み合わせによってできている。一般的に言って、初期の村上は、表層的な消費社会を描いた、一種の風俗作家として理解されることが多い。それが、一九九〇年代に入ると、徐々に前者の、寓意性の強い神話素が表に出てくるようになる。特に、一九九四～五年に書かれた長編小説『ねじまき鳥クロニクル』は、井戸やあざのような神話素を巧みに活用していたし、二〇〇九年に発表された『１Ｑ８４』でも、月や豆といった神話素が何度も登場し、場面をスイッチする役割を果たしていた。村上春樹は、私たちが日常見慣れている事物の世界を前提としている。だが、物語が進むにつれて、その見慣れた神話素を梃子にして、まったく別の記憶が流し込まれることになるだろう。

特にここでは、『ねじまき鳥クロニクル』について見ておこう。この小説は、東京に住む失職した主人公の元に、謎の女性から電話がかかってくるところから始まる。主人公にとってはまったく不可解なこの電話に始まって、彼の周囲には、徐々に不気味な出来事が蓄積していくようになる。たとえば、猫が行方不明になり、それを捜索するうちに路地の裏手の旧家に紛れ込んだ彼は、謎の少女（笠原メイ）によって、その家の井戸に案内される。さらに彼は、加納マルタという女性からの「依頼」に基づいて、戦時中のノモンハンの記憶を持った老人と出会い、かの地での残忍な処刑について教えられることになる。こういう具合に、謎めいた人間たちから、謎めいたメッセージをたえず投げかけられた挙句、ついには前触れもなく妻（クミコ）が失踪してしまう。『ねじまき鳥クロニクル』の物語は、その失踪した妻を捜索すること、そして主人公の周りに集まる女性たちを介して、異世界に導かれていくこと、この二つの側面によって成り立っている。

そして、その異世界への道は、つねに神話素を介して開かれる。たとえば、笠原メイによって導かれた東京の井戸が、いつのまにかノモンハンの井戸の記憶と交錯し、地理的・時代的な遠近感が壊れていく。あるいは、主人公の顔に現れたあざが、いつのまにか別の人間の顔に出たあざと合致し、犯してもいないはずの殺人の記憶を共有することになってしまう。言うなれば、主人公の手持ちのカード（神話素）は何も変わっていないのに、そのカードが異質な文脈でシャッフルされるために、居ながらにして、カードの意味が変わってしまうのだ。

特に、妻であるクミコの突然の失踪は決定的であり、その欠落部に暴力や性の歴史が次々と流れ込んでくる。そもそも、主人公とクミコを結びつけるものは、オーデコロンやワンピースのジッパーといった断片的なイメージでしかなく、その断片を蝶番にして、無数の記憶が重なり合うことになるのだ。そのために、主人公の「夢」においては、クミコの欠落部に別の女性が代入され、そこで性的な交わりが果たされる。次の記述には、そのあたりの錯綜した感覚がよく示されている。

その二ヶ月のあいだに僕は夢の中で――あるいは僕の語彙の範囲内では夢と表現するしかない世界で――何度か女と交わった。そこで加納クレタと交わり、そして電話の女と交わった。しかし現実の世界で現実の女を抱いたのは、考えてみればもう二ヶ月も前のことだった。[*30]

前章で私は、構造主義の考え方では、神話は「二重言語」を操っていることになると述べた。通常の物語の時間が、神話素のネットワークの時間によって浸食される『ねじまき鳥クロニクル』は、まさにこの二重言語性を具現化している。物語は物語で、一応は線的に進行しているだが、井戸やあざ、さらにはクミコが身に着けていたアクセサリーが、つねに別の時空においても共有されるために、物語の線的な進行はともすればその時空の記憶によって重ね書きされてしまう。村上の本領は、神話素にいわばちょっとずつ「文字化け」の履歴を積み上げていき、いつしかその外観を丸ごと変えてしまうという類の演出にあったと言ってもよい。

そしてまた、このような技法は、当然のことながら読者の側にも作用する。読者は読者で、市場の財についての記憶を持っている。村上は、そのカードの共有を手がかりにして、読者の印象操作を実行する。すなわち、村上の小説は読者の手持ちのカードに異質の記憶を注ぎ込み、居ながらにして、いつしかそのカードの機能を変えてしまうのだ。村上の小説は膨大な「謎本」を誘発したことで知られるが、その事実は、個々の読者のカードがいかに頻繁にシャッフルされていたかを証拠立てているだろう。平たく言えば、村上の小説は読者の側で仕事をするのだ。

市場から半歩ずれること

このように、村上春樹のテクストは、それ自体が一種の演算装置のように機能している。こうした「演算」が機能するには、同じカード（神話素）をある程度ひとびとが共有していることが前提となるのは言うまでもない。ここで村上は、一般的には「均質化」をもたらすと言われるグローバル資本主義を、巧妙に利用している。同じ「モノ」（規格品）が大量に流布し、しかもそれが場に応じて微妙に異なる意味を吹き込まれていくこと、村上春樹はこのモノの遍在性と差異性を手がかりにして、主人公や読者を居ながらにして別の力場へと誘導してしまう。*31 こう言えば、本書で言う「場を変える神話」がここでも演じられていることがわかるだろう。また、先述した「同床異夢」のライトノベル文化を思い出すこともできるはずだ。いずれにせよ、村上にとっての集団言語は、あくまで市場の財やありふれた神話素でなければならなかった。それは商業主義への屈服というよりは、むしろ作家としての積極的な選択である。

だが、それだけではない。村上の作品において特徴的なのは、神話的世界に内在する人間を描いていることである。たとえば、『1973年のピンボール』（一九八〇年）における次の一節を見てみよう。これは、かつて栄華をきわめたピンボール・マシーンが、ある倉庫で今や死蔵されている情景を描いたものである。

扉を閉めてしまった後には虫の声ひとつ聴えない。完璧な沈黙が重い霧のように地表に淀んでいた。七十八台のピンボール・マシーンは三百十二本の脚をしっかりと床に下ろし、その行き場のない重みにじっと耐えていた。哀しい光景だった。[*32]

このように、無意味な数字がそのまま「哀しさ」の源泉になっている。第一章でもカール・シュミットを引用して言ったように、近代社会の特性を考えるときに、感情（拍手喝采）と数字（市場の算術）というのはもっぱら対立的に見られてきた。しかし、村上春樹においては、この両者は対立しない。むろん、村上の主人公の感情は「拍手喝采」のように爆発的なものではなく、一種微弱な「センティメント」だが、それによって数字の世界との調和が果たされている。また、『羊をめぐる冒険』（一九八二年）の後半には、冒険の「黒幕」と主人公のあいだで次のような会話が交わされる。

「種をあかせばみんな簡単なんだよ。プログラムを組むのが大変なんだ。コンピューターは人間の感情のぶれまでは計算してくれないからね。まあ手仕事だよ。しかし苦労して組んだプログラムが思いどおりにはこんでくれれば、これに勝る喜びはない」

僕は肩をすくめた。

「さて」と男は続けた。「羊をめぐる冒険は結末に向いつつある。私の計算と君の無邪気さのおかげだ。私は彼を手に入れる。そうだね[*33]」

『羊をめぐる冒険』のすべては、プログラム＝計算の所産である。主人公はそれに「無邪気」に従っているにすぎない。しかし、そんな冒険には『１９７３年のピンボール』と同様「死んでしまった時間の匂い」が染みついてもいる[*34]。つまり、計算だけでできた世界に、ある種のメランコリックな感情が一貫して流れているのだ。こうした感情は村上の初期作品において顕著だが、基本的には、今日までずっと一貫しているものだと言ってよい。こういう具合に、村上春樹は神話（素）によって読者の印象を操作するだけでなく、神話に組み込まれた人間にも照明を当てている。この点で、村上の作品を、神話社会の人間を主題化した「メタ神話」だと評しても、あながち錯誤とは言えないだろう。

さらに、ここで注意しておいていいのは、村上が、世界＝市場から脱落しかかっているモノを好んで利用していることである。今挙げた『１９７３年のピンボール』にしても、すでに過去の遺物となりつつあるピンボール・マシーンへの「愛」が乾いた感情の下で語られる。舞台を同時代から少しずれた過去に定めるというのは、村上が好んで採用するスタイルであり、最近でも「近過去小説」と自称された『１Ｑ８４』において反復された。現在進行形の存在よりも、現世から脱落しかかっているモノのほうが操作しやすく、また感情も投影しやすい。村上は、情報を次々と押し流していく生成の時間性の、いわばへりに位置している存在を起点にして、神話を構築する。村上の小説の特徴は、市場から半歩だけずれているところにある、と言い換えてもよい。

世界のスケール

ピンボール・マシーンのような半ば古び、半ば無意味化した対象への関心は、おそらく村上の文学にとっては本質的なものである。つまり、流動する世界のなかでごく小さな場を占めるにすぎないもの、その存在感において「小さきもの」への愛着が、村上の小説においてはしばしば強力に現れる。もう少し踏み込んで言えば、このことは、村上が「小さきもの」の挙動を、自らの文学の主要な源泉としていることをも含意するだろう。試みに、一九八五年の長編小説『世界の終りとハードボイルド・ワンダーランド』から、任意に文章を引用してみよう。

起伏の多い藪の中を水音に導かれるように十分ばかり進んだところで、突然眺望が開けた。長い藪地はそこで終り、平坦な草原が川に沿って我々の前に広がっていた。右手には川が削りとった深い谷が見えた。谷を抜けた流れは川幅を広げながら藪を抜け、そして我々の立った草原へと至っていた。草原の入口近くにある最後のカーブを曲ったところから川は急に淀みはじめ、その色を不吉なかんじのする深い青へと変えながらゆっくりと進み、先の方でまるで小動物を呑みこんだ蛇のようにふくらんで、そこに巨大なたまりを作りだしていた。僕は川沿いにそのたまりの方へと歩いていった。[*35]

この箇所は、「世界の終り」と呼ばれる脳内世界の描写である。そこは「あらゆる可能性を提示しながら絶えずその形を変え、そしてその完全性を維持している」世界、つまり「動きながら自己完結している世界」と評される。[*36]そこでは、すべては流動的で、しかも逸脱を生み出すことはない。それは純然たる幻想の世界なのだが、だからこそいくらでも精密に象っていくことが許される。

村上春樹の登場人物は、物事を非常に微視的に見ることによって、管理可能＝計算可能なものを増やしていく。たとえば、デビュー作の『風の歌を聴け』では、これから紡がれるテクストが小説ではなく「リスト」だと言われ、『１９７３年のピンボール』でもある女性について「確かに彼女は彼女なりの小さな世界で、ある種の完璧さを打ち立てようと努力しているように見受けられた」と記される。[*37]しかし、その一方で、物事を微視的に観察することは、従来とは異質の時間性を持ち込むことでもある。

どういうことだろうか。一般的に言って、作業単位が小さくなればなるほど、目的がはっきりしているぶん計算が立ちやすくなり、管理が容易になる。企業内の大きなプロジェクトを考えてみればいいが、全体をある程度小さなユニットに分割し、それぞれに役割を分担しなければ、組織は回らない。皆が同時に全体に関与しても、ただ混乱を招くだけである。物事を分解したり階層化したりするというのは、計算可能性や管理可能性を底上げするという意味で、質的な転換を含んでいる。[*38]

しかし、他方で、物事をごく小さなレベルで操作すると、そこに「意図せぬ感染」や「予期せぬ相互作用」が生まれがちになることも確かだろう。一例を出せば、ゲノムのようなきわめて小さな対象を相手にするとき、その複雑な相互作用のすべてを管理することは難しくなる。たとえば、個々のゲノムの役割は解読することはできても、三万の遺伝子の絡み合いと、そこから来る組織化の変化については現状の人類の理解を超えている（したがって、一部の学者は、ゲノムに干渉する「遺伝子増強」には、看過できないリスクがあると主張する）。[*39] 遺伝子への介入の危うさは、生物を複製することの倫理的な善し悪し以前に、そもそも遺伝子どうしの予期せぬ相互作用を完璧にコントロールできる術を、人類がいまだ持ち得ないということに由来している。

小さきものは一方で、物事の管理可能性を高める。しかし、他方、小さきものどうしの相互作用は完全には管理不可能だと言うしかない。村上の小説には、この二つの側面が巧妙に織り込まれている。村上の描く登場人物は、生活を細かく切り分け、淡々と、機械的な生を送っている。これは、彼あるいは彼女を侵略しようとする外部の出来事から身を守ることを意味している。しかし、まさにその当の小さきもの（神話素）の堆積から、複雑な相互作用が発生し、平穏な生活に無数のエラーが忍び込んでくる。『ねじまき鳥クロニクル』から引用しよう。

それから野球のバットの問題がある。シナモンは僕が井戸の底にバットを置いていることを承知している。だからそのバットのイメージが、ちょうど「ねじまき鳥」という言葉と同じように、彼の物語をあとから「侵食した」可能性はある。でももし仮にそうだとしても、野球のバットに関してはそんなに単純に説明のつかない部分があった。あの閉鎖されたアパートの玄関で僕にバットで殴りかかってきたギターケースの男……彼は札幌の酒場で手のひらをろうそくの炎で焼いて見せ、つぎには僕をバットで殴り、僕にバットで殴られることになった。そして僕の手にそのバットを引き渡したのだ。*40

このように、村上の描く暴力のイメージは、神話素を通じて物語が「侵食」されることとパラレルである。つまり、世界が暴力によって犯されることは、物語がその夢（神話）によって犯されることと類比的なのだ。世界と物語は直接は似ていない。しかし、世界と物語は、その穴だけの性質において似ている。そして、そのような穴が生じるのは、まさに「小さきもの」を単位に物事を観察することによってである。

生を超えること

物事のスケールの変化は、質的な転換をもたらす。小さきものを扱うということは、二つの時間性を、すなわち計算可能な時間と計算不可能な時間を抱え込むことを意味する。微視的なものの集積が、一方ではincident（ちょっとした出来事）をこつこつと積み立てる運動に繋がり、他方ではaccident（思いがけない出来事）を呼び込むきっかけにもなる、と言い換えてもよい。いずれにせよ、村上春樹においては、物事を細かく分解することそれ自体に一つの世界認識が凝縮されている。不確実性とパターンを両立させるのに、物体のスケールの変化がよく効いているのだ。

一般に、村上春樹と言えば、グローバル化が進んだ世界における「場所喪失の文学」の代表者と目される。特に、『ノルウェイの森』（一九八七年）の末尾で記された「僕はどこでもない場所のまん中から緑を呼びつづけていた」という一文には、この主人公が何かひどく抽象的な時空に絡め取られていることが暗示されているし[41]、現実的にも、村上の小説が世界じゅうで読まれていることは周知の通りである。ただ、村上の文学性の本質というのは、むしろこの場所喪失の先にあると言うべきだろう。すなわち、旧来の空間的秩序の解体を物体のスケールの任意化として感知すること、これである。安定した空間が崩れされれば、物理的な「モノ」の大きさや配列も自由化されることになる。

　私たちは長らく、個体の成長と死を基準とした時間イメージによって、社会や文化を測定してきた。ハイデッガーのように、存在を「死」に根源的に結びつけられたものとして捉える哲学者は、まさにその極限に位置する。それに対して、小さきものに満ちた世界は、そうした個体の生と死のリズムを逸脱する。そこでは、漸進的で保守的な時間性と、飛躍的で予測不可能な時間性、つまり管理可能性と管理不可能性が共存している。小さきものは、個体が生きるように生きるものではない。その二重の時間性は、通常の生のリズムを狂わせる。

たとえば、『ねじまき鳥クロニクル』は、確かに無数の死と喪失のイメージに満ちている。主人公もまた、幾度も死の縁に曝される。だが、神話素のネットワークというのは、決して絶対的な死を迎えることはないし、個体の成長のような安定した生を刻むわけでもない。多少踏み込んで言えば、『ねじまき鳥クロニクル』の本領は、生に対して死をぶつけるだけではなく、いわば生に対して生を超えたものをぶつけることにあったと言ってもいいかもしれない。むろん、その試みが十分に成功したとは断言できない。とはいえ、村上が示す世界像が、ある仕方で現代社会の有り様に肉薄していることは確かだと思われる。

世界認識の型

まとめておこう。グローバル化は、村上春樹の文学に二つの土台を提供した。一つは規格品の広がりであり、もう一つは空間的制約の解除である。村上は一方で、ひとびとが共有する商品＝神話素のネットワークを十二分に生かし、神話素の重なり合いから幻覚的なイメージを派生させながら、そのネットワークに絡め取られた人間のメランコリックな感情を発生させていく。また他方で、空間的なリミットを取り外し、ごく小さなものを単位にして、計算可能性／計算不可能性を身に帯びた神話を紡いでいく。村上にとっての「世界」は、私たちにとっての「世界」をいわば拡大鏡にかけてできている。

こうして作品を分析していくと、村上春樹には「世界認識」の型が備わっているように見えてくる。これは、現代の文化においては珍しいことである。柄谷行人が、先の村上春樹論の収められた著書で言ったように、今日の文化は「世界や自己を認識する」（コジェーヴ）ような思弁を、ほとんどその任務とはしていない。*42 実際、もし世界の最終目的地がリベラルな民主主義ということで確定したのであれば、世界を哲学的に認識することには何の意味もない。文学もその例外ではないのだ。

むろん、そうは言っても、社会制度のマイナーチェンジはあるだろう。むしろ、ありすぎるくらい、あるだろう。「気概」（フランシス・フクヤマ）に満ちたイノベーターが、市場における成熟と差別化のサイクルを回していく限り、社会の原理はいくらでも変わっていくのだから。あるいは、技術革新によってネットワークの性質が変更されれば、神話の質もまたいくらでも変わっていくのだから。しかし、それは、リベラルな民主主義の拡大と効率化という大前提を覆すことはないのだ。こうした状況の一つの帰結として、いわば認識から生成へという転換、すなわち認識の価値が下落するかわりに、無から有を生み出す生成の作業が優位を築くという転換が引き起こされるとしても、さほど奇異とするには当たらない。だが、生成の優位は、世界認識の枠組みをあくまで提示しようと試みるアーティストにとっては、大きな困難を招き寄せるだろう。

そのような状況を踏まえれば、日本の一部の思想家やアーティスト（中沢新一や杉本博司ら村上と同世代の作家）が、ついに先史時代にまで遡って、古代的な認識構造をいわば「擬態」しようとしていることにも説明がつくだろう。世界認識の型は、古代社会にはふんだんに備蓄されている。少なくとも彼らは、そのように見立てている。そして実際、そうした古代的なものにアクセスすれば、作品を精力的に産出していくこともできる。しかし、古代への遡行は、「世界や自己を認識する」ための源泉が、現代においてはもはや獲得しにくくなっていることの裏返しでもある。

　村上春樹は、まさにその枯渇から出発している。リベラルな民主主義の優位は絶対的で、すべてはその枠内のマイナーチェンジにすぎない。そのようなリベラルの優位性を「認識」することが、村上の小説の特性であったと言ってもよい。村上は、ネットワーク化された社会のなかで起こる出来事を拾い上げることに自覚的に特化していった、おそらく最初の日本人小説家である。市場を底面に据えたこの新しい社会において、村上は神話のネットワークを紡ぎ、かつそのネットワークに巻き込まれた人間を描く。そこには確かに、世界と人間の関係が描かれている。

　むろん、村上が描く世界のリアリティは、既存の神話が溶けてしまえば、端的に無になってしまうようなものだ。じじつ、『ねじまき鳥クロニクル』の最後は次のように締めくくられる。「僕は目を閉じて眠ろうとした。でも本当に眠ることができたのはずっとあとになってからだった。どこからも誰からも遠い場所で、僕は静かに束の間眠りに落ちた」[*43]。この「どこからも誰からも遠い場所」こそ、リベラルな民主主義社会に特有の「場所」なのである。

Ⅳ　ハードボイルド的主体性

ハードボイルド・ワンダーランド

村上春樹は、神話作家あるいはメタ神話作家として、文学に一つの指針を与えてきた。文芸批評にとっても、村上を基準にすると、いろいろと問題がクリアに見えてくるという利点がある。とはいえ、別に村上が孤高の存在というわけでもない。

たとえば、空間の破壊というプログラムは、すでに文学史に登録されている。次章でも触れるが、その方向性を先駆的に示していたのは、一九世紀イギリスの作家ルイス・キャロルだと言ってよい。キャロルは、有名な『不思議の国のアリス』（一八六五年）その他の作品において、空間からの解放を、きわめて過激なやり方で実行した作家だと言える。キャロル的な「ワンダーランド」は、たんなるファンタジーというよりは、まずは空間が徹底して自由化された世界なのであって、それゆえ物体のスケールもめまぐるしく変わることになる。他方、村上の作品にはキャロルほどの遊戯性があるわけではないが、しかし、小さきものの織りなす管理可能性／管理不可能性がベースとなっていることは先ほど見た通りである。村上は、小さきものを単位とすることによって、いわば現代版の「ワンダーランド」を描いた。

さらに、そこからすると、村上の「ハードボイルド・ワンダーランド」というタイトルは示唆的である。というのも、このタイトル自体が、あるタイプの人間と、あるタイプの世界の関係を暗示しているからだ。仮に「ワンダーランド」がキャロル的な世界、つまり縮尺の狂った神話世界に連なるとすれば、「ハードボイルド」のほうにも明らかな由来がある。特にここでは、村上自身が翻訳を手がけ、その影響を公言しているアメリカのハードボイルド小説家レイモンド・チャンドラーが注目に値するだろう。

チャンドラーの代表作『ロング・グッドバイ』は一九五三年に刊行された作品であり、村上の言葉を借りれば、すでに「準古典小説」と呼ぶに相応しい。そのほとんど歴史的存在となった作家から実に三〇年以上の時を隔てて、村上に、ある種の主体性の様式が伝承されている。このことは、文学史的な観点から見ても非常に興味深い。とはいえ、ここで本格的なチャンドラー論を展開するのは、本書全体のバランスを考えるといささかバランスが悪いと言わざるを得ないだろう。それゆえ、ここでは作家の全体像を描き出すことよりも、もっぱらハードボイルドに見られる人間と世界の関係を抽出し、村上の「前史」を浮かび上がらせることを心がけたい。

レイモンド・チャンドラーにおける動物

チャンドラーの文体とは、具体的には次のようなものである。

翌朝私は、前夜手にした大きな報酬のせいでいつもより朝寝をした。一杯余分にコーヒーを飲み、一本余分に煙草を吸い、一枚余分にカナディアン・ベーコンを食べた。そしてもうこれから二度と電気剃刀は使うまいと、三百回めの誓いを立てた。それでようやく普段の一日になった。十時にオフィスに到着し、たまった郵便物を拾い上げ、封を切って机に積み上げた。窓を大きく開け、夜のあいだに積もったほこりや、いろんな汚れを外に出した。それらは静止した空気の中に浮かんだり、部屋の隅っこや、ブラインドの隙間に潜んだりしていた。机の角には蛾が羽を広げて死んでいた。羽をいためた蜂が一匹、窓の敷居の上を、木枠に沿ってよろよろと歩いていた。羽を動かしてはいたが、その音にはいかにも力がなかった。それが無益な試みであることは本人にもわかっているようだった。終わりが近づいていた。これまであまりに多くの使命を果たしてきたのだ。巣に戻るだけの力はもうない。(『ロング・グッドバイ』村上春樹訳)*44

村上が、チャンドラーの細密な日常描写に大きな影響を受けていることは、この引用によっても明らかだろう。一応は探偵ものであるにもかかわらず、チャンドラーの小説においては、犯人を探すプロセス以外に、まさに「小さきもの」に満ちた日常が大きな比重を占める。探偵フィリップ・マーロウは、しばしば外の世界で散々な目に遭わされ、尾羽打ち枯らした状態で帰宅する。そんな彼が「普段の一日」を取り戻すには、煙草やコーヒー、カナディアン・ベーコンの力が必要なのだ。

と同時に、ここで注意しておきたいのは、チャンドラーにおける主体のイメージである。たとえば、今の箇所では、マーロウが「羽をいためた蜂」に同一化している——というのが言い過ぎならば、少なくとも彼と蜂とのあいだに何らかの寓意的な繋がりが発生しているように見える。突発的に災厄に見舞われつつも、日常を地べたから立て直そうとするマーロウの視線は、確かに「虫」のそれに近いからだ。

主人公と虫（ないし動物）のあいだのこの種の繋がりは、『さようなら、愛しい人』（一九四〇年）ではもっとはっきりしている。まずこの小説は、「ヘラジカ（ムース）」のニックネームを持つ男の愛が、物語の重要な部分を占めている。さらに、その「ヘラジカ」の起こした事件を皮切りに、さまざまなアクシデントに見舞われていくマーロウの周囲には「ピンクの頭の虫」がしばしば印象的に描かれている。

ピンクの頭部とピンクの斑点をつけた艶のある黒い虫が、ランドールのデスクのきれいに磨かれた表面をそろそろと這っていた。そして飛び立つための風を探すように、一対の触覚をあちこちに波打たせていた。まるで持ちきれないほどの買い物袋をかかえたばあさんのように、歩むたびに少しよろけた。*45

このよろけた虫は、明らかにマーロウと重ね合わされている。現に、作品の後半では、こう記されている。「私は空白の中に迷い込んでいた。〔…〕私は市庁舎の壁をもそもそとよじのぼっていくピンク色の頭の虫だった」。[*46] 先ほど村上春樹について述べたのとまったく同じ意味で、チャンドラーが虫や動物のイメージを多用するのは、「小さきもの」の挙動によって動かされる世界をシミュレートすることに繋がっている。

さらに、そのことに関わって、チャンドラーの小説が *The Big Sleep*（大いなる眠り）や *The Long Goodbye*（長いお別れ）、あるいは *The Little Sister*（かわいい女）のように、「大きさ」や「長さ」という物理的・量的属性を直接タイトルに掲げていることも、ここで付け加えておくべきだろう。チャンドラーは、眠りや別れの挨拶ですら、空間や時間を占有するものに見立てている。こうしたタイトルの暗示とも相俟って、チャンドラーの小説は全体として、世界の縮尺を変えるような仕掛けに満ちている。しかも、その仕掛けが徹底して民衆的な集団言語によってできているところに、チャンドラーの本質的な世俗性があることも明らかだろう。

ホームズ型探偵とマーロウ型探偵

さて、チャンドラーが『さようなら、愛しい人』や『ロング・グッドバイ』を発表した一九四〇年代から五〇年代と言えば、ちょうどコジェーヴが、アメリカの爛熟した消費社会に「動物性」の発現を見出した時代である。チャンドラーは、あたかもそのコジェーヴの主張を地で行くように、主人公を衰弱した虫に近い存在として描き出した。彼は、テクストに多くの動物や昆虫を住まわせ、そこから印象的な神話を派生させようとしていたのである。

それがチャンドラーなりの世界認識の型だったとすれば、他方、そのような世界に棲息する人間はいかにして描かれるのだろうか。そもそも、ハードボイルド小説の探偵は、基本的にきわめてシニカルな主体である。つまり、推理することにはさしたる意味もないと知りつつ、その無意味さを適当にやり過ごして、事務的に仕事をこなすタイプだと言ってよい。デュパンやホームズに代表される一九世紀の探偵が、都市の遊歩者あるいは気儘な自由人のイメージによって捉えられるとすると、二〇世紀前半に産まれたハードボイルドの探偵はあくまで金銭によって使役される存在であり、行動の自由は制約されている。ハードボイルドの探偵にとって、推理は道楽ではなく、あくまで職業なのだ。彼らはその不自由さを、シニシズム（＝自己二重化）を通じた感情の調整によって甘受している。[*47]

この両者の違いは大きい。スラヴォイ・ジジェクもまた、ホームズ型の古典的探偵とマーロウ型のハードボイルドの探偵の違いに着眼している。[*48] ホームズ型の探偵は、事件に直接関わらない。彼は、超越的なポジションに立ち、警察や似非探偵があれこれ推理をこねくり回すのを尻目に、最後の最後で的確な解答を出す。だからこそ、ホームズ型の小説はつねに助手の視点から書かれ、探偵自身の内面は明らかにされない。

それに対して、ハードボイルド小説は、多くの場合探偵の一人称で紡がれる。[*49] こちらでは、探偵がメタレベルに立つことはあり得ず、むしろその脆弱さが浮き彫りにされる。彼は、金によって雇われ、事件に否応なく巻き込まれていく。「彼はその流れを支配することができない。突然、彼が「カモにされていた」ことが明白となる。最初はごくたやすい仕事に見えたものが、複雑怪奇なゲームに変わっていき、探偵が努力すればするほど、彼の落ちた罠の輪郭がしだいに明確になっていく」(ジジェク)[*50]。マーロウの毎回の調査は、急襲されて気絶させられたり、依頼人によって体よく利用されたりといった痛々しい状況とつねに隣り合わせている。他方、ホームズ型の探偵が「カモ」にされることはほぼあり得ないだろう。このように、古典的な探偵とハードボイルドの探偵では、世界との関係の仕方において、ほとんど正反対とでも呼べる大きな違いがある。[*51]

男性的なもの、女性的なもの

では、周囲に翻弄されるハードボイルドの探偵は、その過酷な状況をいかにして処理しているのだろうか。その処理は、決して一様ではない。特に、最も有名な二人のハードボイルド作家、すなわちハメットとチャンドラーとでは主人公のタイプがかなり異なっている。それは具体的には、主人公と女性——特にいわゆるファム・ファタール——の関係の違いとして言い表される。たとえば、ジジェクは、ハードボイルド小説やフィルム・ノワールに登場するファム・ファタールについてこう述べている。

権力欲にとりつかれ、男たちをたえず操るが、同時に、第三の、曖昧な人物の奴隷でもある。その第三者は往々にして性的不能であったり両性愛者であったりする。彼女が神秘のオーラをまとっているのは、まさしく、彼女を主人と奴隷の対立の中に明確に位置づけることができないからである。〔…〕いったい彼女は楽しんでいるのか、苦しんでいるのか、男を操っているのか、それとも彼女自身が操られているのか、どうしてもはっきりしない。このことが、フィルム・ノワール（やハードボイルド探偵小説）におけるあの瞬間、すなわち、宿命の女ががっくりと挫折し、男を操る力を失い、自分自身のゲームの犠牲者になる瞬間の、あのどっちつかずの性格を生み出すのだ。[*52]

ハードボイルドにおいて、男性は往々にして、ファム・ファタールによっていいように弄ばれる。それに対して、女性というのは、操っているのか操られているのか、あるいは誘惑しているのか誘惑されているのか、その境目がはっきりしない謎めいた主体を形容している。ハメットの探偵サム・スペードは、まさにそのあいまいな女性性を切断することによって、弄ばれている状態から立ち直る。スペードは自分が逮捕されて処刑されるか、それとも女が逮捕されるかという極限状況において、結局後者を選ぶ。「スペードは歯を噛み合わせ、そのすきまから言葉を吐いた。「きみに、こけにされたくはない」」（『マルタの鷹』）[*53]。誘惑を断ち切ることによって、スペードは自己のコントロールを取り戻す。

チャンドラーもまた、ファム・ファタールの切断を試みる。だがそれは、ハメット的な悲愴感を漂わせるものとは異なる。そもそも、チャンドラーの小説では、ファム・ファタールからの誘惑を断ち切った程度のことで、すべてが円満に解決するわけではない。たとえば、『さよなら、愛しい人』におけるマーロウの最後の台詞は次のようなものである。「たしかに。話しているぞばから自分でもそう思ったよ。たぶん全てはボタンのかけ間違いだったんだろう。失礼するよ。ところで私のピンク色の虫は無事にここに戻り着けたんだろうか？」[*54]。つまり、事件を解決しても、マーロウはどこに落ち着くというわけでもないのだ。

さらに、チャンドラー最後の作品『プレイバック』（一九五八年）は、推理そのものよりもむしろその脇のエピソードが際立っている。『プレイバック』において、マーロウは二人の女性と相次いでセックスを重ねた挙げ句、かつて『ロング・グッドバイ』に登場した女性リンダ・ローリングからの電話で、唐突にプロポーズされる。のみならず、『プレイバック』に続く未完の長編『プードル・スプリングス物語』（一九五九年）では、マーロウとローリングはすでに結婚しており、冒頭では新居の感想を述べ合ったりするまでに到っている。これらの作品では、探偵としての稼業（事件の解決）以上に、女性との能動的かつ受動的な関係が前景化してしまっている。

ハメットの主人公が運命との対決によって自己を輪郭づける「男性的」な主体だとすれば（その点で、彼の小説に古典悲劇の色彩があることははっきりしている）、チャンドラーの主人公はいわば「女性的」な主体である。さまざまな誘惑が十重二十重にマーロウを取り囲んでおり、一の矢はかわせても、二の矢、三の矢が次々と彼に降り注ぐことになる。その矢の雨に身を置きながら、マーロウはときに誘惑に引っかかり、またときには自分から他人を誘惑するだろう。ここにおいて、マーロウは、むしろファム・ファタールに似てくる――すなわち「操っているのか操られているのか、あるいは誘惑しているのか誘惑されているのか、その境目がはっきりしない謎めいた主体」に。第二章の図式で言えば、マーロウは依存することによって自律するタイプの主体性、つまり依存性と自律性がどちらも矛盾なく高められていく主体性を体現している。

だとすれば、ハメットとチャンドラーの違いは、運命と正面から対決するか、それとも運命を逐次書き直すかという差異として言い表すこともできるだろう。この差異は、社会原理の変遷を考え合わせればより興味深いことに映る。近代のリベラル社会をまとめ上げる原理は、単一の運命との対決から、システムの分散処理へと移り変わった。ハメットからチャンドラーに到る流れは、その原理の両方に足をかけている意味で、文学史的に重要な転換点を占めている。

スペードとは異なり、マーロウは、周囲を操作しつつ、自分も運命によって操作されることに甘んじる。つまり、周囲の女性を使って自分自身の棲まうニッチを構築しつつ、同時に自分自身の身体は周囲に差し出す。実際、マーロウの周りにはたえず女性の影があり、彼女らとの関係を完全に断つことはできない。マーロウも彼女らもそれぞれの欲望を持っており、しかも誰もそれを完全には諦めていない。『プレイバック』から『プードル・スプリングス物語』への流れは、こうした相互浸透的な関係性をよりくっきりさせるだろう。

むろん、ここで言う「男性的」あるいは「女性的」というのは、抽象化されたモデルであり、実在の男性や女性とはたいして関係はない。その断り書きの上で言えば、村上春樹の主体はまさに「女性的」だと評せるように思われる。村上の小説には、男性であろうと女性であろうと「操っているのか操られているのか、あるいは誘惑しているのか誘惑されているのか、その境目がはっきりしない謎めいた主体」が、かなりの頻度で出現する。

たとえば、『世界の終りとハードボイルド・ワンダーランド』の冒頭に登場する「若くて美しくて太った女」は、音声を奪われた状態で、謎めいた老人の使いとしてやってくる（＝操られているのだが、物語が進むにつれて、主人公を誘惑するようになる。あるいは『ねじまき鳥クロニクル』で言えば、ある過去の出来事のせいで人生をねじ曲げられた加納マルタと加納クレタという謎の双子が出現し、いわば心に傷を負ったファム・ファタールとして主人公を誘惑する。さらに、『ねじまき鳥クロニクル』では、先述のように妻のクミコが突然失踪してしまうのだが、それも誰かに操られてのことなのか、それとも逆に彼女が主人公を操作しようとしてのことなのか、最後までよくわからない。そしてまた、村上の描く男性の主人公自身が女性をよく食事に誘い、ときに性的関係を結ぶ。チャンドラー＝村上の登場人物は、自分の身体を開放し、また他人の開放された身体にただ乗りする。単一の主体と単一の運命（ファム・ファタール）が対決するのではなく、相手をいつでも自分にとっての資源として略取できるし、逆もまた真である、というのがチャンドラーと村上が共有する一つの文学的モードであるように思われる。

様式の集積としての文学史

モード（様式）というのは、ときに隔世遺伝のように伝わる。したがって、それは狭義のジャンル史からは見えてこない。私からの提案は、文学史というのは、短期的あるいは長期的な諸様式の折り重なったアマルガム（複合体）として捉えられるべきではないか、というものである。

文学というのはもともと雑食的で、さまざまな知を取り入れることができる。しかもその際に、知の完全性を主張する必要はないし、そもそもそれは不可能である。というのも、文学で示される知というのは、つねに登場人物によって媒介されたものであって、それが真正なものという保証はどこにもないからだ。文学は、ある知の正しさを主張するのではなく、ある知の正しさを信じているひと（あるいは、その正しさに疑念を抱いているひと）を描く。*55 フランス系の批評用語で言い換えれば、言表ではなく、言表行為の主体を描く。つまり、時代に流布している知的コードに対して、あるタイプのひとびとがどのように関与しているかを描くのに向いているのだ。ドストエフスキーの小説などは、その最たるものである。チャンドラーや村上のハードボイルドの「モード」もまた、世界を満たすコードに主体がどう関与しているかを浮上させる。

本章冒頭で言った「文学の神話論的分析」というのは、まさにこうした文学史的問題に深く関わっていると言えるだろう。改めて確認しておけば、ライトノベルやケータイ小説のようなパルプ・フィクションは、特定のコードだけを濃縮してリアリティの素材に変えていく。そのような文学がある一方で、チャンドラー＝村上的な文学的様式は、そういうまだら模様の世界に生きる主体を浮き上がらせてきた。（1）文学が世界にいかにリアリティを生じさせるか、そして（2）そのまだら模様の世界に生きる人間（言表行為の主体）を通じて、いかに世界認識の型を手に入れるか。この両側面を扱うことが「文学の神話論的分析」なのだと、ここで整理しておこう。

最後に付け加えるならば、世界認識の型の提示というのは、あえて強い言葉を使うならば「倫理」に関わることでもある。現代の倫理は、これまで自明とされてきたボーダーの可変性に着眼してきた。たとえば、純粋に個人主義だけで制度を組み立てるとしたら、あるいは純粋に効用に基づいて規範を設定するとしたら、果たしていかなる社会ができあがるのか。そのような問いが、たえず倫理学の周辺をめぐっている。これらの問いはいずれも、既存のボーダーの変更をもたらす。

このように、もしあらゆる倫理の本質が「既存のボーダーを変える」ことにあるとするならば、文学の倫理というのは、やはり何らかの世界認識の型を提示することにある。それによって、かけ離れた視座どうしが互換可能になるのだから。だとすれば、文学から権威性が剥奪され、徹底した世俗化のプロセスに叩き込まれつつある今だからこそ、文学の倫理＝認識を育てることの重要性が真に増してきていると言っても、決して誤りではない。文学的野心を持つ者にとって、現代はある意味では最悪の時代だが、別の意味においては最良の時代なのだ。

第五章　ゲームが考える——美学的なもの

ゲームは、プレイヤーたちがルールに基づいて均衡状態を生み出すメカニズムである。今日の一部の実験的なゲームは、現実性と可能性の境界をあいまいにし、そのかわりに整合性や必然性というカテゴリーにおいて新たな戦線を張っている。すなわち、ふつうならばあり得ない均衡状態を整合的に出現させること、あるいは逆に均衡をノンセンスに変えてしまうことが、表現の源泉となってくるのだ。本章では、そこに見られる「機知」に新しい「美学」の領域を割り当てる。

また、ゲームが、最も抽象的な幻想＝思弁の糧となるということを示した先駆者はルイス・キャロルである。本章の最後では、今日のゲーム作家たちの遠い先祖に当たるキャロルの文学を通じて、意味とノンセンスの戯れについて考える。

前章では、世界にリアリティを受胎させるコミュニケーションのプロセスと、そのプロセスに組み込まれた人間像の様式（モード）を、パルプ・フィクションから村上春樹、さらにハードボイルド小説を手がかりに追ってきた。社会の複雑性を縮減するゲートとしての「意味」が、徹底した世俗化のなか、時間操作ないし時間の占有といった新しい基準値によって再編成される。コミュニケーションの生態学は、こうした基準値の変容こそを見据えなければならない。ひとびとの共通前提を広げる「神話の公的使用」にしても、耐久性を持った「意味」を確保することなしにはあり得ないだろう。

本章では、以上の問題を受けつつ、ちょうどその裏側のテーマとして意味以前の「ゆるさ」や「たわいなさ」、さらにその応用編として「ノンセンス」の問題を扱う。そこで参照されるのがゲームである。議論を先取りして言えば、ゲームは何らかの均衡状態を複合的なやり方で設定しようとするメディアであり、それゆえに意味の結晶化のプロセスをよく見せてくれる。と同時に、その意味生成そのものがたかだか設定の産物にすぎず、本質的に「無意味」であることを示すのにも、ゲームはうってつけなのだ。本章では、まず（1）その無意味さの開示を「美学的」と形容しつつ、次に（2）現代の同人ゲームに見られる「機知」や、ルイス・キャロルの小説に見られるノンセンスな時間操作に「美学的なもの」の可能性を探っていくことにしたい。その結果として、意味とノンセンスの交差の一端を示すことができれば、ここでの企ては成功したことになる。

「何でもあり《エニシング・ゴーズ》」

　裂開に満ちた世界を、システムのオートポイエーシスを通じて随時「再安定化」するリベラルな社会。しかし、そうした自己参照的＝自己準拠的なネットワークは、かつてドイツの社会学者ウルリッヒ・ベックが言ったように、往々にして社会の「疲弊」を招き寄せる。[*01]だからこそ、私たちには、その自己参照的＝自己準拠的なネットワークに干渉する術策を蓄えること、言い換えれば、正常性ではなく異常性に仕える社会学的啓蒙が求められる。現代においては、啓蒙は微温的な教養主義と同一視されていることすらあるが、これはいささか愚かな見立てだと言うしかないだろう。啓蒙とはむしろ、旧来の教養主義では決して手の届かない構造的盲点に光を当てることである。

　では、その「術策」はどのように展開していけばいいだろうか。問題の整理のために、ここでは、人間とはネットワークに本質的に埋め込まれた存在であると考える立場を「生態学的」と称し、逆に、そうした有形無形の慣習からの自由を訴える立場、「何でもあり《エニシング・ゴーズ》」を是とする立場を「美学的」と呼ぼう。*02 一見して相反するこの二つの見方は、実は両立する。すなわち、私たちはソフトウェアの生態系に取り込まれ、その支援なしでは生きることのできない「動物」(東浩紀)である。だが、同時に、その生態系で私たちが何をするのか、またその蓄積によって将来何が生まれるのか、今日ほど予測しがたい時代もない。私たちが市場の生態系に絡め取られていることと、伝統から解放されて自由な選択に曝されていくこと、慣習の動物であることと偶然の動物であることは、まったく矛盾しないのだ。私たちは、シェルターに隔離されつつ、実はたえず未知の病原菌に暴露されている。

ここで注意したいのは、美の部分も、生態系によってカバーできる局面が増えてくることである。これまでのモダニズムの文脈では、当然のことながら、「何でもあり」の部分を担当することにアート=美の使命があった。社会からの同一化=正常化の要求に対してあくまで非同一性=他者性を突きつけること、つまり生態系の有形無形の慣習を断ち切り「実際にはどうとでもあり得た(が、さしあたりこうでしかなかった)」という位相を切り出すこと、そこにアートの自由があるというのが一般的な理解だったと言える。その点で、アーティストとは偶然性を愛する者の謂いである。

しかし、ソフトウェアの生態系がより発達し、匿名的でハイパーリアルな神話にも相応の質が確保されるとなれば、事情は変わってくる。そこでは、生態系と美学が対等に接しているのではなく、むしろ前者が後者の役割を併合していくだろう。

生態系のミメーシス

この両者があいまいになっていくことについては、イラク出身の建築家ザハ・ハディドが興味深い。彼女はマレーヴィチらシュプレマティズムの流れにも連なる、ある意味では徹底して美学的な建築家であって、ペルシャの絨毯にインスパイアされたり、あるいは東洋の巻物を思わせるさまざまな濃縮されたコラージュを手がかりにして、空間そのものがスクロールされていくような夢想的なヴィジョンを描き出していた。もはやほとんど実現不可能性に隣接する建築デザインを現実と突き合わせることによって、ハディドは、過去や慣習、さらには物理法則などの制約から人間が根本的に解き放たれるような世界の実現を望む。「ハディドのようなモダニストにとって、建築とはそのような世界をいつも断片的に構成するものである」（アーロン・ベッキー）*03。彼女の作品の原理は、一九八〇年代以降今日まで大筋で一貫している。

しかし、ハディドの美学的建築はここ数年のあいだに次々と現実化され、彼女の国際的な声価を高めている。ここで、事態はどうやら反転し始めていると言うべきだろう。確かにモダニストはこれまで、実現不可能性に隣接するぎりぎりのラインで、既存のメカニズムと格闘してきた。しかし、その美学のうちの、少なくとも一部は、ハイパーリアルな神話の演算に併呑され、実現可能性の領域に取り込まれていく。すでに述べたことだが、ハディドふうの空間のスクロール、つまり広い意味での「形態は流体に従う」タイプのデザインは、むしろ時代のエンブレムと言うに相応しいのだ。

したがって、生態学か美学かということで言えば、ザハ・ハディドは、ある意味では徹底して美的であるがゆえに、かえって生態学的世界のイコンのような存在に近くなっているという逆説がある（または、生態学的世界のイコンが最も美的に見えてくるという価値転倒があると言ったほうがいいかもしれない）。ハイパーリアルな神話の時代においては、自然は超克されるものではなく、むしろ利用される。したがって、そこではアートの流体性は、モダニズム的な不可能性の拠点というよりも、生態系のミメーシスとして理解されるだろう。

さらに言えば、シュプレマティズム的な抽象性や形式性は、もともと大衆社会の原理と相性が良かったとも言える。たとえば、大塚英志は、手塚治虫や、あるいは手塚以前の漫画論の背景として、シュプレマティズムと関連性の深いロシア構成主義の影響があったことを指摘している。戦前の日本のサブカルチャーでは、海外の映画理論を貪欲に取り込み、それを自分たちの創作の糧にしようとする動きがあった。特に、戦前のメディア理論を代表する今村太平は、ロシア構成主義とアメリカのディズニー映画を明確に「野合」させようとしており、*04 現代から見ても水準の高い批評を残している。

現に今村は、ディズニーを論じつつ「数百人の美術家が、ミッキー・マウスの顔や手足、いろいろの背景や彩色を、別々に受け持ち描いている。芸術創作のこのような分業労働への還元、ここにも漫画映画のマニュファクチュア的な性質が見られる」と述べている。さらに、力こぶのなかでモーターを回転させるポパイを「機械学的構造物」に見立てながら、「漫画映画の空想は、すべて現代アメリカのアレゴリーである」と記す。[*05] つまり、ディズニーの作品の製作環境も、映画の内容も、いずれも資本主義下の機械化のプロセスを一身に体現することによってリアリティを獲得しているというわけだ。こうした大量生産時代の製作技法が、ロシア構成主義的な方法論に、つまり絵やキャラクターを記号やパターンに還元する手法に隣接することは明らかだろう。大塚は、アメリカとロシア経由のこの理論的蓄積が、後の手塚の記号的キャラクターの一つの礎になったと考える。だとすれば、今村、それに大塚の批評を手がかりにすることによって、日本のサブカルチャーを、資本主義化＝機械化と連動して現れた西洋の抽象表現芸術の一つの屈折したかたちとして読み解くことも十分可能だろう。

いずれにせよ、抽象性と大衆性、美学的なものと生態学的なもの、資本主義への嫌悪と迎合は、ともすれば交差する。二〇世紀の表現芸術は、ファインアートであれサブカルチャーであれ、その交差の履歴を着々と積み立ててきた。そして、二一世紀の今日、その交差はごく日常的なものになっている。

ゆるさ、たわいなさ

モダニズムを徹底し、抽象化＝美学化を推し進めたとしても、つまり生態系の慣習からの切断を志したとしても、それこそが資本主義の生態系の自己表現となっていく。ということは、「何でもあり」という純粋に美学的立場は、もうアートによっては維持できないのだろうか。

とはいえ、ここで別の考え方として、モダニズムの対極にある感性に一つの美学を見出すことができるかもしれない。その感性とは、具体的にはゆるさやたわいなさといったものである。モダニズムは、自然をぎりぎりまで追い詰めた上で、それを突破しようとした。だが、仮にその種の追求をどれだけやってもどのみち生態系のミメーシスから出られないのだとすれば、発想を裏返すことも必要だろう。結論から言えば、マスプロダクションのネットワークを切断するのではなく、逆にその意味を機知によって解放することで、「何でもあり」の痕跡を拾い上げることができるのではないか、というのがここで提起したい問いなのである。

では、その問いはいかに展開し得るだろうか。本書ではここまで、もっぱら映画やアニメーションのような視聴覚表現、それに小説を神話のモデルとして扱ってきた。しかし、今日における神話のモデルとして、まず真っ先に挙げるべきジャンルは本来ゲームだろう。売り上げ一つ見ても、メジャーなゲームの出荷本数は、決して安価なものではないにもかかわらず数百万本を数える。まさに、今日のマスプロダクションを代表するジャンルだと言えるだろう。であれば、本書の最後の主題として、ゲームないしゲーム的な神話から、新しいタイプの「美」の可能性を発掘することには、何らかの意義があるようにも思われる。

もっとも、ゲームの個々のタイトルを網羅し、そこから批評を展開することは、いささか本書には荷が重い。それゆえ、ここでは狭義のゲームについて云々するよりも、ゲームに近い社会原理やネットワーク構造に着眼した上で、美学的領域をいささか抽象的なやり方で位置づけることを試みておこう。

I　ゲームと機知

整合性の獲得を目指すジャンル

ゲームは、ポストモダン的な状況に適応したジャンルである。ゲームの特性というのは、一言で言えば、内的な整合性や均衡の獲得を目指していることにある。ゲームは、何か真実の世界を表象するわけではない。ゲームの制作者の主な役割というのは、データを組み合わせ、最後まできちんとプレイ可能なように全体を配列することである。

そのとき、制作者もプレイヤーも、個々の要素の内実を完璧に把握している必要はない。つまり、ブラックボックスはブラックボックスのままで放置しても、整合性さえとれていれば問題は発生しない。たとえば、『スペースインベーダー』のインベーダーの本質が何かと問うても仕方がない。あるいは、ゲームセンターの格闘ゲームの操作法がなぜこうなっているのかと問うても仕方がない。ただ、インベーターを射撃して倒す、対戦相手を技を繰り出して倒すというプログラムが、全体のなかで「整合」するのであれば、それはゲームとして成立する。

理解できなくても、配列はできるということ。真理の希求から整合性＝均衡状態の設定へというこの移行は、ポストモダン的なプラグマティズムの一つのわかりやすい現れである。*06 ゲームは「不透明なブラックボックスの増した社会で、外界を組み込むにはどうすればいいのか」という問いに、断固として整合性を選択することによって答えている。さらにこのような特性は、受け手側にとっても、ある種の態度変更をもたらす。というのも、整合性を構築できるのは、必ずしも制作者には限らないからだ。たとえば、ゲームのプログラムを消費者側が改竄する、いわゆるチートは、ゲームを別のやり方で整合＝均衡させる試みだと言える。チートは決して例外的なものではない。チートはむしろ、ゲームの一つの内在的特徴を拡大しているのだ。

その意味では、ゲームには、設計工学的な意味合いでの「遊び」（ゆるみ）が大なり小なり潜在している。確かにプレイヤーは、今あるゲームのルールには従わなければならない。しかし、そのルールは確定的なものではなく、周囲の環境との関わり次第ではまったく別のプレイが発案されることもある。こうした遊び＝ゆるみを常備するゲーム的特性からは、均衡状態はつねに複数あり得るということが帰結するだろう。ルールには絶対的に従わなければならず、かつ、しかし潜在的にはいつでもルールをハッキングして、別の均衡状態を生み出すことが可能なのだ。

このように考えていくと、必ずしも狭義のゲームに議論を限定する必要はないことがわかる。なぜなら、均衡状態が複数あり得るというのは、私たちの日常生活においても同じなのだから。

実際、日常生活をトータルとしてゲームだと捉える視点はすでに存在する。たとえば、フェース・トゥ・フェースの日常的関係性において生じる戦略的ゲームを研究した社会学者のアーヴィング・ゴッフマンは、ある論文でこういうユニークな見解を述べている。「個人というのは、世界における他の対象と同じく、周囲を取り巻く環境に対して、彼ら自身の行動や特性に合致する作法によって作用する。個人はたんに存在しているだけで、サインやマークを産出する。手短に言えば、個人は表現をにじみ出させているのだ」[*07]。ゴッフマンは、個体的存在がそれ自体として表現しているサインやマークが、いかにコミュニケーション（相互行為）へと接続されていくかを論じ、そのコミュニケーションの総体を「表現ゲーム（expression games）」と呼んだ。

ゴッフマンが言うように、ただ「存在」することが、それ自体として何かの「表現」になっているという局面は、日常生活では別に珍しいことではない。たとえば、ボサボサ髪で往来に突っ立っているだけで、あるいは電車の車内で見知らぬ他人を見つめているだけで、それは周辺の環境への作用＝表現になる（周囲の多くのひとは、そのゲームに対しては「回避」という選択＝表現を採用することだろう）。あるいは、インターネットのような仮想空間でも、個人のほんの小さな行為（たとえば、購買行動のワンクリック）が集積されて、より大きな表現として立ち上がる。これもまた、ゴッフマン的表現ゲームの一環として捉えてかまわないだろう。

セミ・ラティス型の構造

そうすると、私たちにとっての問題は、複雑な表現ゲームが展開されるなかで、いかにより良い均衡を手に入れることができるか、あるいはいかなるネットワーク構造が望ましいかということに落ち着く。ここで厄介なのは「制度の歴史的選択の恣意性」とでも呼べる問題である。たとえば、ある種のメタヒューリスティックなアルゴリズムにおいては、全体像がつかめないときに、ある時点までは近傍のランダムな探査が可能なように設定しておき、その探査がある程度まで進んだ段階で良い解しか選ばないように基準を厳しくすることによって、つまりスケジュールの推移に応じてプログラムを変えることによって、相対的に精度の高い解が導き出される。これもまた、広い意味ではゲームである。けれども、現実社会で問題なのは、いかなる初期状況から始めればいいか、またいかにすれば近傍にランダムに遷移できるかが往々にしてつかみがたいことである。このことは、制度論の文脈ではつねに懸案になってくる。あらゆる制度は、歴史的な経緯によってプロットされたという初期状況によって制約されている。なるほど、いかなる制度であっても、さまざまな手練手管を通じて、相対的に優れたパフォーマンスを備えたものへと進化させることはできるだろう。だがそうだとしても、そもそも初期状況が別の座標にプロットされていれば、もっと効率的に制度を構築できたかもしれないという疑いは払拭できない。

したがって、「集中化と分散化」の両立が社会のアルゴリズムを組む上での一つの柱となる。ある初期状況から出発し、リプレイを通じて段階的に精度を高めていくこと（集中化）、および出発点そのものを多数化＝ランダム化し、別の均衡の可能性を模索すること（分散化）、これである。

このうち後者が、本書で言う「構造社会学」的な問題意識に連なっていることは言うまでもない。

このように、ゲーム的な感覚は、新しいタイプの知の形態を要請する。そこでは、均衡状態が複数あり得ることを前提に、そのポテンシャルを生かすための技術、つまり全体像がつかめないなかでも、均衡のパターンをできるだけ拾い上げつつ絞り込んでいくような構造設計が求められるだろう。その具体的なアイディアとして、ここでは一九六〇年代に建築家のクリストファー・アレグザンダーが提案した「セミ・ラティス」型の構造を挙げておきたい。*08

セミ・ラティスとは、ツリーに対比される概念である。ツリーというのは、軍隊や官僚機構のような上意下達のシステムのことであり、横断的な関係が結ばれるのを妨げる構造である。アレグザンダーは、このモデルを都市設計に当てはめた。たとえば、ブラジリア（ルシオ・コスタ設計）やインドのチャンディーガル（ル・コルビュジエ設計）のような都市はツリー構造であり、一本の巨大な幹線道路が中心にあって、他の道路はそこに結線されるかたちでデザインされている。アレグザンダーによれば、このような都市は、空間の有機性を失わせ、住人を窮屈にする悪しきデザインだとされる。

それに対して、セミ・ラティス型の都市は、むしろ都市の要素どうしが自律的に結びつき、しかもその結合のパターンがいくつもオーバーラップするようなものである。たとえば、アレグザンダーが挙げるのは、バークレーの交差点の例である。ドラッグストアとその前に置かれたニューズラック、それに信号機がある。信号が赤のあいだ、通行人はニューズラックの新聞を手にとって眺めるかもしれない。この場合、ドラッグストアとニューズラック（新聞）が一つのまとまりを形成する一方、通行人の介在によって、さらに信号機と新聞が一つの新しいまとまりを形成するだろう。新聞という要素は、ドラッグストアとの組み合わせと、信号機との組み合わせの、どちらにも足をかけている。そしてまた、この種の組み合わせは、都市の有機的な流れのなかで原理的にはいくらでも拡大していくだろう。アレグザンダーは、こういう具合にある要素が複数の集合に多重所属していくような構造に、セミ・ラティスの名前を冠した。

ツリー型の構造においては、初発の設計が貫徹される。あらゆる道路は中央の幹線道路を経由しなければならないという制約が、都市の発展をかなりの程度固定化する。他方、セミ・ラティス型の構造は、初発の設計が必ず剰余を産出するように設計されたデザインである。というのも、個々の要素の「意味」は、ネットワークの配線次第で、居ながらにして、そしていつでも変化する余地があるからだ。そして、多重所属＝オーバーラップが存在しているがゆえに、近傍の集合に探査の足を延ばすことも比較的容易になる。社会の各要素が単一の秩序によって統合されるのではなく、むしろ複数の組み合わせの連続体のなかで結合されていくこと、ここに、セミ・ラティスの特性が見出される。

メタレベルのオブジェクト化

アレグザンダーのこの古い議論は、今日おそらく、別のかたちで蘇らせることができる。[*09] サブカルチャーやインターネットの台頭は、データを大量に創発することによって、その組み合わせ方や処理法を改めて問題にした。つまり、先ほど言った表現ゲームがますます複雑化し、その調停をすることが改めて思想的課題としてせり上がってくるのである。

ここで前章で述べたことをパラフレーズしておけば、グローバル化が進んだ時代の文化は、峻烈な翻訳不可能性によって規定されるというよりは、それぞれの文化が何らかのエレメント（神話素）を媒介にしてオーバーラップするセミ・ラティス的なものとして捉えたほうが、より実情にかなっているだろう。この視点からすれば、村上春樹の『ねじまき鳥クロニクル』は、まさにセミ・ラティス型の構造を実装した文学に映る。そこでは、複数の場に多重所属する神話素（井戸やあざ）を梃子にして、本来繋がらない場どうしが短絡されるのであった。村上は、資本主義世界を満たす諸要素が、セミ・ラティス型の構造をとりつつあることを感知している。『ねじまき鳥クロニクル』から『1Q84』に到るまで、村上は文学を、セミ・ラティス型の構造をなるべく傷つけず、それどころかより際立たせるための物語的装置として扱ってきた。レヴィ＝ストロースは「神話素の意味はもっぱらその位置による」と述べたが、[*10] その意味での神話（素）をグローバル化する資本主義社会において検出したところに、村上という作家の本領がある。

また、ある要素を多重所属させるセミ・ラティス型の構造は、インターネット上のメディア、特にニコニコ動画などでもっとはっきりと示されている。ニコニコ動画では、タグ＝メタ情報が次々と操作され、書き換えられていくことによって、ネットワークが逐次拡張されていく。それぞれの動画は、それだけでは孤立している。しかし、そこにタグがつくことによって、動画どうしが相互にオーバーラップする可能性が生じる。ただ、この場合、タグが固定化されていると、構造としてはツリーに近くなってしまうだろう。そこで、タグそのものを可変的な状態に設計することによって、より多様なオーバーラップと均衡状態が実現するようになるのである。

すべての動画が、他の動画に片足を残しつつ繋がっているということ。そして、その際にメタ情報(タグ)の可変性が重要な役割を果たすということ。このことは、メタ情報が実質的に操作可能なオブジェクト(物)の資格を帯び始めていることを示している。インターネットは、メタデータもデータとして扱ってしまうのであり、それがセミ・ラティス型の構造の発達する可能性を育んでいる。

付け加えれば、それは実は、かつてフロイトの言った夢=無意識の特徴でもある。*11 フロイトの考えでは、夢の文法は、語と物、メタレベルとオブジェクトレベルの境界が消失した特殊なエクリチュール(文体)によって構成される。各国語の文法体系とは異なり、メタレベルを欠いた夢では、語を圧縮して別の語に置換すること、あるいは通常の意味を反転させる「反対物による表示」などが頻繁に生じる。可変的なメタデータを配列するセミ・ラティス構造もまた、通常の国語の文法によっているというよりは、こうした夢の文法体系、フロイトふうに言えば象形文字の配列に近くなっていると考えたほうがいいかもしれない。

さらに、メタレベルがオブジェクト化する傾向は、必ずしもインターネットに限らず観察される。特に、近年のサブカルチャーではしばしばメタレベルの闘争を扱った作品、すなわち当の、ゲームのルールを定めるゲームといういきわめて観念的な作品が、大衆的なエンターテインメントとして発表されている。たとえば、二〇〇七年以降発表されている『うみねこのなく頃に』というノベルゲームの連作は、ある孤島における殺戮の物語のジャンルを決めるために、荒唐無稽なファンタジーの側に与する魔女と、論理的で現実的なミステリの側に与する少年が、メタレベルの観念的闘争を繰り広げる物語である。ふつうのミステリが謎解きを目指すとすれば、『うみねこのなく頃に』は、物語のジャンルを決定するシーソーゲームこそが主眼に据えられている。魔女と少年はそれぞれの主張を正当化するために、新しい登場人物まで物語中に送り込んで、謎に満ちた殺戮の物語のジャンルを決定する権利を我が物にしようとする。彼らは何が真相かを暴くことではなく、どうすれば「整合性」のとれたゲームのルールを構築できるかで競い合っているのだ。

後でも言うように、ルールが遅れてやってくるゲームという趣向は、ちょうどルイス・キャロルの小説にも見られる（また、キャロルにつきもののチェスの隠喩が、『うみねこのなく頃に』においても重要な鍵となっている）。ただ、とりあえずここでは、こうした一見して複雑怪奇なゲームが明快なエンターテインメントとしてつくられていることが、一つの徴候として重要だろう。この事実はまさに、メタレベルを物のように操作するセミ・ラティス的な構造（フロイト的無意識の構造）が広く一般的に浸透したことの、一つの傍証となっているからだ。*12

ネットワーク消費

神話素の多重所属を利用して、ネットワークの内的な距離を変えること。あるいは、フォーカル・ポイント（複数のひとびとの期待値の焦点）を変えることによって、物事の均衡点をずらし、分散化すること。一般的に言って、ジャンルという制度は、作者・読者を含めてひとびとの期待値を調整する。しかし、『うみねこのなく頃に』のようなゲームは、ジャンル＝ルールそのものを焦点とする（＝オブジェクト化する）ことによって、その均衡のポイントを大きくずらしてしまうだろう。この種のフォーカル・ポイントの変更を通じて、「生きたシステム」（アレグザンダー）や、あるいは「生成力」（ジョナサン・ジットレイン＝濱野智史）の停滞が回避される。

とはいえ、以上はゲームの一面、先ほどの言い方では生態学的な側面である。私たちは、ゲームからさらに別の位相を切り出しておくことができる。ここでようやく、先ほど提案した「ゆるさ」や「たわいなさ」の主題がせり上がってくるだろう。ツリー構造に代わってセミ・ラティス構造が「コモンセンス」（常識＝共通の意味）を生成する生態学的原理になっているとして、ここで見ておきたいのはさらに意味を解除すること、つまり「ノンセンス」の美学的戯れである。

生態学と美学は、おそらくセットにして観察されるのが望ましい。特に、サブカルチャーはコモンセンスを提供する一方で、ときにノンセンスの領域もカバーするような作品も生み出してきた。すでに何度か言及してきた同人弾幕シューティングゲーム（ＳＴＧ）の連作「東方 Project」

（以下、東方と略記）は、その両者の共存において際立っていると言えるだろう。

この作品については別の場所で論じたこともあるが、[*13] 最大の特徴は、それがもはや、弾を撃って敵を倒すという狭義のＳＴＧには収まらないということにある。実際、このゲームに登場するのは、妖怪や幽霊が少女化した擬似民俗学的なキャラクターであり、まずその点で日本の「漫画・アニメ的リアリズム」の論理を忠実に体現している。彼女らが住まう世界は「幻想郷」と呼ばれ、現世では廃れてしまった事物が流れ着く場、一種の広大なデータベースのようなものとして設定されている。東方の人気はもっぱら、キャラクターのフェミニンな魅力、およびキャラクターの存在に根拠を与える自前の世界観＝データベースの設定、それに、作者であるＺＵＮ自身が作曲した音楽の魅力によって支えられている。

一言で言えば、ＺＵＮは「幻想郷」という架空の世界を、すでにサブカルチャーのなかで力を持っていたキャラクターや音楽、ゲーム性などの集団言語を総動員して象ったと言ってよい。さらにその周囲は、キャラクターや音楽を手がかりに集まってきた多くのファンの二次的な創作物によって満たされている。その創作物は過剰に膨れ上がり、すでに漫画から動画、さらにはアレンジ楽曲から小説に到るまで、ありとあらゆるジャンルを網羅するに到っている。かくして東方の神話体系は、ほとんどインターネット上の「総合芸術」のような様相を呈している。特に、二〇〇〇年代後半以降の二次創作について言えば、東方ほど多様な進化を見せた領域はない。

とはいえ、東方がインターネットを中心に、過去のサブカルチャーの歴史においても稀な規模で人気を集めていることは、別に絶対的な理由があってのことではない。むろん、ZUNのゲーム作家としての力量や音楽性が優れていることはあるとしても、それとは別に、ある時点からはネットワークのスケールが物を言うようになる。第一章でも述べたように、ファンが自分の作品を発表しようとするときに、すでに広く流布しているネットワークに依存するのが最も手っ取り早く、また人目に触れる可能性も高いという、身も蓋もない事実性が無視できなくなってくるのだ。先ほどはそれを「リゾーム化したデータベース」と規定したが、ここではさらに、東方が体現するのは「ネットワーク消費」とでも呼ぶべき新しい消費形態だと言っておこう。

ネットワーク消費は、作者と受け手のあいだのフィードバックを確かなものにしてくれる。ファンは「幻想郷」の世界にかなり自由に個人的あるいは集団的な幻想を託し、二次的な創作物を紡いでいくことができる（たんにキャラクターの名前だけ借りて、原作の痕跡すら残さない創作物も珍しくない）。ある意味では、東方には何も内容がない。だからこそそれは、純粋に形式的なネットワークとして、ひとびとの欲望の受け皿となっている。その点で、東方はネットワーク消費の理想的な環境を提供しているのだ。

ノンセンスな物語

東方は、受け手の側をメディアに、ルソーふうに言えば「スペクタクル」や「俳優」に変えた。*14

裏返せば、別にそこで起点となっているのが東方である必然性もない。実際、STGというジャンルは今や地味なものであり、ふつうに考えればZUNはマイナー作家だと言うしかない。けれども、いくつかの偶然が重なって、東方は結果的に巨大なネットワークを生成し、多くのひとびとをそこに住まわせている。こうした文化論理は、おそらく今後もかたちを変えて出てくるだろう。とはいえ、ネットワーク消費が幅を利かせる文化が、果たして真に繁栄を築くことができるかどうかは、まだよくわからない。

ただ他方で、東方の原作そのものは、そうした「コモンセンス」の糧を提供しつつ、それが本質的には「ノンセンス」であることを巧みに浮き上がらせている。たとえば、連作の一つ『東方風神録』（二〇〇七年）は、長野県諏訪地方のミシャグチ信仰を一つの主題とする。ミシャグチはしばしば、大和の神と対立する荒々しい存在として描かれてきたが、中沢新一は二〇〇三年の『精霊の王』において、ミシャグチを「胞衣をかぶって生まれた子供」あるいは「女性的なものに包まれている男根」のイメージに読み替えた。*15 つまり、中沢にとってのミシャグチは、たんなる異端の荒ぶる神ではなく、むしろ正統／異端という対立を超えたもの、つまり男性性の女性化（男女の二項対立の脱構築）の契機を孕んだものとして捉えられている。

だが、『東方風神録』になると事態はさらに進み、ミシャグチはもはや「蛙の目のついた帽子をかぶった可愛らしい少女」（洩矢諏訪子）に置き換えられてしまっている。つまり、ZUNにとっては、自然信仰であれ何であれすべては徹底してシミュラークル（彼の言う「幻想」）でしかなく、そのために男性と女性にまつわる明確なシンボリズムは脱落し、「少女」という抽象的な存在だけが表に出てくることになるのだ。東方には他にも、幽霊や妖怪の少女が繰り返し出てくるが、これらもまたすべてが実体のないシミュラークルであることを自己表示している。[*16]

あるいは、物語についても、ノンセンスやたわいなさが充満している。もともとがSTGである以上、東方の物語は実はほとんどおまけのようなものにすぎない。それに加えて、ZUNは、物語を意図的に無意味化している。たとえば、『東方風神録』に続く『東方地霊殿』（二〇〇八年）は、次のような筋書きの作品である。幻想郷にある日、突如として間欠泉が噴き出し、そこから妖怪や怨霊の類が大量に沸いて出る。主人公の博麗霊夢はその「異変」を解決するために地下に潜り、ついには地底最深部まで潜るが、そこで目にしたのは、何と核融合の力でつくられた「人工太陽」であった。つまり、地下深くまで潜り込んでいくことは、そのまま天空に垂直的に上昇していくことと一致していたのである。

「意味」senseというのは、一つの「方向」senseである（たとえば、ベクトルの向きのことをsenseと呼ぶ）。そこからすれば、『東方地霊殿』は一つの意味《センス》＝方向を打ち消した、つまり意味＝方向を反転可能な状態に据えた、文字通りノンセンスな物語として仕上げられている。もともと、東方の第一作目である『東方紅魔郷』（二〇〇二年）からして、「東方」というタイトルにもかかわらず、ことさら吸血鬼やメイドといった「西方」の素材が持ち出されるアイロニカルな作品であった。これもまた、文字通りの「ノンセンス」である。

繰り返せば、東方の舞台となっている幻想郷というのは、きわめてゆるい、いわばリゾーム的な世界として定められている。そのため、そこにはあちこちに穴が開いている。ひとびとは、その穴に自由に幻想を注ぎ込み、創作物＝意味を産出することができる（ネットワーク消費）。けれども、当の原作のほうは、そのような「意味」が無であり、たわいないものでしかないことをノンセンスとして描いているのだ。

さらに、「世界には穴が満ちており、それをノンセンスな物語でかりそめに縫い合わせていく」という趣向は、ＺＵＮが影響を公言している漫画家の竹本泉にも通じるものがある。竹本の漫画もまた、ＳＦ的な世界を背景に、ちょっとした「異変」を、少女たちが解決するという展開を好んでいた（なお、竹本が絵とシナリオを担当した一九九三年の『ゆみみみっくす』というゲーム作品では、まさに世界のあちこちに開いた裂開を少女が縫い合わせるということが主題となっている）。ＺＵＮにせよ、竹本にせよ、世界は最初から仮想現実であるという前提に慣れ親しんでいる。前章で挙げたハードボイルド小説は、そのような仮想現実化した世界において、「操作しつつ操作される」女性的な主体、単一の運命をネットワークに変更するタイプの主体を造形した。それに対して、ＺＵＮや竹本は、そのネットワーク全体から意味の負荷を除去するノンセンスを展開している。この相違は、世界に応対する二つの方法論を示すものとして興味深い。

機知の方法論

ノンセンスというのは、さらに別の角度から見れば、ちょうど「機知」（ウィット）の問題に連なる。機知は、フロイトによって精神分析の対象となった。フロイトの定義によれば、機知というのは「心的消費の一般的軽減」によって、快感をもたらすものであるとされる。[*17] そのフロイトは、機知の一例として、まさにノンセンスを挙げていた。つまり、一見して意味があるように偽装しつつ、その実、意味は空洞だったということを示すこと、そのプロセスが機知の淵源となる。

さらに、フロイトによって特に注目されているのは、言葉遊びである。たとえば、ある言い回しを圧縮=省略して、膠着や重荷を解き放つ言葉遊びは、機知を産む可能性がある。あるいは、年齢を問われた女性が、ちょっとうつむきかげんで自分の出身地を答える（つまり質問をはぐらかす）などということも、状況によっては機知に数えられるだろう。要は、メッセージをそのまま伝えるのではなく、別のもっと軽くて心理的負担が少ない言葉に転位させること、そしてそれによってときに「笑い」をも発生させること、そこに機知の機知たるゆえんがある。

東方の物語や竹本泉の漫画は、「異変」があるように見せかけておいて、しかしそれが本質的に何も物事を変えないことを示す。その点で、そこには「機知」の萌芽がある。さらに、東方の場合には、華麗な弾幕（敵が放つ大量の弾のこと）や音楽に多くの表現を預けてしまうことによって、物語の重みもかなり軽減している。『東方地霊殿』の物語が文字通りの「ノンセンス」でも、弾幕や音楽は言葉以上に雄弁に作品を彩るだろう。まともに物語を伝えるかわりに、それを別の素材で「置換」することによって、意味の重荷は減らされるのだ。ここにも「心的消費の一般的軽減」に近いことが実現されているように思われる。より素朴に言っても、東方というのは少女たちを操作しながら「弾幕ごっこ」を楽しむという摩訶不思議なＳＴＧなのであって、まさにその機知に富んだ遊び心を抜きに、作品の本質は語れない。

また、機知を使うと、構造的に言えないことが言えるようになる場合もある。たとえば、フロイトによれば、夢と同様に「反対物の表示」が機知において非常に重要な機能となっている。夢が、語を圧縮し、あるいは省略して通常の文法を逸脱するように、機知においても、実際に言っていることを額面通りに捉えることはできない。機知や、あるいはその派生としてのアイロニーはしばしば、言われていることと反対の物事を意味することがあり、そのことが、ときに笑いを引き起こす。直接的にメッセージを伝えるよりも、機知によってメッセージを加工することで、コミュニケーションの「経済的」な処理が果たされるのだ。

そのことを考え合わせると、ＺＵＮが作品に、『東方妖々夢　Perfect Cherry Blossom』（二〇〇三年）とか『東方永夜抄　Imperishable Night』（二〇〇四年）とかいった、ことさら大仰な副題をつけていることも納得がいくだろう。むろん、実際にはゲームはたかだか弾幕のやりとりでしかない。つまり、「完全性」や「不滅性」からは最も遠いものでしかない。だがだからこそＺＵＮは、その滅びやすい弾幕ＳＴＧに、Perfect とか Imperishable という形容を与えている。物語にそこまで巨大な負荷がかかっていないために、大仰な形容でも反発を引き起こすことはない。この操作を「反対物の表示」に数え入れても、さほど間違いではないように思われる。機知＝無意識の文法体系においては、完全性と不完全性がどちらも Perfect という語から示唆される。これもまた、きわめて「経済的」な処理だと言えるだろう。

何度も繰り返しているように、今日の「意味」はリアリティの濃縮によって獲得される。しかしその一方で、ノンセンスな表現は、その濃縮プロセス自体を空洞として描き直している。このような作業は、決して無駄というわけではない。むしろ、文化の要所要所に何らかの機知＝ノンセンスを仕込み、メッセージの経済性を保つことは、文化の流れ方を調整する一種の「弁」のようなものだと考えることができる。

ゲームの時間性

ところで、ゲームにおいて「意味」が濃縮されるのは、いったいどのような局面においてだろうか。それは、ある意味ではっきりしている――すなわち「今」という時間性においてである。ゲームのプレイというのは、「今」の連続によって成り立っている。瞬間ごとの決断の濃密さがゲームの面白さを支えるというのは、誰しも実感し得るところだろう。

この種のゲーム的な感覚は、文化的に広く蔓延している。たとえば、近年のTVアニメのオープニングの音楽などは、ゲームセンターの音楽ゲーム（音楽に合わせてプレイヤーがコントローラーなどで拍子を刻み、それがリズムと合っていれば得点が加算されていくゲーム）的な「ノリ」に浸食されている。すでに述べたように、現代社会で確実に伝達できるのはノリくらいしかない。したがって、音楽性や歌詞を云々するよりも、複雑なリズムやビートを中心にして、そこに受け手を巻き込んでいくこと、つまり音楽の音楽ゲーム化が進行することには何の不思議もない。[*18] そして、言うまでもなく、ノリの時間性には徹底して「今」しかない。

　ここで多少踏み込んで言えば、こうした「今」の優位というのは狭義のゲームに限らず、社会原理についても当てはまるところがある。そもそも、近代以降の社会というのは、過去や未来以上に「今」に特別な権利を与えてきた。たとえば、哲学者のヘーゲルは現在について、それが過去の結果であり、かつ未来を孕むものだという意味で「真の現在は永遠である」とまで考えていた。[*19] 特に社会のリベラル化が進めば、過去の軛を一度取り外し、自由な自己完成にすべてを任せることが原理とされる以上、そのつどの「今」の比重が高くなるのはほとんど必定である。

　こうした時間観に対しては、たとえば「未来の他者」の位相が欠けているという定番の批判がなされる。しかし、「今」から完全にかけ離れた未来なるものを想定することは、果たしてどうすれば可能なのか。むしろ未来についても、どのみち現在与えられている素材の延長で考えるしかないのではないか。言い換えれば、「未来の他者」なるものも、あくまで現在生きている人間と連続するかたちで想像するしかないのではないか。してみると、「今」に過去の結果と未来の予兆がすでに含まれているとするヘーゲル的な時間観は、容易には動かしがたいことがわかる。確かに、現在というのはひどく幅を利かせた時間性なのだ。

　にもかかわらず、「何でもあり」を是とする美学的な立場は、この「今」の優位こそを覆そうとするだろう。機知に富んだノンセンスが効力を発揮するのは、ここにおいてである。進んでいることと戻っていること、上昇することと下降すること、西に向かうことと東に向かうことが同じであるとき、「今」の位相は隠される。ゲームというのは本質的に「今」に従属するジャンルであるにもかかわらず、というよりそうだからこそ、ノンセンスを扱うたわいないゲームは「今」の重荷を軽減する。

のみならず、歴史を振り返れば、この手の機知というのは折に触れて発動されている。特に、「今」を逸脱する機知に満ちている作家としては、誰よりもまずルイス・キャロルの名前を挙げなければならないだろう。キャロルもまたゲームに近い小説を書いた作家だが、そのことが同時に時間性への過敏さを生み出している。キャロルの文学が今日まで伝承され(他ならぬ東方にもアリスを模したキャラクターが登場する)、無数の大衆的なファンタジーの糧となっていることは、改めて注目に値する。この点は、すぐ後で論じよう。

肉声の隠蔽

かつてのモダニズムの美学が、事象を徹底して追い詰め、その向こう側に突き抜けることを目指していたとすると、一部のサブカルチャーは逆に、その種の緊張をゆるめ、一つの語に相反する意味を込める機知に美を託しているようにも思われる。というより、そのような機知を美的なものとして再規定しようというのが、私からの提案なのだ。いずれにせよ、コモンセンスの生態学とノンセンスの美学、セミ・ラティス型の構造と機知に富んだゲーム、この両者をともに扱えるだけの「意味の論理学」（ドゥルーズ）の構築が急務なのである。

さてここまでは、あくまで作品の形態をとった事例を挙げてきたが、より身近なものとして「文字」を使ったゲームにおける意味処理について若干触れておこう。たとえば、海外にはキネティック・タイポグラフィ（またはモーション・タイプ）と呼ばれる、アルファベットを絵のように使った映像表現がある。キネティック・タイポグラフィは多くの場合、まず映画のワンシーンを取り出し、そこにアルファベットの字幕をつける。その際に、「動く《キネティック》」という言い方からもわかるように、画面全体に字幕の文字が乱舞するように配置されるだろう。文字の動きの個性（たとえば、役者が大声を出すところで文字が大きくなる、など）が、通常の字幕以上に映画の雰囲気を伝えてくれるというわけだ。現実の肉声や感情、素振りを文字による演出に置き換えること、そこにキネティック・タイポグラフィの特性があると言える。

むろん、すべての事例がそうだというわけではないが、多くのキネティック・タイポグラフィは声と文字とをちゃんと対応させようとしているように見受けられる。だが、そうした海外の事例と比べれば、日本の文字の扱いがより過激であることがはっきりするだろう。結論から言えば、それは、声と文字の繋がりが希薄であることに由来する。

そもそも、日本では生々しい肉声は、半ば忌避されているように思われる。私たちの周囲を取り巻いているのは、むしろ肉声を持った存在を一度マスキングすることによって、コミュニケーションを活性化させるという技術である。たとえばアニメ声優や「VOCALOID」の初音ミク、あるいはアスキーアートの類を見ればわかるように、匿名的で計算的な「声」、言い換えれば虚構を挟んだ声を用いたコミュニケーション様式は、社会にすでに定着しつつある。実際、発話者の肉声があまりに際立ってくるようだと、それが刺激になって、過激な糾弾が始まりかねない。そこで、自分が語っているのではなく、あたかも別の集団的な「声」が語っているかのような偽装を施すことによって、コミュニケーション上の軋轢が起こる確率を減らすのである。

しかも、肉声のマスキングが好まれるのは、別にサブカルチャーに限った現象ではない。たとえば、前章で言ったように、大江健三郎や中上健次のような非常にオーソドックスな純文学作家でさえ、過去の集団言語を下敷きにし、それに沿って現在の神話を織り上げていた。肉声を一度集団化（記号化）のプロセスに放り込んでしまうこと、つまり自己表象能力を一度手放し、自他を区別する必要のない豊富性＝想像力の領野に身を投じること、それによってかえって表現の自在さを手に入れることができる。これが日本の戦後の純文学における一つの発明であった。通りすがりに指摘しておけば、逆に今、純文学の衰退が取り沙汰されるのは、何らかの集団言語を引き出すだけの参照能力が、多くの純文学作家に不足しているためである。言い換えれば、純文学においては「コモンセンス」を生成する文体（スタイル）の力が軽視され、神話を紡ぐことが難しくなっているのだ。このことはおそらく、日本の文学を貧しくする一因となっている。

新種の文字

こうした全体的な文化状況に対応して、文字もまた、ともすれば音声との絆を解かれて自走してしまう。もとより、音声そのものが肉声から切れた集団言語、事実上《ヴァーチャル》の音声なのだから、文字がそれに従属する必然性もない。かくして、文字を使った遊びが、特にインターネットを中心にそこかしこに見られるようになる。それは、海外のキネティック・タイポグラフィとは明らかに異質である。

たとえば、2ちゃんねるやニコニコ動画で今最も頻繁に使われるのは、おそらく「w」という文字だろう。ご覧の通り、この文字は発音することができない。この文字はもともと「(笑)」という表記の略なので、アルファベットとしてのアイデンティティはほとんどないに等しい。大多数の使用者は、この文字を発音するためではなく、一種のマークとして用いている。

また、「w」はとりたてて意味のある文字でもない。「w」はもっぱら、文末につけられて、文意を和らげたり、感情が高まったことを示したりするのに使われる。実際、「w」という文字が「wwwwwwwwww」というような具合で連打されることが多いことからも、「w」というのは有意味な文字というより、「自分は今強く反応した」ことを示す情動のマーキングとして捉えたほうが、より実情にかなっているように思われる。

これははっきり立証できるわけではないが、私的な印象で言えば、「w」という文字は、「(笑)」というような表記などと比べても、遥かに軽いように思われる。「(笑)」と末尾につけられた文章には「ここまで書いた文章はただの冗談なので、あまり本気でとらないで欲しい」とか「今ここで取り上げた対象はまともに扱っても仕方がない」とかいう調子が宿ることが多い。他方、「w」にもそういうそれなりに複雑なニュアンスを託すこともできるが、多くの場面ではあまり過剰な意味を持たないマークとして働いている。それゆえ、「(笑)」の略と言っても、必ずしも「諧謔」や「嘲笑」のような強い調子を備えているわけではない。そのノンセンスの「軽さ」こそが、おそらく本質的なのだ。

「w」は、音声とも繋がらないし、意味も持たない。つまり、表音文字でもないし表意文字でもない。それは純粋に何らかの機能だけを帯びた文字なのだ。いささか興味深いことに、このような文字は「夢」の書記体系に含まれている。「夢の解釈法は、たとえばエジプトの聖刻文字のような象形文字の解読法と、細部まで類似しているのである。夢においても象形文字においても、解釈や解読に直接かかわりのある要素だけでなく、他の要素を理解可能にするためだけにある要素というか、いわば限定辞的な要素が存在しているのだ」（フロイト）。[*20]「w」という文字は、まさに「他の要素を理解可能にするためだけにある要素」に近い。

周知の通り、匿名的なインターネットにおいては、ちょっとした言い回しの不注意から、非常に過敏な反応が生み出されたりする。そのカスケード（いわゆる「祭り」）は、全面的には管理することができない。「w」のような奇妙な文字は、一方では、祭りを盛り上げる擬似的な「歓声」のようにも使われる。だが他方で、「w」が挟まることによって、文意が和らぎ、敵意の偶発的発生が抑えられるという効用もあるだろう。この点で、「w」という補助的な文字は、コミュニケーション上のリスクを押し下げる減圧装置として理解することもできる。[*21] さらに、それは「心的消費の一般的軽減」を実行しているという意味では、機知の機能に連なる文字でもある。現実問題として、当意即妙の機知をすべての人間に要求するのは難しい。であれば、そこそこの「負担軽減」を実行できる文字がノイズに満ちた世界に求められるのだとしても、奇異とするに足りない。

いずれにせよ、表音文字でも表意文字でもないこのノンセンスな文字は、音や意味をある程度遮断することによって、コミュニケーションを安定させる。こういう具合に、自分たちに用立てるために、文字まで事実上創造してしまうというのは、そうそうあることではない。

＊

ここまで、ゲームの均衡の問題から発しつつ、その周辺の問題としてノンセンスや機知を挙げてきた。それにしても、いささか偏った例ばかり挙げてきたと思われるだろうか？　確かにそうだ。しかし繰り返せば、ここで問題にしてきたのは、新しい時代に即応したコモンセンスの生態学であり、ノンセンスの美学である。私たちにとっては、いかにその萌芽をつかまえるかが重要なのだ。

たとえば、サブカルチャーは、新しい「国語」なのだろうか？　そうとも言えるが、しかしそれは、サブカルチャーの潜勢力を少なく見積もることだろう。私の考えでは、サブカルチャーはむしろ「国語」という古い概念を挑発するような「文体」を持っている。ここまで度々参照してきたフロイトは、夢＝無意識のシステムを、データを無期限に保持しつつ、しかもそのデータベースを周期的に無垢にするものとして捉えた。[*22]このいわば保持作用とリフレッシュ作用、生態学的神話と美学的神話の交錯によって成る書記体系は、通常の意味での「国語」からは遠い。そしてもし、サブカルチャーの論理がこのフロイト的無意識と似通っているのであれば、それがしばしば国境を越えた文化として立ち上がってくるのも道理だろう。

リアリティを濃縮しつつ（コモンセンス）、折に触れてその負担を軽減する（ノンセンス）。「今」を煮詰めていく一方で（コモンセンス）、その濃縮プロセスから身をかわして「分散化」への契機を提供する（ノンセンス）。私たちはこうした二重性を可能にする文体に着目していかねばならない。むろん、その文体についての分析を本格的に展開するには、より体系だった議論が必要であるには違いない。ここまで述べたことは、たかだか大まかなスケッチにすぎない。しかし、これまでとは質的に異なる書記体系が発案され、そこから文化が育てられているのだとすれば——少なくともその萌芽が見られるのだとすれば——、そこに光を当てることこそ啓蒙の責務なのである。

II　ルイス・キャロルの文学

さて、ここまで日本のサブカルチャーの美学を追跡してきたが、最後に議論の射程を拡大する意味で、古典的な作家に遡行してこの章を締めくくることにしたい。その作家とは、本書で何度も名前を挙げてきたルイス・キャロルである。

キャロルの小説は、一般的には児童文学に分類されることが多い。しかし、キャロルは本来、児童文学が念頭に置いている通俗的な「子ども」のイメージにこそ敵対していた。たとえば、キャロルについての優れた伝記を書いたモートン・N・コーエンは、彼が一九世紀後半のヴィクトリア朝の道徳的な風潮に対して、強い反発心を抱いていたことを記している。キャロルは、ヴィクトリア朝時代の主流であった教訓的な童話を書くかわりに、子ども向けであるからこそ、ことさらに長い多音節語を用いた物語を書いた。キャロルは、作品世界を豊かな音に満ちた「ワンダーランド」として描き出し、それによって読者を物語に同伴させたのである。*23 子どもを「子ども」の鋳型にはめ込んでしまうのではなく、かといっていたずらに難解なテクストを押しつけるのでもなく、むしろ世界との接触に向けて手助けすること。言うまでもなく、このような物語は、子どもにとってのみ必要なものではない。

実際、キャロルはジョイスやアルトー、カフカなどと並んで、二〇世紀後半の哲学者にとって最もお気に入りの存在であったと言っても過言ではない。ドゥルーズやデリダといった哲学者が、こぞってキャロルを扱ったのは示唆的である。彼らにとっては、きわめて精密なパズルとして組み立てられたキャロルのアリスシリーズこそが、最も強い関心を寄せるべき対象となっていた。彼らが文学の一つの極点を、言葉遊びとゲームに満ちたこのサブカルチャー的作品に見たことは、二〇世紀後半における思想の徴候として興味深い。

むろん、そのパズルを解きほぐすにはそれだけで大部の評論を書かなければならないが、ここでは（前章のレイモンド・チャンドラーの扱いと同じく）本章の内容に関与する部分だけをごくかいつまんで展開するだけで、満足しておこう。それはつまり、キャロルの文学を、私たちの文化に潜在している可能性を引き出すための鍵として読むことである。

秘教的な語

キャロルと言えば、いわゆる「カバン語」に代表される複雑な言葉遊びで知られる。だが、それは一様なものではなく、いくつかの系統に分けることができる。たとえば、ドゥルーズは、キャロルの言葉遊びを「秘教的」と形容しつつ「結合」「接続」「分離」という三つのタイプに分類した。*24

まず「結合」ということでは、キャロルの『シルヴィーとブルーノ』（一八八九年）という長編小説の第一章に、《y'reince》という発音不可能な単語が出てくることが挙げられる。これは、ブルーノ（子どもの妖精）に対する「殿下」（your royal highness）という五音節の呼びかけ語を単音節に圧縮したものであり、発音することができない（柳瀬尚紀はこの語を「ッ下」と訳している）。[*25] キャロルは「発音できない単音節語」を、あえて人間への呼びかけに割り当てた。と同時にしかし、長官が深々とお辞儀をしながら発したこの呼びかけは、ブルーノが部屋を飛び出して行ってしまったために、あえなく「失われて」（lost）しまうだろう。呼びかけの語は、対象を喪失して、空しくただようばかりなのだ。この演出が示すように、《y'reince》という語は、もはや現実の事物の指示作用を託されているわけではない。強引な単音節化は語を凝固させて、純粋の表現として自律させる。それゆえに、《y'reince》のような語は「結合」の作用を帯びると言われる。

次に「接続」というのは、二つの異質な系列を繋ぎ合わせた語である。代表的なのは、snake（蛇）とshark（鮫）を合成したSnarkというカバン語（他にもsnailやsnarlなどとの組み合わせとも考えられる）、あるいは『シルヴィーとブルーノ』に出てくる味のない食べ物Phlizz（幻核）などの語のことである。ただし、ドゥルーズの考えでは、接続というのはたんに記号を組み合わせるものではない。

たとえば、有名なJabberwockは一種のカバン語であり、キャロル自身の示唆によれば、jabber（熱狂的な発言）とwocer（果実）の合成によってつくられている。つまり、口元で言葉が際限なく膨れ上がっていくということと、口元に運ぶ食べ物であるということが重ね合わされている。また、味のない果実であるPhlizzという語は「消失していくもののオノマトペ」に近いとされる。

食べ物として空虚であるという属性が、そのまま語の発音として実態がないということに折り込まれていくのだ。ドゥルーズによれば、これらの語においては、指示対象のレベルと表現（音）のレベルが密接に組み合わされている。ここでのポイントは、精神分析の用語で言う「口唇性」にある。キャロルの文学はしばしば口唇を基準に組み立てられるために、話すことと食べること、つまり語の表現と語の指示対象のあいだに区別を設けない。ドゥルーズが「接続」というのは、表現と指示のあいだのこの循環のことである。

ドゥルーズの見立ては多少強引だが、キャロルの小説が、口唇性に基づいて表現の下地を整えているという主張にはうなずける。『シルヴィーとブルーノ』で言えば、ちょうど有名な庭師の歌を挙げておくことができるだろう。庭師は「彼は自分では〜を見たような気がした。もう一度見て〜と気づいた」という節を九度繰り返す歌を歌う。この歌に代入される事物は、大筋で二つの系列（セリー）に分けられる。一つは、食べるか食べられるかという特性に結びついた物や動物の系列（横笛の稽古をしている象、野牛、河馬、野菜エキスの錠剤……）、もう一つは非常に象徴的な物または人物の系列（女房からの手紙、妹の亭主の姪、乗合馬車から降りてくる銀行員……）である。[*26] 庭師の歌においてはこの二つのレベル、すなわち口唇性のレベルと象徴のレベルがめまぐるしく反転する。ここでは、口唇性のレベルで濃縮された文や語を足場にして、別のより象徴的なレベルが立ち上がっていく様子が見られるのだ。

最後に「分離」というのは、一つの語に分岐を設けることである。これもカバン語の問題に連なる。たとえば、ドゥルーズは frumieux（激怒 furieux と湯気 fumant）というカバン語を例に挙げつつ、ミシェル・ビュトールの次の記述を参照する。「こうした語のそれぞれが、ひとつの転轍機のようなものになることができる。そしてわれわれは多くの道程をへてひとつの語から他の語へと移行するだろう」[*27]。つまり、frumieux のようなカバン語は二つの意味を重ね合わせており、その前後の語との関連のなかで、「激怒」のほうに傾くか、それとも「湯気」のほうに傾くかが決まってくる。そのどちらが選ばれても、選ばれなかったほうの可能性は残り続けるだろう。これは、意味は「複雑性の縮減と保存」を行うというルーマンによる定義を思わせる。また、当然セミ・ラティス的な「要素の多重所属」の特性とも連なる。

こうして見ていくと、キャロルの言葉遊びには、神話化のアプリケーションがさまざまに畳み込まれていることがわかる。たとえば、先ほど「w」という発音不可能な文字が、コミュニケーションの安定化作用を持っているのではないかと述べた。これは、ちょうど「結合」に相当するだろう。他方、「分離」に相当するものとしては、村上春樹の『ねじまき鳥クロニクル』という実践がある。神話素とはまさに一種の「転轍機」であって、二つの可能性を同時に潜在させているものである。キャロルの小説は、ある意味では、私たちが好む神話的技法の見本市のようになっている。それらの技法によって、読者と作品の距離や関係が揺さぶられるのだ。

「今」を回避するノンセンス

キャロルの操る秘教的な語は、ネットワークを安定化し（結合）、ネットワーク上の記号を「口唇性」の領域に基づいて整理し（接続）、さらにネットワーク内に転轍機を設けて分岐を促す（分離）。こうした諸々の操作が介在するおかげで、作品世界の意味体系はきわめて複雑なやり方で組み立てられる。

前章で見たように、今「意味」は生態学的なコミュニケーションの領域に据えられる。そこには、イデオロギーが失効した後の、新しいタイプの「コモンセンス」（常識＝共有の意味）のかたちがある。私たちはつねに、その種の意味論的磁場に絡め取られているし、それを否定しても仕方がない。ドゥルーズも言うように「私が語り始めるとき、つねに意味はすでに想定されている。この想定がなければ、私は語り始められないだろう」[28]。ただ、先述したように、キャロルは当時の道徳主義が押しつけるコモンセンスに対して強く反発していた。そのことが、彼を「ノンセンス」の文学へと導く一つの契機となっていたとしても、何ら不思議はないだろう。

コモンセンスの裏をかくには、「今」におけるリアリティの濃縮に干渉するのが、おそらく最も手っ取り早い。キャロルはまさに「今」の専制を巧みにかわそうとしていた作家である。たとえば、『鏡の国のアリス』（一八七一年）では、これから起こる未来を想起する「白の女王」が登場する。後ろ向きに働く記憶を持ち、「再来週に起こったこと」を最も鮮明に覚えている彼女は、まもなく自分の身体に針が刺さるという想像で半狂乱状態なのだが、いざ本当に針が刺さる段になると、けろっとして取り乱さない。なぜ平然としているのか不思議がるアリスに、彼女はこう言う。「「悲鳴をあげるのはすっかりすましたではないか」クイーンはいった。「もういっぺん繰り返したところで、どうなるものでもあるまい？」」[29]。つまり、白の女王にとっては、最も肝心なはずの「現在」という時間の出来事こそが、最も薄っぺらなのである。

さらに、この小説の第三章では、Horse-fly（馬蠅）ならぬ Rocking-horse-fly（木馬蠅）、Butterfly（蝶）ならぬ Bread-and-butter-fly（パンとバター蝶）といった具合に、ありもしない昆虫の名前が言葉遊び的に生成される[30]。しかし、その蝶の餌は独特なので（クリーム入りの薄いお茶）、アリスが、そんな餌が手に入らないことも「しょっちゅう（very often）」あるのではないかと問うたところ、「いつもそうさ（It always happens）」と蚊が答える。要するに、そんな餌はどんな時にも存在せず、したがって、それら謎の昆虫も生存していないのだ。

この二つの例においては、現在の比重がきわめて軽くなり、そのかわりに過去や未来が膨張している。白の女王にとっては、未来のほうが現在よりも大きく、謎の昆虫たちは、架空の過去には生存できても、リアルな現在においては決して生存できない。こうした架空の前史あるいは後史の比重を高める技法は、すでに見てきたように、神話にとってもきわめて馴染み深いものだと言ってよい。

さらに、アリスという主人公自体が、「現在」からずれたキャラクターとして設定されている。そのことはちょうど、キャロルの固有名の扱いと連動している。「固有名詞の喪失は、アリスのすべての冒険を通して反復される冒険である[31]」。

たとえば、先の蚊との会話の後で、アリスは自らの固有名を失いかける。そのしばらく後に、ハンプティ・ダンプティとのあいだでいっそう過激な言葉遊びが展開されることを、多くの読者が記憶されているだろう。そのハンプティ・ダンプティ（ずんぐりむっくり）は「わしの名前は、このわしのからだ格好を意味している——そしてまた、なかなか端整な格好でもある。おまえさんみたいな名前では、ほとんどどんな格好でもかまわんだろうよ」とアリスに告げるキャラクターである。[*32] ハンプティ・ダンプティは、名の表現と名の指示が「接続」されている。他にも、『不思議の国のアリス』に登場する三月ウサギ（March Hare）や帽子屋（The Hatter）といった有名なキャラクターの固有名が、当時のイギリスの慣用句（諺）をもとにしていることもよく知られている。キャロルの世界では、固有名はつねに一般的な意味（一般名）に隣接している。言い換えれば、キャロルの固有名は、すでに民衆のあいだに深く浸透した集団言語から立ち上げられているのであり、いわば半ば固有性を失っているのだ。

そしてまた、その三月ウサギや帽子屋が「狂う」のは、彼らの時間性と深く関係している。[*33] 特に、帽子屋は時間を殺戮した（murder）廉で、時間からそっぽを向かれている。そのために帽子屋は、自分は時間と仲が良く、好きなだけ時間を操れるのだという幻想を語ることしかできない。実際には、帽子屋は永遠に（always）マッド・ティーパーティーに放り出され、リズムの狂ったノンセンスなおしゃべりを繰り広げるにすぎない。帽子屋は、有機的な「今」のビートに乗ることができず、固定されたティータイムに繋ぎ止められている。だからこそ「あいまにカップや何やらを洗う時間もない（we've no time to wash the things between whiles）」。[*34] 帽子屋や三月ウサギは、文字通り、時間を剥奪されている。

キャロルにとって、固有名はつねに「今」と結びついている。ということは、その固有名が、集団言語によって深く浸食され、ときには亡失してしまったりすることは、「今」の空洞化を招き寄せずにはいられない。コモンセンスが一つの意味＝方向を具現化するのに対して、キャロル的ノンセンスは、「今」を軽減し、かわりに過去や未来を肥大化させる技法を全開にしている。

観念的ゲームの機知

ドゥルーズは、キャロルの展開したこのノンセンスの時間性に「純粋な生成変化」あるいは「純粋な出来事」を見出した。ふつう「生成」というときには、つねに「今」が連続していくヘーゲル的世界が想起される。しかし、ドゥルーズが提案するのはそれとちょうど逆の時間性、つまり「現在を回避することを特性とする生成変化」である。[*35] 白の女王や架空の昆虫、三月ウサギや帽子屋、さらに名前を失ったアリスは、それぞれに「今」を喪失した存在として描かれている。こうしたキャラクターの力を借りて、キャロルは、近代哲学の時間の裏をかくような「狂気」を作品に充満させる。通りすがりに指摘しておけば、ドゥルーズが近代の時間観を刷新するのに、哲学内部の言説ではなく、あくまでキャロルの文学に助けを求めたことは興味深い。つまり、抽象的な思弁だけではなく、むしろ精密なパズル的作品によってはじめて別の時間性が切り開かれる。それが、二〇世紀後半の哲学の一つの「発見」だったのだ。

時間の問題に関わってここでさらに注意しておきたいのは、キャロルが、ゲーム的な手法を積極的に作品に盛り込んできたことである。たとえば、『鏡の国のアリス』は、チェスの進行をなぞるようにして物語が語られる。そこでは、アリスはチェスのポーンとして扱われることになる。

キャロル的なゲームは、決して一筋縄ではいかない。たとえば、『不思議の国のアリス』は有名なクローケーやコーカス・レースをはじめ、多くのゲームが埋め込まれている。コーカス・レースはスタートの合図もないまま「皆が好きなときに走り出し、好きなときにやめる」ことのできるゲームである。[*36] したがって、それは明確な勝者を決めることができない。また、クローケーはハリネズミのボールをフラミンゴのバットで打ち、さらに兵士がアーチの役を果たす奇妙なものである。そのためにボールはしょっちゅう逃げ回り、アーチもまたあちこちに移動してしまう。かくして、ゲームはまともに成立しない。ドゥルーズは、勝者も敗者もない、ルールすら動きのなかで決まっていくこれらのゲームを「観念的ゲーム」と呼んだ。[*37]

観念的ゲームは、ふつうのゲームとは異なり、明確な「今」が存在しない。プレイヤーは勝手なタイミングで、勝手なルールでゲームを始めてしまう。これもまた一種の「機知」(反対物の表示)として捉えることができるだろう。私たちが「今」にかけている重圧を他ならぬゲームを通じてゆるめること、それが観念的ゲームの仕事となる。キャロルにおいてはしばしば、口唇性の反復から象徴性が立ち上げられるように、きわめて卑俗なものから純粋に思弁的なものが生じてしまう。ルールが遅れてやってくる観念的ゲームも同様である。先述の『うみねこのなく頃に』もそうだが、キャロルのゲームは現実に存在するというよりも、純粋な思考実験の産物として捉えられたほうがよい。キャロルは思考実験がそのまま大衆的な文学になることを実証したのだ。

機知を支えるメカニズムとして、ここでもう一つ注意しておきたいのは、キャロルによる動物の扱いである。前章で挙げたチャンドラーもそうだが、動物をテクストに挿入することによって、作品のリズムが変わる。

たとえばアリスは、動物のあり方を、およそ次のような具合に捉えている。

子猫のとても困る癖は（アリスはいつかいったことがある）、こっちがなにをいっても、かならずごろごろいうことだ。「『はい』のときはごろごろいって、『いいえ』のときは『にゃあ』といってくれるとか、とにかくそんな決まりになっていたら」と、アリスはまえまえからいっている。「それならおしゃべりがつづけられるのに！　だけど、いつもいつも同じことしかいわない人と、どうやっておしゃべりができて？」

このときも、子猫はごろごろとしかいわなかった。だからそれが『はい』なのか『いいえ』なのか、どうにも見当がつかない。（『鏡の国のアリス』）*38

このように、「はい」か「いいえ」かという弁別を持たず「いつもいつも同じことしかいわない」動物は、話す能力を持たないとアリスは考える。*39

しかし、何度でも繰り返すが、生態学的あるいはシステム論的な含意で言えば、コミュニケーションとは「冗長性」を蔓延させることと同義である。コミュニケーションを通じて、少々のエラーには動じない自己修正的なメカニズム（コモンセンス）を社会に据えつけていくこと。仮にコミュニケーションのプロセスをこのように理解するならば、「いつもいつも同じことしかいわない」キャロルの動物もまた、れっきとしたコミュニケーションの参与者であり、かつそれはアリスのような人間のコミュニケーションとも本質的には変わらないことになる。

観念的ゲームは、そうした動物たちによって繰り広げられるゲームである。動物たちのコミュニケーションはアリスにとってはノンセンスでしかないのだが、それゆえに純粋に思弁的なゲームを立ち上げる起点となる。レヴィ＝ストロースは、神話を「人間と動物がまだ区別されていなかった頃の物語」だと規定しているが、*40 キャロルは確かにその意味での神話作家である。ただし、レヴィ＝ストロースの描く動物がコモンセンスの生成に寄与するとすれば、キャロルの動物はむしろコモンセンスとノンセンスの狭間に位置しているのだ。

世界との関係性

さらに、動物の多さは、作品世界の空間を撹乱する。前章では、チャンドラーや村上春樹に即して「小さきもの」が空間を再設定していることを論じたが、しかし、動物性を通じた空間からの解放を、キャロル以上に過激に演じてみせた作家はいないだろう。たとえば、『不思議の国のアリス』において、周知のようにアリスはたえず大きくなったり小さくなったりする。アリスは、ノーマルなサイズで安定することはなく、つねに大きくなるか小さくなるかという二つの相反する方向性を帯電している。「物体にとっては、大きくなる、小さくなる、切断されるといった出来事ほど親密で本質的なことがあるだろうか[*41]」。

実際、小説を細かく読むと、アリスという「物体」の処理について、きわめて巧妙な仕掛けが組み込まれていることがわかる。たとえば、前半（第三章のコーカス・レースまで）では、その大きくなること、小さくなることを規定するのは、「毒」の印が貼られた飲み物であり、あるいはケーキである。つまり、この段階では、食べたり飲んだりすることが、そのまま大きさや小ささの変更に繋がることになる。さらに、第二章の有名な「涙の池」のシーンでは、小さくなったアリスが自分の排泄した涙のなかで溺れそうになってしまう。毒や食物、あるいは排泄に深く関わるこの部分では、確かに口唇性が優位を築いている。平たく言えば、アリスは、世界との関係性を口唇を中心にして組み立てている。

しかし、第四章から第五章になってくると、また状況が変わってくる。特に、第五章でアリスはキノコを食するが、このキノコの左側を食べれば大きくなり、右側を食べれば小さくなる。つまり、キノコが大小の変容のいずれをも管轄する要素として扱われる。「大きくすること、また小さくすることは、同じ対象で統一されてしまっている[*42]」。キノコという新しい素材を得ることによって、アリスは選択をする個体として立ち上がる。それに対応して、世界との関係性にも微妙な変化が訪れる。アリスは、相変わらず口唇をベースに世界との関係を築いているものの、「大きくなること」の内実が変容している。すなわち、キノコの作用は、アリスの首だけを蛇のように天空高く伸ばし、そこでアリスと鳩を会話させることになるのだ。アリスは身体の一部を分離して、そこに世界との接触を預けてしまう。それに続くシークエンスで、チェシャ猫が「にたにた笑い」を残して消えてしまうという有名な場面も「この新しい位置の分離を体現する」だろう。[*43]

この後の第七章に、先ほど言った三月ウサギと帽子屋とのティーパーティが来るが、それに先立ってすでにアリスは、チェシャ猫に「ここじゃ、みんな狂っているんだ。おれも狂っている。あんたも狂っている」と言われている。[*44] 狂気が周囲に伝染していくこの段階では、アリスを取り巻く空間の質も変わってくることに注意しなければならない。アリスは当初、下方へと沈降したり、また家に潜入したりする。しかし、徐々にこの運動から深みが消えて、平面的な運動が現れる。それらのお膳立てを経て、ついにはぺらぺらのトランプの兵隊が現れるに到るだろう。[*45]『不思議の国のアリス』後半におけるこの空間性は、次作の『鏡の国のアリス』ではもっと徹底して展開されている。チェスを模し、鏡を重要な素材とする『鏡の国のアリス』では、上下運動よりも、平面的な運動のほうが際立つのだ（特に、トウィードルダムとトウィードルディの章）。

いずれにせよ、こういう具合に、アリスの冒険は、彼女と世界との関係性の変容を描き出している。そして、その際に手がかりとなる空間感覚は逐次更新されていくのであって、一つのパターンに収束していくことはない。アリスの歩みは単線的なものではなく、事物のスケールの変化と、それと対になった純粋に観念的＝思弁的なゲームによって重層的に構成されている。前章で言ったように、個体の成長と死を基準として世界を把握することには、少なくとも私は同意しない。キャロルの文学もまた、幼児への退行の物語として単純化されて読み解かれるべきではないだろう。そこで示されるのは、「今」を欠いた少女が世界と接触する際に使う通路（セリー）の多様性である。「ルイス・キャロルは、文学におけるセリー的方法の探検家・創始者である」。*46

大江健三郎や中上健次、村上春樹は、それぞれに集団言語にアクセスし、そこからコモンセンスを濃縮した。それに対して、キャロルは口唇性に立脚し、そこに空間の設定の変容を噛ませつつ、大衆的な神話を組み立てる。しかも、その神話はいわば自己消去機能を備えたシステム、つまりコモンセンスを次々とノンセンスに崩落させていくようなシステムに準拠している。比喩的に言えば、キャロルは両手で神話を書いていいるのだ。私たちは、こうした精緻な神話から多くのヒントを得ることができるだろう。

文明の臨床医

要約しよう。本章は、「何でもあり」の美学的立場を確保するべく、ゆるさやたわいなさを積極的に評価するところから出発した。それはさしあたり、モダニズムの美学とは逆に、フロイト的な機知を通じて「今」の重荷を軽くすることに行き着く。そのことは物語のレベルで言えば、「ノンセンス」の埋め込みという方法として現れるだろう。ネットワーク消費の渦中にいるZUNや、あるいは竹本泉のような漫画家は、非常に簡略なやり方でノンセンスな物語を産出した。ルイス・キャロルの文学は、そうしたノンセンスの美学をきわめて手の込んだやり方で、しかし同時にこの上なく大衆的なエンターテインメントとして示していたと言ってよい。キャロルの文学には、今日のサブカルチャーでもなお用いられる道具立てが揃っている。感情に働きかける音の響き、「今」を脱落させた生成、固有名の一般名への還元、動物と人間の共存、言葉遊びによる結合・接続・分離、微弱な性をたたえた少女、口唇性を通じた世界との接触、事物のスケールの変更、ゲームのルールを定める観念的ゲーム……。

ドゥルーズは、キャロルのような芸術家を「文明の臨床医」と呼んでいた[*47]。前章で私は、芸術家について「世界認識の型」を提案する者だと言ったが、それは臨床医と置き換えてもいいだろう。私たちの「文明」が、世界といかなる関係を結び得るのか。キャロルは、その関係の数々を点検し、ひとびとの前に物語として提示した。今日私たちは、他ならぬそのキャロルの作品を「診断」してみるのもいいだろう。実際、あくまで大衆的でサブカルチャー的であることを貫きつつ、しかし同時にきわめて知的でもあったキャロルの文学的営為は、私たちを勇気づけてくれるものだろうから。

おわりに

勘の良い読者はお気づきの通り、神話を扱う本書もまた、一編の神話であるには違いない。だが、そろそろこの神話にも区切りをつけるべき頃合のようだ。最後に、本書の内容そのものをより大きな枠組みから捉え返し、全体を俯瞰することを試みよう。

近代的原理の復興

第一章で後回しにしていたことに立ち返っておこう。それは公私の区別の問題である。再度確認しておくと、ジジェクは、ローティによる公私の分割を批判した。本来、近代的な公私の区別においては、公がコスモポリタンな個人に、私が共同体に割り振られる。カントの考えでは、個々の共同体（私的領域）の恣意については必要に応じていくらでも制約を加えることができる。しかし、公的領域、具体的にはひとびとが学者として意見を発信する普遍的な場は、決して制約されてはならない。それに対して、ローティはまったく逆に、公を共同体に、私をアイロニーに割り振っている。このローティ的な図式は、共同体を超えた普遍的領域を公的と見なす近代的原理からすれば、たんなる違反か無知でしかない。

実際、ジジェクの批判にはうなずける部分もある。というのも、カント的な意味での近代的公私の区別が、今日、際立ってきているからである。それは具体的には、情報社会化の進展と関わっている。

現状を振り返って言えば、とりわけグーグルが、現実世界も仮想世界もすべて含めて、世界じゅうのあらゆる存在、あらゆる事物を「情報」という一点で等質的なものとして扱い、そこに秩序を発見しようとしていることが、やはり看過できない。いささか抽象的に言えば、情報という概念は新しい「連続量《クワントゥム・コンティヌウム》」、すなわちどこまでも無限に延長していくことのできる座標空間を、私たちの思考に埋め込んだ。たとえば、第五章で挙げたアーヴィング・ゴッフマン的な「表現ゲーム」の観点に基づけば、個体はすべて一種の演算装置であり、行動を通じて情報を外界ににじみ出させているということになる。のみならず、ある観点からすれば、宇宙そのものもビットから成る巨大な宇宙的=汎用的《ユニヴァーサル》コンピュータ、しかも古典的コンピュータとは質的に異なる量子コンピュータに見立てることも決して不可能ではないのであって、この考え方を敷衍すれば、宇宙は物理法則を言語とし、局所的な相互作用を積み重ねながら、膨大な論理演算を実行してきたメカニズムとして捉えられる。[*01] いずれにせよ、情報のモデルは、原理的には宇宙規模にまで拡大していくだろう。これはきわめて単純だが、きわめて強力な論理でもある。

情報の発見は、ルネッサンス期の透視図法（あるいは哲学で言えばデカルト）の出現にも比すべき巨大な思想史的変容である。ルネッサンス期のイタリアの画家は、精神生理学的な空間（経験的空間）にかわって、数学的空間を絵画の前提に据えたと言われる。*02 そのことによって、原理的には、世界のあらゆる部分が抽象的で等質的な座標空間に属することになり、相互の交換が可能になった。これに類比した思想を、しかし今は画家や哲学者ではなく、企業や物理学者が率先して提示しているのだ。

むろん、情報世界は、ルネッサンス以来の空間性と完全には同じではない。かつての数学的座標空間との最大の違いは、本書で何度も述べてきた冗長性の概念にある。すなわち、エラーの侵入によって壊れないように情報を保存すること、あるいは少々の改変があっても自己回復できる弾性を維持すること、これである。そこでは、すべてが情報として一元化されるという世界観と、その情報が多元的なアプリケーションによってそのつどパターンとして凝固していくという世界観が両立するだろう。いずれにせよ、近代的な「公」というのは「無限」の領域の発見抜きではあり得ない。そして、その無限の場であるルネッサンス期の空間性や今日の情報世界は、私人の恣意を除外する、ある完全な「法」の樹立可能性を示す。

さらに、こういう具合に、無限に延長される空間（連続量）が想定されることによって、「真理」の位置も変わってくる。そもそも、私たちは真理を定位するのにも、つねに何らかの様式に依存してきた。たとえば、フーコーは西洋古代の文献を参照しつつ、「試練」の乗り越えによって成る真理の知と、第三者的な「証言」や「調査」をもとにする真理の知（司法権）を区別している。フーコーは、このうち前者が後者によって駆逐されていくこと、真理の形成と言っても、それはそのつどの知の配置に基づく一種の戦略的ゲームであることを指摘した。[*03]

第五章で扱った『不思議の国のアリス』は、実はこの視点から見ても興味深い。物語の前半では、アリスはさまざまな「試練」に、つまりノンセンスなゲームに参加する。しかし、最後の部分で、キャロルはアリスを法廷に立たせ、自分が見たものについて証言《エヴィデンス》を語らせることになるだろう。そこでは、アリスはノンセンスな係争の当事者から、匿名的な監視者になっている。試練の物語から証言の物語へと移行する『不思議の国のアリス』の展開そのものが、西洋における真理の様式の歴史を再現していると言ってもいいだろう。と同時に、しかし、それらの様式はすべてノンセンスなものに書き換えられ、まともに機能しなくなってしまう。たとえば、法廷のシーンで、ハートの女王はこう言う。「宣告が先じゃ——評決はあとまわしにせい」[*04]。つまり、証言などは何の効果も持たないのだ。ここには、旧来的な真理の知が形骸化していることが、アイロニカルに表示されている。

実際、ひとたび情報というカテゴリーが出てくれば、今言ったような真理の知は根底から覆される。グーグルが秩序化する情報世界の「真理」は、試練も要らなければ、法廷での証言も要らない。そこで焦点となるのは、たんに情報ネットワークにおけるリンクだけである。グーグルにおいては、リンクの価値はすべて機械的に判断＝計算され、即時的に真理が導き出される。[*05] 真理の知的形態も、今日の検索システムにおいては、ごく簡略化されているのだ。先ほど「思想史的変容」と言ったのは、こうした知の転換に深く関わっている。

動物性に基づく私的領域

情報は、それ自体新しいカテゴリーの発見である。それは世界の像を変え、真理や知の様式を変え、旧来のいくつかの様式を不要なものとする。仮に、この種の情報の集合（データベース）が近代的な「公」に相当するとすれば、それはいかなる私人の恣意にも従属させられてはならない（グーグルが徹底しているのは、まさにこの点である）。なぜなら情報は、法というカテゴリーと同じく、ひとびとの自由の源泉となるもの、少なくとも自由の源泉となり得るものだからである。

さて、公的領域が「情報による統治」あるいは「法による統治」によって規定されるとすれば、私的領域は今や、東浩紀の言う「動物化」によって深く浸食されていると言うべきだろう。東によれば、動物は、他者とのコミュニケーションに依存するかわりに、市場の財に依存する。「〔…〕ここで「動物になる」とは、そのような〔ヘーゲル主義的な〕間主体的な構造が消え、各人がそれぞれ欠乏‐満足の回路を閉じてしまう状態の到来を意味する。〔…〕マニュアル化され、メディア化され、流通管理が行き届いた現在の消費社会においては、消費者のニーズは、できるだけ他者の介在なしに、瞬時に機械的に満たすように日々改良が進められている」*06。

こうした「人間の動物性」というカテゴリーも、やはり近代のごく初期からあった発想、特に功利主義によって育てられたものである。功利主義的な図式では、ひとりひとりがどのような価値観を持って生きようが、また他人とコミュニケーションをとろうがとるまいが、ただ全体として快を増やし、苦を減らすことができれば、それによって社会の倫理は満たされる。ということは裏返せば、このタイプの倫理は、旧来の共同体を逸脱し、境界線をかなりラディカルに変更する可能性を持っているということである。現に、人間の動物性に照準するからこそ、ハリウッド映画やポップ・ミュージックに代表される今日の消費文化は、個別の共同体を超えて、世界的な規模で拡大することができる。先ほどの情報論的世界とは別の意味で、動物というカテゴリーもまた一種の「普遍性」を持っていると言えるだろう。

意欲的な作家は、動物性のカテゴリーの普遍性に着眼している。たとえば、フランスの現代作家ミシェル・ウエルベックはそのひとりである。煩瑣になるのでここでは詳しく論じないが、ウエルベックの作品はつねに、今日の社会が人間を生かすだけ生かす一方、その身体の衰えから来るみじめさに対して何ら救いを差し伸べることができないことを主題としている。ウエルベックにとって現代というのは、生物学的に基礎づけられた功利主義的な社会である。そして、老いはその社会で生きる意味をときに見失わせる。ウエルベックの主人公を動かしているのは、死への恐怖というよりは、快楽を失ったみじめな生への恐怖なのだ。そして、ひとびとがそのみじめさに耐えられなくなったとき、世界に根底的な革命が起こり、いっさいの社会原理が再構築される。ウエルベックは、ニューエイジやＳＦに近い想像力を動員しつつ、動物性を中心にした物語を描き出す。そのことが、彼の作品に奇妙に形而上学的な色彩を与えている。

四つの象限

いかなる恣意によっても干渉されない、完全なる法の世界。それに対する、幸福と利益追求を原理とする私的で動物的な世界。私たちはまず、このような公私の峻別を正しく評価しなければならない。

しかしその一方で、本書で素描してきたのは、あくまでローティ的な「ポストモダンの公私」とでも呼ぶべき位相であった。この位相は、「ポストモダン的」と言いつつも、実際にはかなり古い思想史的問題を含んでいる。たとえば、今言った近代的公私の概念には、個と普遍しか出てこない。言い換えれば、そこは、不完全な動物と完全な情報機械だけで完結している世界である。しかし、それではあまりにも抽象的にすぎると考える論者（ロマン主義者）は、伝統的に、個（動物）と普遍（世界）を媒介する中間的なネットワークを求めてきた。このタイプの思考は、私たち自身が、いまだ完全な動物にも完全な機械にもなりきれない中間的な存在だということを前提とする。

本書の企図は、一言で言えば、この中間的なネットワークを解析する手段を提供することにあった。ただし、そのネットワークの動作原理は、あくまで多元的な「力」として示されなければならなかった。そして、その力というのは、たえず新しいカテゴリーとしての情報の周りをめぐっていた。従来、その中間的なネットワークの構想は、もっぱら過去の共同体のイメージに偏りすぎていたと言わざるを得ない。しかし、本書で述べてきたのは、その代替として、マスプロダクションに連なるサブカルチャー神話の情報処理を用いるという方向性である。少々のエラーによっても破壊されないコモンセンスを生成する上では、すでに共同体よりも、市場の神話のほうが効果的に機能しているように見受けられる。

こうして見ていくと、近代的公私とポストモダン的公私は、必ずしも排他的な関係ではないことがわかる。私たちはむしろ、この両者が相補的に機能していると捉えるべきだろう。以上を図式化したのが表2である。この四つの象限のどれを相手にするかによって、必要な概念装置や言葉遣い、つまり言説のジャンルは変わってくる。私の提案は、この四つの諸領域にそれぞれ適した言説を編み出していくべきだということである。

たとえば、個々人の私的な幸福の問題を、法や情報の秩序化のレベルでどうこうすることはできない。それは、私的な実践のなかで獲得されていくより仕方がない。逆に、近代的な「公」は、全体の意志の均衡（平衡）をとることを、そしてそれだけを理性的に考えればよい。だが、近代的公私の完全性は、いまだ「理念的」なものである。したがって、これらの領域を象るには、先ほどのウエルベックのように、ニューエイジやSFの想像力をミックスした書式を用いるのがときに相応しい。それが、理念と現実のギャップを想像的に埋めるのに役立つ（ウエルベックが「未来人の記した物語」という体裁を好むのも、同じ理由である）。*07

	近代＝政治的	ポストモダン＝神話的
公的領域	機械的情報処理 （法による統治）	意味論的デザイン （神話の生態系）
私的領域	動物的幸福 （功利主義的倫理）	美学的実存 （アイロニー）

表２：近代的公私とポストモダン的公私

それに対して、実存を象る言語（ポストモダン的な「私」）は、美やアイロニーと相性が良い。他方、ポストモダン的な「公」を確保するには、ひとびとの共通理解を拡大することが必要である。第二章で見たように、リアリティを濃縮するサブカルチャー神話をさらに神話化することによって、ときに別種のプラトー、別種のフォーカル・ポイント、別種の意味論的デザインが生まれる。この領域は、生態学的でシステム論的な語彙、あるいは本書の言い方では構造社会学的な語彙によって分析されることになる。

より多くの神話を！

完全な動物にも、完全な機械にもいまだなりきれない私たちにとって、文化という営みは、それ自体一種の代償行為である。私たちは、文化に世界を肩代わりさせ、イレギュラーに発生する「社会の罪」を償わせる。近代という時代は、キリスト教的な「原罪」の観念から西洋人を徐々に離陸させた。そのかわりに、私たちの観念を支配するのは、社会こそ罪深いという新しいタイプの神学的発想である。しかし、社会の罪は、完全には抹消することができない。

では、世界を肩代わりする文化＝神話、いわば「世界のダミー」はいかに確保されるのか。第二章と第三章で言ったように、そこにはネットワークを拡張／縮約する想像や象徴の力が介在している。また、神話の生態系は、世界との接触のなかでリアリティを濃縮し、体験可能な平面を変えることに努める。たとえば、第五章で言ったように、ルイス・キャロルはもっぱら口唇性のレベルに準拠して、話すこと（発音）と食べること（指示対象）の境界を壊した。言い換えれば、世界との関係を口唇に集中させることによって、キャロルはすべての情報を再構成していくのだ。この場合の口唇は、さしあたり一種の「偽の平面《フォールス・フラット》」（ドゥルーズの言う「表層」）と呼ぶことができる。

神話の生態学が描き出す世界は、単一ののっぺりした平面というよりも、無数の「偽の平面」が層状に折り重なったものである。何度も繰り返してきたように、世界はすでに一種の仮想現実のようなものなのであって、そのつどの観測によってたえず異なる偽の平面を浮き上がらせていくメカニズムに類比される。今日の文化にとっては、この層状の世界の多元性を確保することが、一つの責務ということになるだろう。

現状を振り返ってみても、私たちの住まう文化的空間においては、無数の書き方の規則が——ほとんど国語から逸脱してしまっているような書式さえもが——散らばっている。かつてロラン・バルトは、市民たちが「さまざまな欲望が存在するのと同じ数だけの言語活動をもつ」ような世界を、ある種のユートピアとして捉えた。*08 実際、単一の言葉（国語）に市民たちを服属させるのではなく、むしろ市民たちが個々の主題に最も適した文体を思い描けるようにすること、これは最も望ましい状況というものではないだろうか。このユートピア的理想は、今日真剣に追求するに値する。私たちが掲げるべきスローガンはこうだ――より多くの意味を！　より多くの神話を！

そのユートピアの実現のためには、集団言語（群れの言葉）やネットワーク構造の情報処理についての分析が欠かせない。とはいえ、その種の分析の必要性は、これまであまりにも軽視されてきた。そのために、二〇世紀の日本の文芸批評が育んできた語彙や観念の多くは、今の文化を分析するのには、ほとんど何の役にも立たなくなってしまったと言わざるを得ない。その結果として、自分たちの文化において何が優れていて、どこに構造的弱点があるのかという自己認識が、根本的に抜け落ちている。

本来ならば私は、ここから、その欠落を補うための議論をより多面的に展開するべきなのだろうし、実際いくらでも分析を続けていくことはできる。とはいえ、適当なところで区切りをつけることも、意味を結晶化させる有力な技法というものではなかっただろうか？　そういうわけで、分析作業はここでいったん中断し、いずれまた別の場所で問いを再開することにしよう。今はただ、本書において示された神話素が、別の神話を発芽させる助けになってくれることを祈るばかりである。

注

はじめに

＊01 「神話」という概念は、人類学者のクロード・レヴィ＝ストロースや文芸批評家のロラン・バルトらフランスの構造主義者によって文化的産物の分析に用いられた。さらに古くは、一九世紀のドイツ観念論において、有機体の化学反応をモデルにした神話論が構想されたこともあり（たとえばシェリング）、さらに、二〇世紀前半の段階でももっぱらドイツの思想家が社会に対する「暴力」を神話の隠喩で語ったりした事実もあるのだが（たとえばベンヤミンやシュミット）、そうした細かい思想史的系譜については、本書では論じない。

＊02 ノルベルト・ボルツ『世界コミュニケーション』（村上淳一訳、東京大学出版会、二〇〇二年）五二頁以下。

＊03 ジェイムス・ハーキン『サイバービア』（吉田晋治訳、NHK出版、二〇〇九年）。

＊04 ドイツのメディア理論家フリードリヒ・キットラーの『グラモフォン・フィルム・タイプライター』（石光泰夫・石光輝子訳、ちくま学芸文庫、二〇〇六年）によれば、かつてタイプライターが出現したとき、哲学者ハイデッガーはそれが人間の「手」に基づいた親密な作業を駆逐し、人間の本来性（存在論的な位相）を危機に陥れるとして、強い警戒心を示していた（下巻、一五四頁以下）。しかし、現代のコンピュータとインターネットは、そうしたハイデッガーの危惧を逆転させている。現代のグラフィカル・ユーザー・インターフェース（GUI）は、逆に「手作業」の優位を生み出し、ひとびとは図像や音楽などのディジタルな物質を文字通り「手元」で操作することに慣れ親しんでいる。むしろ今は、そうした手元性や近接性などが優勢となった状況に対して、さら

に批評的に介入することが求められる。

第一章　ポストモダンの公私

＊01　ジャン・ボードリヤール『シミュレーションとシミュラークル』（竹原あき子訳、法政大学出版局、一九八四年）三頁。
＊02　イアン・エアーズ『その数学が戦略を決める』（山形浩生訳、文藝春秋、二〇〇七年）八九頁。
＊03　クロード・レヴィ＝ストロース『やきもち焼きの土器つくり』（渡辺公三訳、みすず書房、一九九〇年）。
＊04　商品のエンターテイメント化は、しばしばきわめて強力に作用する。たとえば、私たちは一般に、サブカルチャーというのは一過的な消費財にすぎず、真に残るのは普遍的な価値を持った芸術作品だと考えがちである。しかし、今日ではむしろ、ポップカルチャーあるいはサブカルチャーの作品のほうがかえって長い生命を持っていることが少なくない。たとえば、第二章で触れているガンダムシリーズは、すでに三〇年の歴史を持った長命な神話である。三〇年前の作品で、ガンダムほどの持続性を備えたものは文化全域を見渡してもおそらくごく少数だろう。むろん、そこには日本独自の事情もあるのであまり一概には言えないが、エンターテインメント的な「リアリティの濃縮」が、ときに時代ごとの価値観を超える力を持つことは確かである。
＊05　マルコム・グラッドウェル『急に売れ始めるにはワケがある　ネットワーク理論が明らかにする口コミの法則』（高橋啓訳、ソフトバンク文庫、二〇〇七年）八九頁。
＊06　同右、一一五頁。
＊07　もともと「慈愛の原理」は、アメリカの哲学者ドナルド・デイヴィドソンの用語である。デイヴィドソンの考えでは「慈愛の原理」とは、他者を理性的な存在だと見立てることによって、コミュニケーションの回路が成立するというものであった。本書ではその宗教的な用法（「慈愛」の原語はcharity）を知りつつも、その意味を読

み換えている。つまりは、他者をコミュニケーション可能な存在に見立てるような局面を醸成することに「慈愛の原理」の発動を見ている。

＊08 Marisa Bartolucci, *Karim Rashid*, Chronicle Books, 2004, p.8, 23.

＊09 なお、レヴィ＝ストロースの神話論や、後で参照するグレゴリー・ベイトソンの生態学的なコミュニケーション論は、いずれもサイバネティックスに根ざしている。その点で「新手の制御理論」と言っても、その起源は、むしろオーソドックスで古典的な通信工学の伝統に属すると言うべきだろう。ただし、インターネットというのは、人類史上例を見ないほどの膨大なひとびとのコミュニケーションの場として成立している。インターネットと言えば、これまでは中央集権型ならぬ「自律分散型」の社会の理想像が投影されてきたが、現実に出現したのは「非自律的で分散的」という、ある意味では最悪の状況であった。だからこそ、そこには、制御についての思想が呼び戻される余地がある。

＊10 カール・シュミット『現代議会主義の精神史的地位』（稲葉素之訳、みすず書房、二〇〇〇年）二五頁。

＊11 柄谷行人『〈戦前〉の思考』（講談社学術文庫、二〇〇一年）五一頁。

＊12 シュミット前掲書、一〇二頁。

＊13 東浩紀『動物化するポストモダン』（講談社現代新書、二〇〇一年）。

＊14 リゾームは、東前掲書でも触れられる通り、浅田彰『構造と力』（勁草書房、一九八三年）における主要なモデルとなっていた。

＊15 「変異／選択／再安定化」というのは、社会学者ニクラス・ルーマンによる分類である。『社会の社会』（馬場靖雄他訳、法政大学出版局、二〇〇九年）。

＊16 ペーター・ソンディ『ヘルダーリン研究』（ヘルダーリン研究会訳、法政大学出版局、二〇〇九年）八一頁。

＊17 濱野智史「ニコニコ動画の生成力」東浩紀・北田暁大編『思想地図』（vol.2、ＮＨＫ出版、二〇〇八年）三三四頁。

＊18 同右、三四四頁。

＊19　グレゴリー・ベイトソン『精神の生態学』（改訂第二版、佐藤良明訳、新思索社、二〇〇〇年）一九五頁。

＊20　濱野智史『アーキテクチャの生態系』（NTT出版、二〇〇八年）第六章。なお本文では触れなかったが、濱野はニコニコ動画を、他の同期型メディア、たとえばセカンドライフやツイッターと比較しており、示唆に富んでいる。

＊21　東浩紀は、すでにこの偶然と必然の重ね合わせを問題にしていた。「それぞれの物語は、データベースから抽出された有限の要素が偶然の選択で選ばれ、組み合わされて作られたシミュラークルにすぎない。したがってそれはいくらでも再現可能だが、見方を変えれば、ひと振りのサイコロの結果が偶然かつ必然であるという意味において、やはり必然であり、再現不可能だと言うこともできる」（東前掲書、一二四頁）。

＊22　むろん、複製や模倣の問題は、文化の生態だけではなく人間の生体をベースにして考えることもできる。たとえば、近年の脳科学的な知見では、人間が生得的に持っている感情のミラーリング（物まね）能力が注目されており、マルコ・イアコボーニ『ミラーニューロンの発見』（塩原通緒訳、ハヤカワ新書、二〇〇九年）では、他者の感情の模倣が共感のネットワークを形成する事例が数多く紹介されている。この考え方によれば、私たちの社会性はゼロからスタートするのではなく、感情のレベルでの素早い複製行為が行き渡っているところから――少なくとも行き渡る可能性があるところから――始まるのであり、このような着想の原点として哲学者のメルロ・ポンティやキルケゴールらが挙げられている。

このように、作動が比較的容易かつ高速な地平が、私たちの社会的資源になるという考え方は重要である。生得的なミラーリング能力はいわば「伝達速度の高い社会性」とでも呼び得るものであり、そのおかげで、社会の絆を形成する手間が押し下げられるのだ。

＊23　ノルベルト・ボルツ『世界コミュニケーション』、五七頁。

＊24　西尾維新『きみとぼくの壊れた世界』（講談社ノベルス、二〇〇三年）一八、一三〇頁。

＊25　同右、一〇頁。

＊26　同右、三五－三六頁。

＊27　西尾維新『不気味で素朴な囲われたきみとぼくの壊れた世界』（講談社ノベルス、二〇〇八年）五九‐六〇頁。
＊28　リチャード・ローティ『偶然性・アイロニー・連帯』（齋藤純一他訳、岩波書店、二〇〇〇年）三‐四頁。
＊29　同右、二三九頁。
＊30　Slavoj Žižek, Violence, Picador, 2008, p.144.
＊31　なお、ネグリとハートは近著『コモンウェルス』において、公私の区別に準拠した政治的思考を批判し、公私の狭間で集団的に形成されていく資本（コモンウェルス）の潜勢力を高く評価した上で、そのコモンウェルスを資本主義から隔離することを提唱している。Antonio Negri & Michael Hardt, *Commonwealth*, Harvard University Press, 2009. 彼らの観点からすれば、本書のように、私的なアイロニーと公的な連帯を分ける思考そのものが、時代に見合っていないことになるだろう。私も彼らの議論の意義は認めるが、文芸批評家としての観点からは、ここではさしあたり公私という古い言葉を維持しておくほうが望ましいように思われた。むろん、その感覚が正しいかどうかは、読者の判断にお任せしたい。

第二章　神話の神話

＊1　ノルベルト・ボルツ「序論」ボルツ＋アンドレアス・ミュンケル編『人間とは何か』（壽福眞美訳、法政大学出版局、二〇〇九年）一〇頁。
＊2　同右、九頁。
＊3　この二つの社会学の区別については、ロラン・バルト「社会学と社会論理」『記号学の冒険』（花輪光訳、みすず書房、一九八八年）を参照している。
＊4　ポール・ウォーレス『人口ピラミッドがひっくり返るとき』（高橋健次訳、草思社、二〇〇一年）一七二頁。
＊5　H・A・サイモン『人間の理性と行動』（佐々木恒男・吉原正彦訳、文眞堂、一九八四年）四頁。

＊6　哲学者のジャック・デリダは、別の環境下で同じ名前を引き継ぐことを「古名」の戦略と呼んでいる。「新しい概念の下準備をするのに、古い名称をときどき保存すること」を目指すこの戦略は、要するに、環境や歴史の連続性を半ば保つことを狙っている。「先行する組織」を変えるために、いきなり名前を含めてすべてを刷新（変形）してしまうと「介入のためのてこ」が失われてしまうので、あえて古い名称を維持し続けるというわけだ。まったく新しい何かをつきつけるよりも、ひとびとにすでに馴染んだ対象が、いつしかひとびとの手元で別のものになっているというほうがよく「効く」のである。詳しくは『ポジシオン』（高橋允昭訳、青土社、一九九二年）一〇六頁。本書で「作品を変える」タイプの神話以上に、「場を変える」タイプの神話を評価したのは、サブカルチャーにおける古名の実例を表示するためである。

＊7　デイヴィッド・A・プライス『メイキング・オブ・ピクサー』（櫻井祐子訳、早川書房、二〇〇九年）一三頁。

＊8　ニクラス・ルーマン『情熱としての愛』（佐藤勉・村中知子訳、木鐸社、二〇〇五年）ふうに「親密さのコーディング」と呼んでもよい。

＊9　なお、リンクの可能性に満ちた世界で、期間限定の排他的関係を結ぼうとするのは、サブカルチャーに限らず、当然一般的な企業にとっての関心事でもある。

＊10　たとえば、アメリカの著名な未来学者にしてテクノ・ユートピア主義者でもあるジョージ・ギルダーは『テレコズム』（葛西重夫訳、ソフトバンク・パブリッシング、二〇〇一年）において「どんな新しい時代にも、その時代を特徴づけ、その時代の尺度となるような重要な豊富性と希少性が存在する。そうした豊富性と希少性は、経済学の現場、ビジネスの実質、文化の素地、生活の基盤を形作る」と巧みな言い方をしている（七頁）。なお、文明の歴史を、豊富性と希少性の組み合わせという経済学的隠喩によって説明しようとするギルダーの（そしてまた本章の）態度そのものが、現代に特有のものであることは言うまでもない。このことは、現代における「ホモ・エコノミクス」（経済人）の優勢を示す一例となっている。

＊11　フレッド・ピアス『水の未来』（古草秀子訳、日経BP社、二〇〇八年）によれば、「緑の革命」を支える高収量品種は高い生産性は見込めるかわりに、原産種よりも遥かに多くの水を必要とするという欠点がある（三八頁

とになる。以下）。よって、ピアスは「緑の革命」後の世界に対して、水の適切な管理を目指す「青の革命」を提唱するこ

＊12　富野由悠季『ターンエーの癒し』（ハルキ文庫、二〇〇二年）。

＊13　同右、六四頁。

＊14　実際、この時期の富野は、他作品にも民族色豊かな祭りのシーンを埋め込んでいる。たとえば、『ＯＶＥＲＭＡＮキングゲイナー』（二〇〇二年〜〇三年）など。

＊15　富野前掲書、一八頁。

＊16　「想起、反復、徹底操作」『フロイト著作集』（第六巻、小此木啓吾訳、人文書院、一九七〇年）。

＊17　クロード・レヴィ＝ストロース「神話とは何か」『構造・神話・労働』（大橋保夫編訳、みすず書房、一九七九年）六六頁。

＊18　東浩紀『ゲーム的リアリズムの誕生』（講談社現代新書、二〇〇七年）。特に、竜騎士07のシナリオによる『ひぐらしのなく頃に』と桜坂洋の小説『All You Need Is Kill』がそれに該当する。

＊19　ベイトソン『精神の生態学』、五八七頁。

＊20　たとえば、『スタートレック』についてのエイブラムズのインタビューが掲載されたガーディアン紙の記事を参照。http://www.guardian.co.uk/film/2009/may/07/jj-abrams-interview-star-trek

＊21　東『動物化するポストモダン』第二章参照。

＊22　なお、主観映像のアイディアは、別に『クローバーフィールド』に限られたものではない。『クローバーフィールド』と相前後して、ハンディカムの主観撮影を使った映画がいくつか発表された。それらもまた、臨場感を醸し出し、恐怖やパニックの感覚を増すためにハンディカムを使っている（たとえば、スペイン映画の『ＲＥＣ』など）。こうした主観撮影の技法は、多量の情報を、人間の間尺に合わせて縮減しようとする傾向をよく示している。

＊23　この点については、ボルツ『世界コミュニケーション』六七頁を参照。

＊24 ベネディクト・アンダーソン『増補　想像の共同体』（白石さや・白石隆訳、NTT出版、一九九七年）六二頁。

＊25 ボルツ前掲書、七一頁。

＊26 あるいは、こういう事例を思い出すといいかもしれない。自然界にはしばしば、非常に目立つ動作をして、他の生物を引き寄せて共生関係を結ぶ生き物（仮にAと呼ぶ）が存在する。しかしそこに、まったく同じ動作をして、うっかり引き寄せられてきた生物を襲撃し捕食してしまう生き物（仮にBと呼ぶ）が現れることがある。すると、警戒心を強めた生物は、もはやAには近寄らなくなってしまうだろう。そのときAは、自分がBではなくAであることを示すために、同じシグナルを何度も発信して、疑いを払拭するような振る舞いをすることがある。人間でも、親の留守中に子どもがうっかりドアを開けてしまわないように「お母さんのときはチャイムを三回鳴らすからね」と約束事を決めたりする、それと同じである。ベイトソンは『精神の生態学』で、そういう弁別化を「自己表示的イコン性」を獲得する行動と呼んでいる（五五九頁）。

二次創作、つまり模倣的な創作物が溢れてくると、今度はそこから「自己表示的イコン性」を発信することが、一つの課題としてせり上がってくる可能性がある。「エンドレスエイト」は八回同一のシグナルを発したが、これは「自己表示的イコン性」の発動として捉えると理解しやすい。

＊27 ニクラス・ルーマン『社会理論入門（ニクラス・ルーマン講義録2）』（ディルク・ベッカー編、土方透監訳、新泉社、二〇〇九年）四〇一頁。なお、ここで補足的に言っておけば、機能分化の進む社会においても、それ以前の環節分化（家族のように相似したセグメントが並列される構造）や階層分化（上層に資源が集中する組織化原理）が喪失されるわけではない。それどころか、機能分化したシステムを円滑に動かすために、環節的あるいは階層的なモデルがところどころに持ち込まれることは、ルーマンが『社会の社会』において、科学システムや領域国家がそれぞれ環節的に分化していることに注意を促していることからも明らかである（一〇四九頁）。したがって、私たちは別に環節的あるいは階層的なモデルを手放す必要はないのであって、むしろそれらの旧来の様式が、機能分化する社会において「再利用」される局面に注意すればいいのである。

＊28　たとえば、ルーマンは『社会の社会』で次のように記している。「分化の形式が多くの事柄を必要とするようになればその分だけ、増幅された独立性と増幅された依存性とを組み合わせることが可能になる（これはもちろん近代の機能分化した全体社会についてはなおいっそう言えることである）」（九八六頁）。

第三章　象徴的なものについて

＊01　たとえば、古代ギリシアのアテネで吟ぜられたホメロスの神話は、それ以前に存在したギリシアの諸都市の神々を再統合し、そこにまた別の役割を割り振るような機能を備えていた。あるいはすぐ後で触れるが、近代日本を代表する神話体系である柳田國男の『遠野物語』も、かつて殷賑をきわめた遠野という地方都市の文化的蓄積を糧としている。

＊02　この定義については、カッシーラー『シンボル形式の哲学』（第一巻、生松敬三・木田元訳、岩波文庫、一九八九年）九頁。

＊03　ベネディクト・アンダーソン『増補　想像の共同体』、三二頁。

＊04　ミシェル・フーコー『生政治の誕生』（慎改康之訳、筑摩書房、二〇〇八年）二七八頁。

＊05　Henry Jenkins, *Convergence Culture: Where Old and New Media Collide*, New York University Press, 2006, p.20. なお、lovemarksというのはケヴィン・ロバーツの提唱するマーケティング用語。熱狂的なブーム（fads）には愛はあるがリスペクトはないので、長続きしない。他方、ブランドにはリスペクトはあるが愛がないので、熱狂を生まない。ゆえに、この両方の長所を兼ね備えたlovemarksによって、消費者を惹きつけようというわけだ。さして面白いアイディアでもないが、偶然のリンクを必然化するという方向性が、マーケティングの領域ではっきり示されていることには注意しておきたい。

＊06　なお情報量の増加によりひとびとの認知が破綻するという危惧がしばしば語られるが、そういう展開はむしろ

非現実的である。なぜなら、たいていの人間は情報のオーバーロードに陥る前に、意識的あるいは無意識的なフィルタリングによって過剰な負担を除去することができるからだ。情報量の増加で悩むのは、よほど特殊な職業に就いているひとだけである。ここでのポイントはむしろ、エフェメラルなメディアを構築することによって、個々人のフィルタリングが発動する前に、新しい情報をねじ込める確率が高まるということにある。

＊07　Yochai Benkler, *The Wealth of Networks: How Social Production Transforms Markets and Freedom*, Yale University Press, 2006, p.271. さらに、濱野智史「ニコニコ動画の生成力」は、2ちゃんねるやニコニコ動画などのアーキテクチャが、内部のコンテンツを故意に短命化するように設計されていることを詳しく論じている。そこでは、短命化が、複雑性の縮減の機能を果たしているのだ。

＊08　Thomas C. Schelling, *Micromotives and Macrobehavior*, W. W. Norton & Company, 1978, p.151.

＊09　マックス・リューティ『昔話の解釈』（野村泫訳、ちくま学芸文庫、一九九七年）九六頁。

＊10　ロマーン・ヤーコブソン『音と意味についての六章』（花輪光訳、みすず書房、一九七七年）のレヴィ＝ストロースによる序文（一六頁、訳文表記一部変更）。

＊11　なお、構造主義というのはすでに二〇世紀の古典的理論と呼ぶべきものであり、その現代的意義は薄れているのではないかという印象を持たれる読者もいるだろう。とはいえ、構造主義の思想の根幹にあるのが、基本的要素（神話素）どうしを結びつけるメカニズムの分析である以上、そう簡単に一蹴できるわけでもない。特に、対象をより細密な要素に分割していく技術が育ってくれれば、その要素を結合させるための新しい神話論が要求されることになる。

＊12　Noah Wardrip-Fruin, *Expressive Processing: Digital Fictions, Computer Games, and Software Studies*, MIT Press, 2009, p.413.

＊13　「生物学史におけるキュヴィエの位置」（金森修訳）『ミシェル・フーコー思考集成』（第三巻、筑摩書房、一九九九年）三七三頁。

＊14　浅田彰『構造と力』、四〇頁。

＊15　同右、一五九頁。

＊16　タルコット・パーソンズ『文化システム論』(丸山哲央編訳、ミネルヴァ書房、一九九一年) 五四頁。

＊17　ノルベルト・ボルツ『世界コミュニケーション』、二一九頁。

＊18　別の観点からは、こういうふうにも言える。たとえば、いわゆる大きな物語の崩壊に際しては、自己言及の問題が当然出てくる。発話の真偽に対して最終的に決済を受け持ってくれる審級が喪失してしまえば、自分が自分である根拠は自分のなかに求めるしかない。しかし、その試みは「すべてのクレタ人は嘘つきだとクレタ人は言った」というパラドックスよろしく、つねに解体の危機を抱えている。たとえば、大澤真幸『不可能性の時代』(岩波新書、二〇〇八年) は、システムが成熟し、単一の大きな物語が不要になり、誰もがバラバラの世界を生きるようになった結果、ひとは根拠の不在から来る解決不可能なパラドックスを抱え込み、端的に「不可能」な領域に向けて決断していく者が増えるという議論構成になっている。確かに、もしひとびとが自己言及のパラドックス (自分自身にしか根拠がないこと) を一息に解消しようとするのであれば、不可能性 (根拠がないという根拠) に向けてダイブするしかないだろう。

とはいえ、現実の社会システムは、その危うさをそのつどの進化を通じたコード化によって、適当に受け流している。「根拠の不在」を解消することはできなくても、そのつどの観察を通じて、問題を別の文脈・別の地平に移し替えることはできるというわけだ。本書は、そういう置換を実践している作家や文化システムを評価することを一つの目的としている。付け加えれば、ルーマン『社会の社会』では「パラドックスによって困難に陥るのはオートポイエティックな作動ではなく、観察のみである」という文章が引用されている (九〇頁)。

＊19　たとえば、ボルツ前掲書ではこう記されている。「一方では高度に複雑な世界、他方ではますます足りなくなっていく注意力、この両者は、意味を人為的に構成することによって媒介される」(二二五頁)。

＊20　柳父章『近代日本語の思想』(法政大学出版局、二〇〇四年)。

＊21　この分類は、大塚英志の議論に基づく。特に『怪談前後』(角川書店、二〇〇七年) を参照。

＊22　宮田登編『柳田國男対談集』(ちくま学芸文庫、一九九二年) 二〇頁。

＊23　大塚前掲書、序章参照。

＊24　石井正己『『遠野物語』を読み解く』（平凡社新書、二〇〇九年）一九頁。
＊25　同右、八二頁。
＊26　『柳田國男全集4』（ちくま文庫、一九八九年）一一頁。
＊27　石井前掲書、一三八頁。
＊28　『柳田國男全集4』、九頁。
＊29　大塚前掲書、四九頁。また、当時の怪談ブームについては、大塚も依拠する石井正己『遠野物語の誕生』（ちくま学芸文庫、二〇〇五年）が詳しい。
＊30　レスリー・A・フィードラー『消えゆくアメリカ人の帰還』（渥美昭夫・酒本雅之訳、新潮社、一九八九年）一五頁。
＊31　たとえば、評論家の仲俣暁生は、近年『極西文学論』（晶文社、二〇〇四年）というタイトルの日本文学論を刊行した。仲俣の関心は、アメリカの西端（極東ならぬ極西）に組み込まれた日本文学の過去と未来を問うことにあったと言ってよい。にもかかわらず、この著書はむしろ、アメリカから見た「西」という方位が日本人作家たちに共有される神話にはなりきれていないことをよく示している。仲俣の議論を辿る限り、「西」にこだわっているのはやはりアメリカ人のほうであって、むしろ日本人作家は上空からの視点との関係で文学を組み立てているように見える。現に、仲俣が吉本隆明の「ハイ・イメージ論」を参照するとき、そこでは、上空から見るものと地上において見られるものという縦の関係こそが強調されている。

第四章　ネットワーク時代の文学——村上春樹前後

＊01　ベイトソンは『精神の生態学』でこう述べている。「実際、コミュニケートするとは、冗長性とパターンを産み出すことと同義ではないだろうか」「Aの行為とBの行為が一緒になって、観察者にとっての宇宙を、より予

測可能な、より秩序ある、より〝冗長〟なものにしていくのだ。あるいはこう言ってもいい。――Aの紙に書かれたものとBの紙に書かれたものとが一致するという、観察者にとって不思議な、確率的にほとんど起こりえないことが、AとBとが演じる〝ゲーム〟の規則によって説明される、と」（五四二頁）。

＊02 たとえば、ルーマンは「間主観性かコミュニケーションか」という問いを立てつつ、「社会システムの自己参照に立脚して展開された自立的なコミュニケーション理論にとっては、間主観性という手がかりは全く不要である」と断定している。『ポストヒューマンの人間論』（村上淳一訳、東京大学出版会、二〇〇七年）一八四頁。

＊03 特に、絵画についてはかなりはっきりしている。たとえば、二〇世紀の画家（シャガールやピカソなど）は、同じモチーフを何度も繰り返し扱った。このことは、宗教画の補填と考えるとわかりやすい。宗教画は、聖書のエピソードに題材を仰ぐことによって、ルネッサンス期前後に開花する絵画的実験をやりやすくした。聖書とは、一つ一つの場面がドラマティックに濃縮された、喚起力の強いパターンの束である。そこからは、作り手と受け手が共有できる場がもたらされる。逆に、聖書のモチーフから解放された近代の画家は、いわば自前で冗長性を調達しなければならず、そのために同じモチーフを貫きつつ、それを少しずつ変化させていく技法が出現するようになる。大きな変異を生じさせるには、まず冗長性の獲得が求められるのだ。

＊04 レナード・ムロディナウ『たまたま』（田中三彦訳、ダイヤモンド社、二〇〇九年）六頁。

＊05 ピエール・ブルデュー『実践理性』（加藤晴久他訳、藤原書店、二〇〇七年）八三頁。

＊06 この点で、啓蒙はいわば「詩」のようなものに近くなると言ってもいいだろう。詩とは、通常の言語的使用の論理からはみ出す別種の論理を抽出するジャンルである。それと同様に、啓蒙もまた、そうしたいわば前論理的な論理を社会において検出することを目指す。アートや批評という「制度」は、まさにその検出コストを低減するのに役立つのだ。

＊07 アンソニー・ギデンズ『親密性の変容』（松尾精文・松川昭子訳、而立書房、一九九五年）では、こう述べられている。「感情による虐待の回避は、関係性における権力の平等化の、おそらく最も実現の難しい側面であろう」（二七九頁）。実際、近年の文学では「虐待」をテーマとする作品が、折に触れては現れる。ただ、この手の

作品は、関係性そのものがかなりの程度自由化するなかで、虐待だけがタブーとなっていることのいささか素朴な表出にすぎない。

＊08 ドリス・レッシング『破壊者ベンの誕生』（上田和夫訳、新潮文庫、一九九四年）一九二頁。

＊09 著名なSF作家アーサー・C・クラークが自伝『楽園の日々』（山高昭訳、ハヤカワ文庫、二〇〇八年）で記しているエピソードを紹介しておこう。英国人の少年クラークは、大恐慌前後のアメリカにおけるSFのパルプ雑誌の隆盛に直に影響を受けていた。「〝ヤンキーのパルプ雑誌〟は、戻って来る貨物船のバラストとして大英帝国に侵入した」（三〇頁）。パルプ雑誌に熱狂したクラークにとって「箱いっぱいの雑誌が（それぞれ数ペニーで）地元の郵便局に届く日は、お祭り騒ぎだった」（三一頁）のであり、彼はその到着したパルプ雑誌を片端から読み漁ることになる。他方、英国で刊行された小説の読書体験としては、H・G・ウェルズやステープルドンらのSF作家の名前が言及されるに留まる。のみならず「皮肉なことに、ステープルドンは、彼が〝近未来および遠未来の小説〟と呼ぶものを書いたとき、〝サイエンス・フィクション〟という言葉を聞いたことがなく、SF雑誌を見たことさえなかったのだ！〔…〕この文学的ジャンルが繁栄していることを知ったステープルドンは、当然ながら穏やかな驚きを表明した」（五一頁）。このステープルドンの反応からも、アメリカにおけるパルプ雑誌の独自の進化ぶりが察せられる。

＊10 スティーヴン・キング『死の舞踏』（安野玲訳、福武書店、一九九三年）五四九頁。

＊11 東浩紀『ゲーム的リアリズムの誕生』、二六頁以下。

＊12 ロバート・アクセルロッド『対立と協調の科学』（寺野隆雄訳、ダイヤモンド社、二〇〇三年）四五頁以下。

＊13 スタンレー・ミルグラム『服従の心理』（山形浩生訳、河出書房新社、二〇〇八年）。

＊14 具体的には、郭敬明の発行する雑誌『最小説』は二〇〇九年時点で公称で毎月およそ五〇万部（場合によっては七〇万部強）をコンスタントに売り上げている。彼自身も二〇〇八年度の作家としての収入が一三〇〇万元で、全作家中のトップである。

＊15 Xudong Zhang, *Postsocialism and Cultural Politics: China in the Last Decade of the Twentieth Century*, Duke University Press,

2008.

＊16 拙稿「物語の見る夢」東浩紀・北田暁大編『思想地図』（vol.1、NHK出版、二〇〇八年）所収。

＊17 九把刀『依然、九把刀』（蓋亜出版〔台北〕、二〇〇七年）七六、五二頁。

＊18 同右、五四頁。

＊19 同右、三〇〇‐三〇一頁。

＊20 同右、二〇六頁以下。

＊21 本田透『なぜケータイ小説は売れるのか』（ソフトバンク新書、二〇〇八年）。

＊22 速水健朗『ケータイ小説的。』（原書房、二〇〇八年）。

＊23 なお、物語論的な特徴ということでは、ケータイ小説がしばしば「実話」であると自己言及していることを付け加えておこう。むろん、速水も言うように、その実話的な「リアル」とは投稿雑誌的なリアルであり、煎じ詰めれば虚構的な「不幸自慢」のようなものにすぎない。ただ、「本当のことを書く」という仕草、つまり擬似告白体がかくも広く愛好されることは、それなりに重要である。この種の擬似告白体というのは、一種の「耳打ち」に近く、他ならぬこの情報を、他ならぬあなたに伝えようという演劇的な文体である。

あるいは、インターネットの掲示板でもしばしば「実話」であることを謳った書き込みが現れ、ひとびとはそれが法螺話（「釣り」と呼ばれる）であることを薄々感じつつも、騙されているふりをしてノッてあげたりする。ケータイ小説の仕掛けも、おそらくそれと近い。大切な秘密をわざわざ明かすという仕草は、彼我の距離を縮める、ちょっとしたコミュニケーションゲームの一環なのだ。

＊24 濱野智史『アーキテクチャの生態系』、二八四頁。

＊25 なお、このバトルロワイヤルの連鎖は、手紙を受け取った兄妹が、自殺、つまり我が身を使って負債を償却することによって終了する。

＊26 速水前掲書、二一二頁。

＊27 ニクラス・ルーマン「社会学の基礎概念としての意味」ハーバーマス＋ルーマン『批判理論と社会システム理

論』（佐藤嘉一他訳、木鐸社、一九八七年）四二頁。

＊28　宮台真司＋石原英樹＋大塚明子『増補サブカルチャー神話解体　少女・音楽・マンガ・性の変容と現在』（ちくま文庫、二〇〇七年）九頁。

＊29　柄谷行人『終焉をめぐって』（講談社学術文庫、一九九五年）一三五頁。

＊30　村上春樹『ねじまき鳥クロニクル』（第二部、新潮文庫、一九九七年）一九八頁。

＊31　たとえば、レヴィ＝ストロースは『神話論理』のなかで、南北アメリカの八〇〇以上の神話を渉猟し、そのあいだの変換の規則を事細かに論じてみせた。しかし、そのような分析が可能だったのは、一つにはそれらの神話によって用いられる事物が、地域ごとに完全にかけ離れていたわけではなく、むしろそこそこの共通性を宿していたからだと言える。同様に、グローバル資本主義は、そうした知覚のレベルでの共通性を高めた神話体系を準備しているのではないか。モノがある程度稠密に集まった場から、自ずとパターン化＝象徴化が発生するということは、すでに前章でも示唆しておいた通りである。

＊32　村上春樹『1973年のピンボール』（講談社文庫、一九八三年）一五一頁。

＊33　村上春樹『羊をめぐる冒険』（下巻、講談社文庫、一九八五年）二二六－七頁。

＊34　同右、一三二頁。

＊35　村上春樹『世界の終りとハードボイルド・ワンダーランド』（上巻、新潮文庫、一九八八年）二〇四頁。

＊36　同右、下巻、三二〇頁。

＊37　『1973年のピンボール』、六九頁。

＊38　ハーバード・サイモンの術語では「準分解可能性」と呼ばれる。『システムの科学』の二三五頁を参照。より厳密には、サイモンの理論ではたんに階層分化の必要だけではなく、階層と階層の「関係」が重視される。

＊39　ゲアリー・マーカス『心を生みだす遺伝子』（大隅典子訳、岩波書店、二〇〇五年）二二四頁。さらにマーカスによれば「遺伝子の変化はおそらく漸進的である」のに対して、遺伝子のちょっとした変化が大きなカスケードを引き起こすことがあるため、「表現型の変化が漸進的であるとは限らない」（一八一頁）。単体での進化は予

測可能でも、遺伝子が構成する表現型については予測不可能な挙動が生じることが考えられるというわけだ。

＊40 『ねじまき鳥クロニクル』第三巻、三四七頁。

＊41 村上春樹『ノルウェイの森』(下巻、講談社文庫、一九九一年)二六二頁。

＊42 柄谷前掲書、一七四頁。

＊43 『ねじまき鳥クロニクル』第三巻、五〇九頁。

＊44 レイモンド・チャンドラー『ロング・グッドバイ』(村上春樹訳、早川書房、二〇〇七年)二一二頁。

＊45 レイモンド・チャンドラー『さようなら、愛しい人』(村上春樹訳、早川書房、二〇〇九年)二六五頁。

＊46 同右、三四三頁。

＊47 近年のある研究者が論じるように、その調整によって、ハードボイルド小説の主人公には一種の「センティメンタリティ」が発現する。物語の進展とともに、一過的なパッション(激情)ではなく、持続的なセンティメンタリティ(情緒)が作品全体の「気分」として醸成されていくのだ。

こうしたセンティメンタリティの勃興には、当時の郊外化が反映している。「一九五〇年代におけるほとんどの犯罪小説の男性の主人公は、都市化と郊外化の時代において家を保護するという責任を負っている」。それゆえに一九世紀のロマンスでは女性が受動的に果たしていた「家を守る」という役割を、ハードボイルド小説では男性が能動的に果たすようになるのだ。のみならず、一九五〇年代は反猥褻キャンペーンが女性団体を中心に大々的に展開されるとともに、会社組織で波風を立てないようにするためにも、強い男性性を発揮することには一種の自己抑制が働いていた。文学もまた、そうした社会状況の変化と無縁ではなかった。かくして、ハードボイルド小説(より広くは犯罪文学)では男性性と、それと裏腹のドメスティックで女性的な側面が共存することになる。詳しくは、Leonard Cassuto, *Hard-Boiled Sentimentality: The Secret History of American Crime Stories*, Columbia University Press, 2009, p.109-110を参照されたい。こうした点から見ても、ハードボイルド小説が郊外化のなかでの主体性を造形した、重要なジャンルであったことがうかがえる。センティメンタリティというのは、その新しいタイプの男性が他者と絆を結ぶための、一つの感情の様式であった。

＊48　スラヴォイ・ジジェク『斜めから見る』(鈴木晶訳、青土社、一九九五年）第三章。

＊49　ただし、ジジェクも言うように、ダシール・ハメットの小説については三人称で書かれるものが優勢である。本文で論じるように、ここにも、ハメットとチャンドラーの大きな差異がある。

＊50　ジジェク前掲書、一二三頁。

＊51　ホームズ型の探偵を延長していった果ての作家、たとえばエラリイ・クイーンなどは、探偵自身が誰かに操作されているのではないかという懐疑（いわゆる後期クイーン問題）にさいなまれる。他方、ハメットやチャンドラーの探偵は、最初からすでに事件の回路のなかに取り込まれてしまっており、自身が操作されていることがすでに前提されている。チャンドラーが、イギリスの古典的ミステリを批判したのは、そう考えると示唆的である。「簡単な殺人法」『事件屋稼業』(稲葉明雄訳、創元推理文庫、一九六五年）所収を参照。

＊52　ジジェク前掲書、一二七頁。

＊53　ダシール・ハメット『マルタの鷹』(小鷹信光訳、ハヤカワ文庫、一九八八年）三二二頁。

＊54　チャンドラー前掲書、三六八頁。

＊55　たとえば、バルト『文学の記号学』(花輪光訳、みすず書房、一九八一年）では、こう巧みに記されている。「[…]文学が動員する知は、決して完全無欠なものでも、最終的なものでもない。文学は、あることを知っているとは言わず、あることの一部を知っていると言う。あるいはもっと適切には、あることについて何かを知っている——人間について多くを知っている、と言う」(二一頁)。

第五章　ゲームが考える——美学的なもの

＊01　ウルリッヒ・ベック「政治の再創造」ベック＋ギデンズ＋ラッシュ『再帰的近代化』(松尾精文他訳、而立書房、一九九七年）五〇頁。

＊02 生態学的なものと美的なものの分割については、スコット・ラッシュ「再帰性とその分身」同右所収を部分的に参照した。ラッシュの用語では前者はブルデューやハイデッガーに連なる「解釈学的再帰性」、後者はアドルノやニーチェに連なる「美的再帰性」の区別に相当する。

＊03 Aaron Betsky, "Beyond 89 Degrees", in *Zaha Hadid*, Thames & Hudson, 1998, p.6.

＊04 大塚英志「まんが記号説の成立と戦時下の映画批評」『新現実』（vol.5、太田出版、二〇〇八年）一五七頁。

＊05 今村太平『漫画映画論』（岩波書店、一九九二年）一九、一〇八、一一〇頁。

＊06 たとえば、ノルベルト・ボルツは『グーテンベルク銀河系の終焉』（識名章義・足立典子訳、法政大学出版局、一九九九年）において、こう記している。「グーテンベルク銀河系の線的な合理性にかわって、今日では相対的な配列のなかで思考する方法が登場している。知性と事物の〈合致（adaequatio）〉を説く対応説的真理観は、ある理論が〈整合〉するかどうかという構成主義的基準にとって代わられた」（一二〇頁）。ここで言われる「構成主義的基準」というのは、今なら「ゲーム的基準」に置き換えられる。

＊07 Erving Goffman, *Strategic Interaction*, University of Pennsylvania Press, 1969, p.5.

＊08 セミ・ラティスという概念は、批評の世界では一九八〇年代に一度話題になった。特に、柄谷行人『隠喩としての建築』（講談社学術文庫、一九八九年）を参照。ただ、本章の議論の道筋は柄谷と逆になっている。というのも『隠喩としての建築』の柄谷は、ツリーよりもセミ・ラティスを評価しつつ、しかしセミ・ラティスにも限界があると見なしてリゾーム的生成論を持ってきたのだが、私はむしろ、十分にリゾーム化したシステムを再デザイン化するための原理として、セミ・ラティスや神話を再評価しているからだ。

＊09 たとえば、最近では、インターネット上の自己組織的な編集・開発システム（Wikiや XP）のアイディアの元祖として、アレグザンダーに注目する議論もある。江渡浩一郎『パターン、Wiki、XP』（技術評論社、二〇〇九年）参照。

＊10 クロード・レヴィ＝ストロース『やきもち焼きの土器つくり』、二〇九頁。

＊11 フロイト的無意識がメタレベルをオブジェクト化することに着眼した例として、東浩紀『存在論的、郵便的』

（新潮社、一九九八年）第四章を参照。

＊12　情報社会論においてしばしば語られてきたのは、ユング的な集合無意識が情報ネットワークによって実現されるというニューエイジ的なヴィジョンであった。しかし、フロイト的無意識はより本質的である。ユングはたかだか、人類が皆同一の心のふるさとを持っていると夢想したにすぎない。それに対して、フロイトは無意識が国語とはまったく異なる書記体系を持っていると考えた。私たちに必要なのも、思考やコミュニケーションを支える書記体系が、ネットワーク化やセミ・ラティス化によっていかに変容するかを考える作業である。

＊13　拙稿「ホモ・エコノミクスの書く偽史」東浩紀＋北田暁大編『思想地図』（vol.3、ＮＨＫ出版、二〇〇九年）所収。

＊14　ジャック・デリダ『エクリチュールと差異』（下巻、梶谷温子他訳、法政大学出版局、一九八三年）一四五頁より再引用。

＊15　中沢新一『精霊の王』（講談社、二〇〇三年）九二頁。

＊16　ただ、そのシミュラークルとしての少女（あるいは幽霊や妖怪）は、それだけではとりとめもなく消失してしまう。そこで、彼女らに束の間の実体を与えるために、「帽子」のような無意味（ノンセンス）で、しかし具体的な事物が持ち出される。この点については、前掲拙稿を参照。

＊17　「機知　その無意識との関係」『フロイト著作集』（第四巻、生松敬三訳、人文書院、一九七〇年）三五九頁。

＊18　なお「音楽の音楽ゲーム化（音ゲー化）」は、メロディーや歌詞を二の次に置いた、きわめて極端な形式化を推し進めていると見ることもできる。その点で、現代のサブカルチャーは、作者においても受け手においても、いわば「形式主義的動物」を量産しているように見受けられる。

＊19　カール・レーヴィット『ヘーゲルからニーチェへ』（第一巻、柴田治三郎訳、岩波書店、一九五二年）二八〇頁以下。

＊20　デリダ前掲書、九九頁より再引用。

＊21　むろん、前近代社会であれ近代社会であれ、音声というのは強い社会的管理の対象となってきた。職種や社交

その他さまざまな要素の絡み合いのなかで、私たちは場で発すべき声を学んでいく。その意味では、純然たる肉声などというものは最初から存在しない。とはいえ、擬似的な音声のボリューム（声＝量）が非常に膨れ上がるとともに、それを減圧する技法が出てきていることは、さしあたり新しい現象だと言える。

＊22　デリダ前掲書、一〇二頁より再引用。

＊23　モートン・N・コーエン『ルイス・キャロル伝』（上巻、高橋康也監訳、河出書房新社、一九九九年）。「言葉の音は、音楽と同じように、われわれに何らかの感情を覚えさせる。この二冊の本（『不思議の国のアリス』と『鏡の国のアリス』を指す）では、音と感情は意味と同じくらい、もしかするとそれ以上に、重要なものだ。音は読者がアリスと関わり合い彼女の冒険に参加する助けとなっている。読者はずっとアリスといっしょにさまよい歩いているという感じがするのであり、この感じがこの旅の最も大事な部分なのだ。言葉の音とその音が引き起こす感情の結びつきは、ルイス・キャロルによって初めて、子どもの本に登場した新しい現象なのだ」（二五二頁）。

＊24　ジル・ドゥルーズ『意味の論理学』（岡田弘・宇波彰訳、法政大学出版局、一九八七年）六三頁。なお、同書からの引用については、原書と英訳本を随時参照している。

＊25　ルイス・キャロル『シルヴィーとブルーノ』（柳瀬尚紀訳、ちくま文庫、一九八七年）三〇頁。

＊26　ドゥルーズ前掲書、三五頁。

＊27　同右、六三頁。

＊28　同右、三八頁。

＊29　ルイス・キャロル『鏡の国のアリス』（柳瀬尚紀訳、ちくま文庫、一九八八年）九八頁。

＊30　同右、五八頁以下。

＊31　ドゥルーズ前掲書、五頁。

＊32　『鏡の国のアリス』、一一三－一一四頁。

＊33　ドゥルーズ前掲書、一〇三頁。

＊34　ルイス・キャロル『不思議の国のアリス』（柳瀬尚紀訳、ちくま文庫、一九八七年）一〇一頁。
＊35　ドゥルーズ前掲書、三頁。
＊36　『不思議の国のアリス』、四〇頁。
＊37　ドゥルーズ前掲書、七六頁。
＊38　『鏡の国のアリス』、二〇五-六頁。
＊39　デリダが『ゆえに私がそうであるところの動物』のなかで記すように、このアリスの考え方は、しばしば西洋哲学（特にデカルト）において現れる一種のパターンである。Jacques Derrida, *Animal that therefore I am*, tr. by David Willis, Fordham University Press, 2008, p.8.
＊40　クロード・レヴィ＝ストロース『遠近の回想』（竹内信夫訳、みすず書房、一九九一年）二四八頁。
＊41　ドゥルーズ前掲書、九頁。
＊42　同右、二九三頁。
＊43　同右、二九三頁。
＊44　『不思議の国のアリス』、八九頁。
＊45　ドゥルーズ前掲書、一二頁。
＊46　同右、五七頁。
＊47　同右、二九六頁。

おわりに

＊01　セス・ロイド『宇宙をプログラムする宇宙』（水谷淳訳、早川書房、二〇〇七年）。
＊02　エルヴィン・パノフスキー『〈象徴《シンボル》形式〉としての遠近法』（木田元監訳、ちくま学芸文庫、二〇〇九年）。

＊03 「真理と裁判形態」『フーコー・コレクション』（第六巻、小林康夫他編、ちくま学芸文庫、二〇〇六年）九一頁。

＊04 ルイス・キャロル『不思議の国のアリス』、一七六頁。

＊05 なお、この即時性はちょうどデカルトのコギトと類比できるだろう。デカルト的コギトも、ひとたび発動すれば、面倒な手続きをすべて省いていきなり真理に到達できるような機械的認知メカニズムである。もう一つ付け加えれば、情報化が進んだからと言って、旧来の真理形態がすべて駆逐されるというわけでもない。たとえば、ジャーナリズムは、公共空間における第三者的な「証言」というモデルを引き継いでいる。このようなモデルは、これからも当分は必要とされるだろう。要するに、私たちが直面しているのは、いくつかの真理形態の併存という事態なのである。

＊06 東浩紀『動物化するポストモダン』、一二七頁。

＊07 なお、この種の近代的原理を突き詰めていくならば、本書で述べた神話はむしろ徹底して破壊すべきものということになるかもしれない。かつてプラトンがホメロスの神話を唾棄したように、ある種の中間的ネットワークの介在が理性の自由を中途半端なところで妨げているという考え方は、おそらくこれからも折に触れては出てくるに違いない。

＊08 ロラン・バルト『文学の記号学』、二八－二九頁。

キーワード解説

ハイパーリアリティ

もとはボードリヤールの用語。本書では「フィードバックによって構成された強化現実」という意味合いで使っている。データマイニングや無作為抽出の力によって、私たちの日常的体験がそのまま利用可能なデータとして収集され、そのデータがいずれまたこちらに商品としてフィードバックされてくる。こうした商品は、恣意的に押しつけられたものではなく、あくまで私たちの日常から計算的に導き出されたものだ。その意味で、消費社会の神話は「非現実」ならぬ「超現実」、つまり現実に深く依拠した商品によって動かされるようになる。その結果として、粗悪なマスプロダクツと一部の優れた芸術作品という従来の二項対立も、徐々に失効していくだろう。大量生産でも、というより大量生産においてこそ、それなりに質が高く、それなりに精密につくられたハイパーリアルな「モノ」があり得るのだから。

消費社会

消費社会論の原型は、さしあたり一九世紀の哲学者ヘーゲルが市民社会を「欲望の体系」と規定したことにまで遡ることができる。ヘーゲルは、当時資本主義が最も発達していたイギリス社会を参照して、この規定を導き出した。二一世紀に入り、ヘーゲルの言った「欲望」は「情報」に化けている。消費の欲望は、情報のかたちをとって、私たちの生活を満たしていくのだ。

さらに、消費社会化は、生産者よりも消費者が偉くなる時代ということ以上の含意を秘めている。消費社会の到来は、むしろ生産や創造の意味を変えてしまう。たとえば、ハイパーリアルな神話においては、創造するには、消費者の反応＝評価がなければならない。こういう具合に、創造は一元的なものではなく、生産と消費の狭間にある無数のフィードバックによって織り成される複合的なメカニズムである。創造と消費の境界のあいまい化が極端に進んだとき、「感情資本」の論理が現れる。

感情資本

近年のブランド論は、受け手側の情動を一種の「資本」に見立てる。たとえば、代表的なのは昨今のリアリティTVである。そこでは、視聴者と等身大の人物から生まれるアクシデントやスキャンダルが、視聴者側に娯楽の素材を提供する。ひとびとはその刺激を受けて、ゴシップ的な想像を勝手に膨らませていく。TVの内と外をなめらかに繋ぎ、全体として感情という富を拡充していくこと、そしてその膨れ上がった感情資本をいずれ実物の資本に転換していくこと。そのためには、ブランド価値を上から押しつけるよりも、エンターテインメント産業に近い論理によって、消費者をいわば底面から盛り上げていくことが望ましい。このことは、受け手そのものがメディア（スペクタクル）に変えられるという転換を意味している。

近代／ポストモダン

西洋の政治革命は、リベラルな民主主義の像を世界に分け与えた。今日のグローバル資本主義のなかで、その像は世界じゅうにますます浸透している。リベラル以外の政治的選択肢は原理主義的な圧制に行き着くだけだということは、すでに半ば自明化している（冷戦崩壊前後にフランシス・フクヤマが言った「歴史の終わり」は、着々と現実のものになりつつある）。世界は間違いなく「近代化」している。

私たちは、リベラルな社会の大枠を維持する限り、いかなるやり方で自己を輪郭づけてもかまわない。ただ、そのやり方自体は、時代環境に応じて大きく異なってくる。「ポストモダン」とは、コンピュータやネットワークの力による輪郭づけが無視できなくなった時代である。と同時に、情報を濃縮して「冗長性」を成立させることが、リアリティの鍵となっていく時代でもある。私たちは、その新たなリアリティの様相をつねに観察し続けなければならない。

ネットワーク消費

「ネットワークの事実性そのものが消費の場として機能している」という意味の造語。今日のインターネット上の消費者はもっぱら（1）ひとびとのあいだで広く知られた固有名（有名作品）のネットワークを前提にしつつ（2）そのネットワークのなかに、自由に自己の二次的創作物を投影していく。有名な固有名というフックがあるからこそ、他の消費者たちもそこに投影された作品を認知することができる。と同時に、そこにはたかだか固有名の拘束くらいしかないがゆえに、後は創作者側は、変幻自在な（リゾーム的な）欲望をいくらでも託すことができるだろう。最低限の拘束だけ課しておいて、後は自由にやらせるということ。こうしたネットワーク消費の構造は、ここ数年のサブカルチャーの動向からかなりはっきりと浮かび上がってきている。

ネットワークの中身ではなく、ネットワークの事実性が物を言う状況を言い表すのに、「トートロジー」あるいは「オートロジー（自己包摂）」というような言葉もある。たとえば、今日のインターネット上のメディアは、いわば「回っているから回っている」。ニコニコ動画やツイッターのようなメディアは、何か絶対的な根拠に立脚しているのではなく、多くのひとびとがそこでぐるぐると情報を回しているという事実性に立脚している。システム論では、こうした自分自身を根拠にするようなメディアのあり方を、自己包摂的と称する。だが、よく考えてみれば、この種の自己包摂性や自己言及性は、インターネットが出ようが出まいが現代社会のあらゆるメディアに共通の特質なのであって、インターネットはそれをあからさまにしたにすぎないとも言える。

神話素

神話素というのは、文化的に広く共有されつつも、しかしひとごとに異なった内容が封入されていく記号のことである（構造的には、ネットワーク消費と同じである）。同じ神話素でも、たとえばAというコミュニティ（神話圏）にある場合と、Bというコミュニティにある場合では、それぞれ他の神話素との関係が変わるので、意味もまた微妙に変わってくる。すなわち、神話素は外見上「同じである」という点ではコミュニティを橋渡しするが、しかし意味においてはやはりコミュニティごとに「異なっている」わけだ。こうした両義性を備えた神話素は、表現や創造にも資するところ大である。実際、一部の神話作家は、ひとびとが広く共有している神話素に、ことさら別の意味や記憶を流し込み、それによってひとびとの印象操作を企てようとするだろう。この技法をうまく利用したのが、他ならぬ村上春樹である。

想像力

想像力というのは「成り代わり」の能力である。言い換えれば、自分と他人の障壁を壊す能力である。ただ、成り代わりの力は、コンスタントに発揮されるわけではない。たとえばベネディクト・アンダーソンは、国民国家単位で想像力が共有されるようになるきっかけを、新聞や小説の「出版」に見た。人類史的に見れば、出版のような新しいテクノロジーが誕生するたびに、自他の意識的な隔たりはそのつど壊され（＝つまり「想像力」が生まれ）、また結び直されてきたのだと言ってもよい。では、今日、自他の別を壊すテクノロジー＝想像力の場はどこにあるのか。第二章ではそれを、ネットワークのリンクの豊富性と、そのリンクを活性化しつつ撹乱するリズムに見た。

象徴化

「成り代わり」に満ちた想像力の場へのアクセスが活発化するのはいいとしても、しかし、いつまでも野放図に、ネットワークが想像的に拡大していくわけでもない。自他の境界を溶かす想像力に対して、むしろ自他を一挙に刺し貫いて統合する象徴の力を考えることができるだろう。具体的には、貨幣や法が、そのシンボリックなメディアに数え入れられる。さらに、ネットワークの自己組織化も、広い意味では象徴化の事例に加えることができる。

冗長性／コミュニケーション

情報というカテゴリーの誕生は、思考様式を根本的に変更した。今日において「考える」という言葉は、ほとんど「情報処理」の同義語になっていると言っても過言ではない。それに伴って、コミュニケーションの概念にも変化が訪れる。生態学的あるいはシステム論的に言えば、コミュニケーションとは「冗長性の拡大」を意味する。つまり、情報のやりとりを通じて、一定のパターンや予測可能性（＝冗長性）が世界に埋め込まれること、これがコミュニケーションなのである。私たちにとって認識可能な「リアル」は、冗長性＝パターンが備わっているところにしか存在しない。

文化

世界に散らばった無数の情報を加工して、ひとびとにとって共有可能な神話に高めること、それが文化の機能である。文化には、利用可能なテーマや変形の規則がストックされている（情報のネットワーク化によるアクセシビリティの増大は、そのストックの利用を非常にやりやすくしたと言える）。だが、それにしても、なぜ私たちには文化が必要なのだろうか。一つの答えはこうだ。私たちは、完全な動物にも完全な機械にもなりきれない中途半端な生物である。だからこそ、私たちは文化という在庫から素材を引き出して、世界のダミーをつくり、それを弄ぶことによって、宿命づけられた不完全性の代償とするのである。

集団言語

日本の文芸批評は長らく、国語（近代日本語）の制度性を批判的に観察してきた。近代の日本語は、明治期に、それまでの伝統の富を捨ててつくられた人工語だったからである。しかし、大衆化がより進めば、新しい問題が出てくる。私たちが今日考えるべきは、国語が云々というよりも、むしろ集団言語（デュルケムの言う「集合表象」）の多様性である。ライトノベルやケータイ小説といった新種のパルプ・フィクションは、それぞれに特徴的な「文法」を有して、物語を処理している。神話のユートピアというのは、こうした集団言語の文法がひとびとの欲望の数だけ存在することである。

人間

情報ネットワークに組み込まれた人間というのは、いったいどういう存在なのか。たとえば、莫大なシミュレーション能力があったとしても、それが人間にとって役立たなければさしあたり意味はない。その点で、情報の潜在的多様性を縮減しているのは、他ならぬ人間という統一体である。他方、アーヴィング・

ゴッフマン的に言えば、人間は存在それ自体が「表現」をにじみ出させるものである。この観点からすれば、人間は断片化された情報の集積ということになるだろう。言い換えれば、ネットワークにとって、人間はかけがえのない参照先、つまりある種の超越者である。と同時に、個々の人間の行動については、たんなる情報の束にまで分解されてしまうのだ。このように、ネットワーク社会の人間は、統一性と分散性を兼ね備えているように見える。

設計

「物をつくるにはまず環境整備から」というわけで、創造行為を規定する環境設計が重要性を増している。たとえば、社会全体の富を増やすことを考えれば、ともすればひとびとが潰し合うような環境よりも、自然と利他的行為に導かれていくような環境を設計するほうが望ましい。ただ、設計と言っても、一から十まで最初から決めておくことがいいとは限らない。むしろ、当初の設計をはみ出していくぶんをいかに再設計＝再設定するかのほうが、この不確定性に満ちた社会ではずっと重要になってくるだろう。その点で、優れた設計者とは、設計が終わった後の観察に長けた人間のことである。

意味／ノンセンス

システム論的な理解で言えば、意味とは、複雑性を縮減するゲートである。世界の情報は一度意味＝ゲートに集められることによって、また次に、多様な方向へと再スタートを切ることができる。ここで、ひとびとのあいだで共有可能なまでに一般化した意味のことを「コモンセンス」と呼ぶことにしよう。それに対して、ノンセンスというのは、そのゲートを無効化してしまうことだ。ルイス・キャロルはまさにノンセンスな文学を実現した。むろん、キャロルほど後世の表現者に「コモンセンス」を与えた作家は少ない。ノンセンスとコモンセンスは、決して単純に敵対するものではないのである。

ゲーム

ゲームは、プレイヤーの関与により均衡をもたらすシステムである。プレイヤーの数は必ずしも単数に限らず、複数でもあり得る。しかも、均衡するポイントもまた複数あり得る。

ゲームの世界の奇跡とは、起こらないはずの均衡が成立することである。私たちは、奇跡をナイーブには信じられなくなっている。今や、映画で海が割れても誰も驚かない。だが、ゲームの世界では奇跡は「ある」。それは、ふつうならば絶対に成立するはずのない均衡状態が、にもかかわらずプレイヤーとルールの協働によって出現することである。

あとがき

インターネットの台頭以降、なおも文化理論の更新を企てるとしたら、それはどういうふうなものになるか――本書のテーマは、煎じ詰めればその問いに行き着く。もっとも、著者の最初の心づもりとしては、本書は「神話」という概念をコンパクトなやり方で説明した、より形式的なマニュアル本になるはずだった。その意図が達成されなかったのは、ひとえに著者の力不足によるものである。とはいえ、ここまでの議論の内容を踏まえるならば、完全無欠のモデルを提出することと以上に、物事を継続的に観測していく足場をセットすることのほうが、現代においてはより本質的だとも言えるだろう。だとすれば、このあとがきも、ゴールの宣言であると同時にスタートの宣言であらねばならない。

ともあれ、現代が、過去にあまり前例のない巨大な変化を経験しつつある時代であるということに、異議を唱えるひとは少ないだろう。それゆえ今回の執筆は、必ずしも従来の文化論において馴染みがあるとは言えない発想や語彙を、文章に馴染ませていく作業でもあった。それとともにに、本書ではかなり自由なやり方で——ということは、いささか無作法に——文献や作品を参照しているので、一読面食らわれた読者もいるかもしれない。しかしそれは、ジャンルや世代ではなく、あくまで神話という「コンセプト」を中心に据えた結果である。そのあたりの意図を汲んでもらえれば幸いだ。

第四章の末尾で、今日は文学をやるのに最悪の時期であり、かつ最良の時期でもあるという趣旨のことを記したが、似たようなことは批評についても言える。じじつ、今日ほど、批評というジャンルのレートがつり上げられている時代も少ないだろう。私たちには、社会や文化をまったく新しいやり方で読み解いていくチャンスが生じている。と同時に、変化に何ら対応できずに、古びた語に惰性で絡め取られる危険性も増している。言うまでもなく、批評は、前者の可能性をとことん推し進めることを目指すべきなのである。

本文を読まれた読者ならばお気づきになるだろうが、本書の内容は、東浩紀氏の批評に実に多くを負っている。個人的にも、そもそも著者が批評を書くことになったきっかけは、二〇〇四年に東氏が主宰するメールマガジン『波状言論』に一本の文芸評論を投稿したことにあった。それから五年以上が経過したが、メールマガジンである『波状言論』の持っていた大胆さと自由さは、今なお著者にとってたえず立ち返るべき原点となっている。インターネットと社会学とサブカルチャーの橋渡しによる批評の再構築を目指していた『波状言論』の精神が、本書にも直接流れ込んでいることは、この場を借りて改めて明記しておきたい。

なお、本書の祖型は『ユリイカ』誌に「神話社会学」というタイトルで連載されていたもの（二〇〇八年八月号〜二〇〇九年八月号）だが、単行本化にあたって全面的に書き直し、タイトルも変更した。したがって、本書は実質的には書き下ろしである。『ユリイカ』編集長の山本充氏は、無名の新人による一年間の連載を忍耐強く見守って下さった。また、書籍化にあたっては、青土社の菱沼達也氏のお世話になった。記して感謝したい。

二〇一〇年二月

福嶋亮大

索引

ま

や

著者略歴
福嶋亮大（ふくしま・りょうた）
1981年、京都市生まれ。
京都大学大学院文学研究科博士課程研究指導認定退学。
専門は中国近代文学。『思想地図』『ユリイカ』等に論考を寄稿。

神話が考える
ネットワーク社会の文化論

2010年4月1日　第1刷発行
2010年6月1日　第4刷発行

著者 ＊ 福嶋亮大

発行人 ＊ 清水一人
発行所 ＊ 青土社
〒101-0051　東京都千代田区神田神保町1-29　市瀬ビル
［電話］03-3291-9831（編集）　03-3294-7829（営業）
［振替］00190-7-192955

印刷所 ＊ ディグ（本文）
方英社（カバー・扉・表紙）
製本所 ＊ 小泉製本

装丁 ＊ 戸田ツトム

ISBN978-4-7917-6527-0 C0010